NHK BOOKS
1292

「憲政常道」の近代日本
——戦前の民主化を問う

murai ryota
村井良太

NHK出版

目次

第三章　二つの加藤高明内閣と政党内閣制の成立
——男子普選体制下での三党鼎立　一九二四—二七年　147

校　閲　髙松完子
ＤＴＰ　㈱ノムラ
写　真
118・290頁　市川房枝記念会
女性と政治センター　提供
そのほか　国立国会図書館
「近代日本人の肖像」
または Wikimedia Commons より

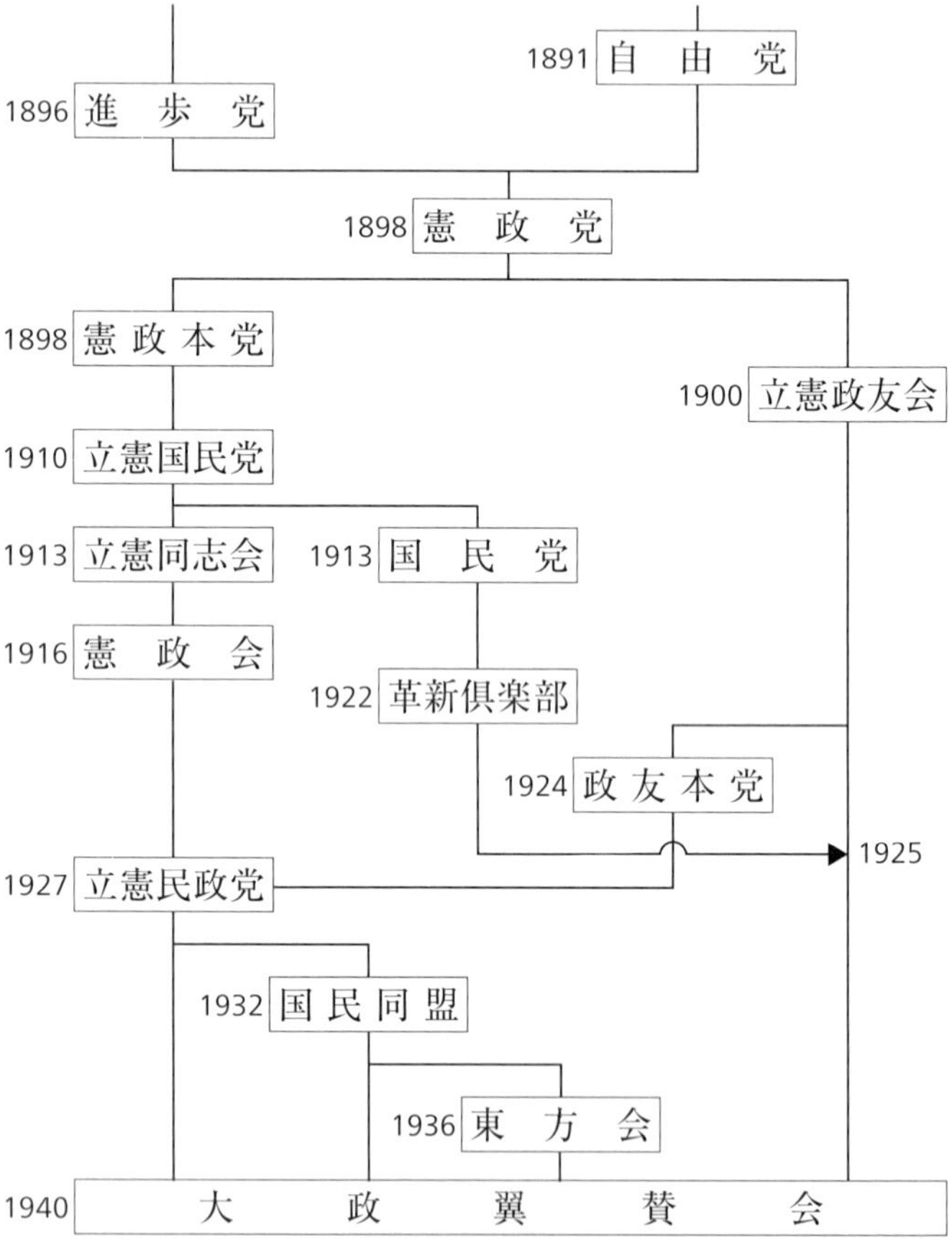

本書に関連する主な政党の変遷

序章

第一次世界大戦後の世界と日本——政党政治の智慧と経験をめぐって

競争は建設的であることも
破壊的であることもありうる。[*1]
——アルフレッド・マーシャル
(一九世紀末英国の経済学者)

一 政党を考える——本書の視角と新しさ

私たちのデモクラシーの出自を考える

現在、私たちは長らく民主政治(デモクラシー)の下で生活を送っており、幸いそれを意識することすらまれである。選挙があることは当たり前で、選びたい候補がいないと嘆くことはあっても、結果が不正に操作されていると憤ることは少ない。政治家の行動や政府の施策におかしいと考えることがあれば、身の危険を感じることなく批判の声を上げることができる。時に首相は退陣に追い込まれ、新たな首相が登場する。政権党が交代しても特に驚きはない。いずれの場合でも権力移行は平和的であり、その時々の有権者多数の支持に立脚している。

私たちにとってそれは当たり前に感じられる。ドイツや英国など西ヨーロッパの国々、米国や韓国を訪れても大きくは変わらない。しかし、国際社会全体ではそうではない。日本はフリーダムハウスという米国発の国際NGO団体が出している自由度指標で二〇二四年、一〇〇ポイント中九六ポイントという高い評価を得ている。*2 二五項目を五段階で評価した総計で、選挙プロセスや権力の創出方法など政治的権利と市民的自由の両面が含まれ、自由民主主義体制としての質が問われている。そのホームページでは地図で世界の状況を一覧することができるが、日本や先にあげたような自由な国々だけではなく、部分的に自由な国々、そして自由でない国々も世界には多く存在する。もちろん指標の選び方には団体の価値付けが反映されており、八三ポイントの米国のデモクラシーが日本と比べて機能していないかというとそう単純な話ではない。日本の数字も項目によって年毎《ごと》の変動があり、改善と後退を繰り返していく。それでも現在の日本は他の同種の指標も含めて、安定して成熟した自由民主主義体制の一つと見られている。

そのような現在の日本の民主政治の出自はどこに求められるのだろうか。一九九〇年代以降の日本の政治改革は憲法こそ改正されなかったが、選挙法をはじめ大きな変革であった。とはいえ、一九四五年の敗戦を機に占領下で作られた民主政治であるというのが長らくの基本的理解であろう。一九四七年、米国を中心とする連合国の占領下で改正された憲法が施行され、一九五二年の占領終結後もそのまま維持されてきている。国際的な民主化研究においても、日本は旧西ドイツとともに敗戦後の民主化例として取り上げられる。敗戦によって与えられた「負け取ったデモクラシー」だろうか。日本で学界を席巻していたマルクス主義歴史学でも、社会で広く支持された丸山真男《まさお》に代表される近代主義政治学でも同じ理解であり、同時代の日本人の共通体験でもあった。

しかし、そのような理解は史実として正しいのだろうか。二〇〇三年に米国がイラクに侵攻する際、日本占領の例が持ち出され、民主的なイラクの誕生が期待された。だがそれは米国の日本専門家が当初から疑問を抱いた考えであった。前提条件が違いすぎると。近年、英語圏では歴史家のジョン・ダワーの研究を通して日本占領が占領者と被占領者の共同作業であったという理解が一般的になっている。[*3] そもそも民主主義は戦争の勝者が押しつけることのできるものなのだろうか。問われるべきは、占領下で強制されたにもかかわらず、なぜ民主主義が根付いたかではないか。

そこで注目されるのが第一次世界大戦後、一九二〇年代日本の政治経験である。一八九〇年施行の大日本帝国憲法は民主政治を予定していなかった。五箇条の御誓文《ごせいもん》は後の民主化を許容する内容であったとはいえ、民主化と直接結びつくわけではない。にもかかわらず、一九二四年六月に第一次加藤高明《たかあき》内閣が成立してから一九三二年五月に犬養毅《つよし》内閣が崩壊するまでの約八年間、七代にわたって政党内閣が連続した。この時期は「政党内閣期」と後に呼ばれて歴史分析の対象となるが、同時代にはそのような政権交代が「憲政の常道」であると理解され、高い正統性を持ってすでに慣行化しているとみられていた。このような慣行は一〇年と経たずに失われたが、後で述べるように、第二次世界大戦の敗戦が迫る中、米国政府内では浜口雄幸《おさち》などこの時期の政治指導者の名前が想起され、日本に降伏を求めるポツダム宣言では占領方針として「民主主義的傾向の復活強化」という言葉が使われた。すなわち敗戦後の何もないところに民主主義を新たに敷設するのではなく、強化をともなう再建だったのである。占領下で復活強化された民主政治は、占領終結後も七〇年以上にわたって続いている。占領後しばらく日本人の民族性が民主主義に反するのではとも議論され、民主主義の再逆転が危惧《きぐ》されたことを思えば隔世の感である。国際比較の中でも希有《けう》な安定性と言えるだろう。

筆者はこれまで一九一八年から一九三六年の時期を対象に、当時の基本的な政治構造を形作る首相選定制度の変容に注目して検証することで、政党内閣制の成立・展開・崩壊過程を明らかにしてきた。その成果は二冊の研究書にまとめている（『政党内閣制の成立　一九一八〜二七年』有斐閣、二〇〇五年、『政党内閣制の展開と崩壊　一九二七〜三六年』有斐閣、二〇一四年）。本書ではその知見を活かしつつも、首相選定構造を越えて第一次世界大戦後の政党政治について対外態度も含めたより総合的な全体像を提起することで、過去の史実への最新の理解はもとより、現在の政党政治を考え将来を展望する手がかりを提供したい（なお本書での引用に際しては前著を「村井㊤」、次著を「村井㊦」と本文中に表記し、参考文献や先行研究との関係についても参照を願いたい）。

本書の新しさを生んだ二つの幸運

筆者が研究を始めたのは約三〇年前のことだが、当時、「昭和史」として一九四五年の敗戦に向かう弊害と転落の政党政治史が多く論じられ、軍も悪かったが政党政治も悪かったと総括されていた。また、近代日本における政党政治はいわゆる明治国家における徒花《あだばな》であったかのように論じられてきた。その結果が先の「負け取ったデモクラシー」論である*4（村井㊤313）。

しかし、明治国家、その中心的な制度設計者である伊藤博文《ひろぶみ》（一八四一―一九〇九）や、公議輿《よ》論《ろん》、官僚制、軍などへの実証研究が進む中で、政党政治や自由主義体制こそが明治期の近代国家建設の本筋の帰結であるとの理解が進みつつある。

その中で本書の元となる研究では、第一次世界大戦後の政党政治が立憲政治の中に育まれた民主政治であったことを明らかにした。すなわち、（一）政党内閣の連続が単なる政党内閣期ではなく、政治改革の帰結として政党間で政権交代する政党内閣制の成立であったこと、（二）西園《さいおん》寺公望《じきんもち》の政治指導は政党や社会の圧力を受けた状況対応から政党内閣制への強い意思を持って首相選定上の変化を促す態度へと変化していったこと、（三）政権交代という新たな統治システムの始まりにおける混乱が見られたとはいえ、政党内閣制が「憲政の常道」と呼ばれたように国民や政治家においても確信を持って理解されていたこと、（四）世界大恐慌以後の動きは軍縮体制への弱者としての軍部の反動であり、首相選定上の動揺がそれを後押ししたこと、また、（五）「挙国一致」内閣と呼ばれてきた斎藤実《まこと》・岡田啓介内閣が政党内閣制下の非常時暫定内閣として政党内閣の回復を目指しながら、逆にこの時期に日本政治が後戻りできないほど傷ついていくことなどである。政党が悪かったから政権から排除されたのではなく、排除されたことで劣化したのであり、五・一五事件の後も政党内閣制の崩壊は突然訪れたのではなく二・二六事件までの緩慢なものであった。

本書は史料を重視する実証研究を旨としているが、従来の通説を否定するこのような新しい理解は、二つの大きな幸運に支えられている。

一つは研究のアプローチについてである。対象への接近方法には研究者の個性が表れるが、研究者も時代の子である。一九八〇年代後半以降に進んだ政治学における「新制度論」の隆盛、そして政治学と歴史学の融合に大きな影響を受けた。政治史は単なる政治の歴史ではなく、歴史の方法を用いた政治分析、政治学を用いた歴史叙述であると筆者は考えている。

新制度論が政治史にとって重要であるのは、旧制度論は法律学的な研究に近く、制度の静態的な記述が中心であった。したがって、大日本帝国憲法の法体系において議院内閣制がとられず、革命も起きていない以上、その下での民主化を論じるのは思想や運動が中心となる。

この旧制度論を批判し、次に政治学の主流に躍り出たのが「行動論」であった。政治史との関係で言えば政治家などの行為者（アクター）に注目し、政治過程の解明が進んだ。それは実証史学と相性が良く、日本政治史でも様々な研究が花開いた。そして登場した新制度論はあらためて制度に注目するだけでなく、制度を動態的に、かつ広く理解する。

経済史研究者ダグラス・ノースの定義では「制度とは、社会のゲームのルール」である。すなわち、制度は行為者にとっての誘因構造を形作り、相互の期待を規定する[*5]。日本政治史の一九二〇年代研究でもすでに「デ・ファクト」（事実上の）という言葉を用いて政党間での政権交代も慣行として論じられていた[*6]。例えば、政党内閣期の政党内閣の連続を最後の元老《げんろう》西園寺の自由判断とみなせば、それは行動論的な説明であるが、制度を新制度論的に理解すれば、西園寺がそのような広義の制度（予測可能性や期待の集積）とどう関わっていたのかを分析することができる。また、旧制度論であれば男子普選法は重視されるが、政党内閣制は無視される。法律になっていないからである。しかし、実際は政党内閣制の有無によって男子普通選挙法の意味や効果は全く異なる。アクターの行動を評価するためにはゲームのルールと環境をより正確に理解する必要があり、ルールをめぐる競合とルールの下での競合が同時並行で進んでいる様子も観察できる。それは法的でなくとも制度である。また政治学の発想として、政治学者河野勝《こうのまさる》が述べる「歴史を前向きに（歴史が実際に進んだ方向にそって）解釈し直さなければならない」という言葉は日本政治史にとって特に重要である。[*7]「昭和史」と言われるようにとかく敗戦から逆算されてきたからである。

行動論から新制度論への転回は政治学者の歴史への関心を高めた。また、政治史の分野では、ヨーロッパ政治史だけでなく日本政治史でも例えば坂野《ばんの》潤治《じゅんじ》・宮地《みやち》正人《まさと》編『日本近代史における転換期の研究』（山川出版社、一九八五年）のような政治学的な歴史説明の魅力的な先例があった。そもそも一九二〇年代の日本政治史研究を大きく進めた升味《ますみ》準之輔《じゅんのすけ》は現代政治分析から出発していた。

筆者がこの研究ができるかもしれないと思ったのは、一九二〇年代の政党政治史を研究することを決めて国立国会図書館憲政資料室で調査していた折りに、牧野伸顕《のぶあき》関係文書（書類の部九八）「内閣ノ首班《しゆはん》ヲ諮問セラルル機関ニ就《つき》テ」を見たことによってであった。同時代で首相選定制度が問題になっていたことを知ったのである。いかに新しい視点を応用したいと考えても、研究のできは史料が与えてくれる情報量に左右され、史料で実証されなければ仮説に止まる。

　そこでもう一つの幸運は史料についてである。一九八九年の昭和天皇崩御後に関連資料が一気に公開・刊行された。それは先人と関係者の努力と理解の賜物である。特に内政において昭和初期に関わる研究はそれ以前と以後で史料状況が全く異なる。

　また史料は新しいほど良いわけではない。新しい史料が出ることですでにある史料の意味が変わったり、二重に確認することができたりする。岡義武《よしたけ》、升味準之輔らの政党政治に必ずしも積極的でない西園寺理解は、『松本剛吉《ごうきち》政治日誌』の影響が強く感じられるが、他の基本史料が出ることで相対化することができた。また、先の牧野文書は一九五一年に憲政資料室に入っていたが、昭和天皇崩御後に彼の日記をはじめ宮中関係の資料が相次いで公刊されたことが大きな助けとなった。私にとって特に印象的だったのは後に触れる侍従《じじゅう》次長河井弥八《やはち》日記の所収史料である[*8]。

　本書は、政党内閣か否かという従来論じられてきた首相選定の結果だけでなく、首相選定の論理と方法という制度に着目し、新しい史料状況の中で政党内閣制が成立していたという仮説を確認するものであり、その意味と崩壊についても明らかにする。ここでは「政党内閣制」を、議会を基礎とする政党の党首が首相となり、政党による組織的な政権担当以外の内閣が除外される政権交代システムと定義する。また「政党内閣主義」を、政党の党首以外が内閣を組織することへの排他性と定義する。政党内閣制とは、政党内閣主義に基づく政権交代システムと言い換えてもよい。政党内閣が成立したかどうかではなく、政党内閣期の政権交代システムに注目するのである。対象とする時期は、一九一八年に初の「本格的政党内閣」と言われた原敬《はらたかし》内閣が成立してから、一九三六年の二・二六事件後に政党内閣制の将来が見通せなくなる時期までである。従来の研究が多く政党政治の確立過程と崩壊過程を別個に検討してきたことから、丁寧に資料で跡づけながら政党内閣制の成立・展開・崩壊を一冊の本で描ききる試みは本書の特徴である。

帝国日本の民主主義と国際協調――本書の広がり

本書は首相選定制度の分析を軸に、より広がりのある政治像を提供する。その点も以下に簡単に記しておきたい。第一に、第二次世界大戦ではなく第一次世界大戦後の意味に目を向ける。先に現代日本の出自は第二次世界大戦後ではなく第一次世界大戦後にあるのではないかと述べた。それは第二次世界大戦の敗戦を軽視したいわけではなく、現代世界をどう理解するかという問題である。この問題は、「大正史」や「昭和史」といった日本特有の時期区分とも関わっている。新しい元号が新しい気分を誘い、新しい元号が変化を説く声に利用されることはあっても、その渦中では昨日から今日、今日から明日へと日々が続いている。明治からの変化の流れで大正を描き、一転して敗戦からの逆算で昭和を描くのは適切ではない。

第二に、帝国か国民国家かという点である。当時の日本が帝国であったことは軽視できない。米国の歴史学者アンドルー・ゴードンは、日本独特の「大正デモクラシー」という用語を批判して、「インペリアル・デモクラシー」という言葉を用いた。[*9] 帝国下の民主主義であったことがどのような特徴に結びついたのかを明らかにしなければ当時の日本が帝国であったという以上の意味をもたないが、視点に重要な広がりを与えた。そもそも「大正デモクラシー」という言葉には変遷がある。「大正デモクラシー」は「明治絶対主義」「昭和ファシズム」と対になる言葉だが、他の二つは現在耳にすることはほぼない。また言葉自体の揺らぎが大きく、現在の歴史研究から見れば大きな問題がある。最初に使ったとされる政治史研究者の信夫清三郎《しのぶせいざぶろう》は、ファシズムの出現を阻止できなかった脆弱《ぜいじゃく》性を批判した。それが後に肯定的な言葉へと転じ、戦前日本にもデモクラシーらしきものがあったという議論として一般に広がった。いわば社会教育的な用語である。また、「大正デモクラシー」には大正初期の日露戦後デモクラシーと大正後期の第一次世界大戦後デモクラシーという二つの質の異なるデモクラシーが含まれ、担い手も異なる。日露戦後デモクラシーは爆発する民衆エネルギーであり、第一次世界大戦後デモクラシーはその民主的管理である。「大正デモクラシー」を日露戦後の変化として「内に立憲主義、外に帝国主義」と理解し、第一次世界大戦の影響を日本は受けなかったため、満州事変後に比較的ストレートにつながっていくと議論する。しかし、第一次世界大戦後は「内に政党政治、外に国際協調」と言うべきで、大正初期を念頭に論じるか後期を念頭に論じるかでイメージがずいぶん違ってしまう。

第三に、本書では内政と外交の結びつき、中でも戦争と平和の問題を考えたい。政党政治は内政だけの問題ではない。一九三一年には陸軍出先が満州事変を引き起こし、政府がうまく抑え込めなかったことは、停戦協定を挟みつつも一九三七年の日華事変《にっか》、一九四一年のアジア太平洋戦争の開戦につながっていった。その果てに一九四五年の敗戦と帝国の解体があった。当初、好戦的な日本ファシズム体制に注目が集まったが、日本ファシズム論は政治過程論的な実証研究で確認できず、あったかなかったかで論争が続き、次第に日本ファシズム論を支持する研究者が少なくなっていった。このような論争の最中、画期的な成果となったのが、日本国際政治学会太平洋戦争原因研究部の『太平洋戦争への道』であった。その画期性は政治体制を論じなくても外交史によって戦争原因があきらかにできるというものであったといって良いだろう。高度な実証性に支えられた説得的な研究であった。入江昭『太平洋戦争の起源』もあげておきたい。[*10] その後も軍事史や外交史の優れた研究が進んでいるが、どのようなプロセスの中で日本が開戦に至ったのかはほぼ明らかになっている。その上で今問いたいのは、プロセスが明らかになればなるほど、なぜ日本は間違ったのかではなく、なぜ日本は間違い続けたのかという問いになってしまうことである。一つ一つの局面は分かっても全体としてはやはり政治体制の問題を避けて通れないのではないだろうか。本書は民主化問題として政党内閣制を描くだけでなく、平和問題としても描く。すなわち、第一次世界大戦後の国際協調の基盤としての政党内閣制である。政党内閣制を手放した平和体制は一般論としてはあり得ても当時の日本ではあり得たのだろうか。それは自由の基盤でもあり、政党政治の意義を歴史の中に問うことになる。

第四に、以上のような実証的歴史学によって更新された史実の基盤に立って、私たちの政党政治がどのようにつくられてきたのか、当事者の行動や言葉を通じて理解することである。第一次世界大戦後の日本の民主化には御雇外国人《おやとい》はいなかった。明治の立憲化には御雇外国人がいた。これは民主主義は技術なのかという問題とつながっている。戦後の再民主化、民主主義の再建には御雇外国人を自認する占領行政官がいたが効果はあったのか。超国家主義が破綻し、社会主義革命が夢をなくした現在、日本で民主主義の正統性に本質的に挑戦する者はない。このことは安易な類推や無責任な批判をもたらしているようにも思われるが、第一次世界大戦後には体制選択の問題として政党政治・議会政治の可能性や問題点が鋭く論じられた。そこには今でも学ぶべき、いや今こそ学ぶべき叡智があると考える。

なかでも政党がなぜ必要なのか、政党政治をどのように育てていくのか、選挙は何を選んでいるのか、メディアは何を論じるのか、政治改革はどのように進められ何を生み出すのか、西園寺公望や高橋是清《これきよ》、加藤高明、浜口雄幸、犬養毅など当事者たちの言葉に耳を傾け、吉野作造《さくぞう》や市川房枝《ふさえ》など観察者にも目を向けながら、その政治的遺産を考えたい。日本国憲法は占領下に作られたが、私たちのデモクラシーまでが占領下で作られたわけではない。また日本国憲法や先の戦争への反省があるからデモクラシーが大切なのでもない。大日本帝国憲法下でもデモクラシーの有無は日本政治の行く末を左右したのであった。私たちは日々、デモクラシーを育成し、その健全性を養うことによって来るべき様々な問題や挑戦に答えを見つけていかないといけない。本書がその手がかりの一つとなることを願いたい。

本書を『「憲政常道」の近代日本――戦前の民主化を問う』と題する。題名は、近代日本が良いか、帝国日本が良いかでも迷った。第一次世界大戦後の日本は帝国であったが、ことさらにそのことを強調したいわけではない。それは事実の問題である。戦間期日本とするか。それも弱いか。一時期、近代日本という言葉がもてはやされたが、それが一段落して近年、近代という言葉はとかく評判が悪い。近代化が良いことばかりではないということは重要な発見であった。近代化の先に公害や管理社会があった。しかし、もちろん悪いことばかりではない。近代化への批判は同時にヨーロッパ中心主義の文脈でも強い。それは単線的発展論なのだろうか。西洋化なのだろうか。世界的な事象であってもそう単純な話ではない。人類の到達点としての近代であり、教育や保健衛生を通して人々の生活を良くし、自己決定を伸張させた面は確かに評価できるのではないか。それは砲弾を正確に飛ばせるといった単なる技術論ではなく、人間のあり方に関わる。

これは民主化を考えるときに、それはヨーロッパ化なのか、という論点と関わってくる。欧米では未だに民主化は自らの似姿への変革であると考えている節がある。残念である。米国に在外研究で滞在中、ドイツの首相メルケルのドキュメンタリーで彼女がいかに西ヨーロッパ的で、したがって民主主義者かを評価する内容に正直辟易《へきえき》とした。そう考える限りデモクラシーは世界の一隅の政治システムに止まり、未来はないだろう。そしてそれは人類史の客観的事実と異なる。

以下、本論に入る前に第一次世界大戦を迎えるまでの帝国憲政の縦糸をデッサンし、一九一八年から一九三六年を対象とする本書の導入としたい。その後の見通しは結論で触れる。

二　日本の民主化前夜——帝国憲政と第一次世界大戦の交差点

明治維新と帝国議会開設——憲法制定まで

一九二〇年代の政党内閣制の成立は平和裡《り》に行われた民主体制化であり、一九三〇年代の逆転は暴力による権威主義体制化である。しかし、私たちはどのような政治体制からどのような政治体制へと移行したのかをまず整理しなければならない。政党内閣制の前の政治体制は独裁体制ではない。もちろん絶対王政ではない。一九世紀的な立憲政治であり、いささか権威主義的であった。民主化、すなわち立憲政治の中に民主政治（議会政治）が胚胎《はいたい》成長していくプロセスでは、アイデア（自由主義思想）の発展、制度の発展（選挙権拡大と政権交代ルールの民主化）、制度の担い手（アクター／政党と国民）の成長が三位一体で進んでいく。

一八五三（嘉永六）年のペリー来航は約二六〇年続いた幕藩体制を揺るがした。鎖国という対外政策をめぐる軋轢《あつれき》は、幕府を中心とした政治体制をめぐる軋轢となり、一八六八年、大政奉還を経て幕府は倒れ、天皇を中心に薩摩や長州など倒幕を主導した藩が支える明治新政府が誕生した。この年が明治元年となる。しかし、それは新たな出発点でしかなく、西洋列強と併走することのできる新たな政治体制が求められていた。近代国家の建設である。

万国と対峙する目的のためには中央集権による近代的な国家を作る必要があり、その中での国民の位置づけが大きな問題であった。江戸幕府の閉鎖的な政治運営は幕末政局の中で批判を受けており、西洋の政治体制の情報も入ってきていた。その中で「公議輿論」という考えが政治的立場を越えて重視されるようになっていく。明治初年に出された五箇条の御誓文には「万機公論に決すべし」と記されている。

しかし、福岡孝弟《たかちか》らが作成したこの文言は民主化を目指すことを意味しない。明治天皇の考えでもない。この文言の念頭には藩を単位とした列藩会議があり、その藩も廃藩置県で早々に解体されると方向性を失う。明治新政府は将軍徳川慶喜《よしのぶ》の恭順姿勢もあって旧体制と新体制の正面衝突となるべき戊辰《ぼしん》戦争を比較的短期に終えることができ、焼き払われることのなかった江戸を東京と改名して首都を移した。それでも体制の安定からはほど遠く、朝令暮改、直面していた課題の大きさ、暴力と言論による政府批判の中で、狭い政治エリートの世界の中でも参加の拡大と縮小を繰り返した。明治新政府への挑戦は旧士族反乱、農民一揆、自由民権運動の三つの形をとった。新政府は減税によって農民を宥和し、旧士族反乱は鎮圧、自由民権運動は一部その主張を取り入れた。西南戦争を最後に暴力的な政府転覆の試みは絶えたが、言論による政府批判（自由民権運動）が高まり、政府のスキャンダル報道をめぐって明治一四年政変が局面を展開させる。

明治一四年政変は憲法をめぐる政府内の対立を社会に溢れさせた。大隈重信《おおくましげのぶ》の意見書では、「立憲の政は政党の政なり」とまで述べて議会の多数党の首領が首相に命じられるべきであることを論じた。明示的な英国モデルであった。これに対峙したのが法制官僚の助けを得た岩倉具視《ともみ》の意見書であり、制度「新創」の時にあたって英国ではなくプロイセンにならって「歩々漸進し、以て後日の余地を為す」ことを勧めている。[*11]

明治新政府は一〇年後の国会開設を約束し、伊藤自ら渡欧調査に赴くなど海外の事例に学びながら憲法をはじめとした政治諸制度を整備していった。それは当時の文明国標準を意識しただけではなく、国内統治のために必要であった。また、地方政治制度の整備を先行させ、それを国政に及ぼした。一八八九年に大日本帝国憲法が発布されると、一八九〇年には初の衆議院議員選挙が男子納税資格一五円で実施された。そして第一回帝国議会召集の日、憲法が施行された。民選議会を取り入れたこの憲法を明治天皇は自らの憲法と自負した。新しい国家機構の建設は必要性の芸術である。後世に「富国強兵」と言われて批判的に語られることがあるが、当時の国際社会理解の中で「独立不羈《ふき》」を維持するには他の選択肢があるわけではなかった。そして憲法の制定や議会の開設も形限りのものではなく、中央集権国家の建設と国民の統合という点で不可欠だったのであった。

憲政の成長と後からの植民地帝国化——第一次憲政擁護運動まで

日本の民主主義の源流をこうした幕末維新期に求めることはおそらく正しい。西洋思想の紹介や「公議輿論」概念の広がり、何より憲法に民選議会が定められ、選挙が行われた。しかし、それは近代化や「法の支配」、立憲政治の起源であって、民主政治と直接つながるものではない。民主化にはもう一つの大転換が必要である。その大転換を準備するのが議会設置によって制度化の道を歩んだ政党とその支援者たちである。

大日本帝国憲法は天皇主権を定め、それを中心に衆議院と貴族院からなる帝国議会、天皇に直結する帝国陸海軍、さらに天皇の最高の諮問機関とされた枢密院《すうみついん》、天皇に代わって司法権を行使する大審院《だいしんいん》が設けられた。明治一四年政変によって一〇年後の国会開設を前に憲法を制定する必要があったことから、制度設計に際して国民の政治参加をどう位置づけるかは大問題であり、政府は端的に言って強く警戒していた。貴族がいたから貴族院があるのではなく、衆議院を牽制するために貴族院が必要であるからその中核となるべき貴族を組織した。

明治憲法が反政党政治的であり、反デモクラシー的な憲法であるという三谷太一郎《みたにたいちろう》の評価は正しく、しかし政党政治やデモクラシーを許容する憲法であって、なかば必然性を持って政党政治／デモクラシーが形作られていったというその説明も正しい。[*12] 衆議院だけで物事は決まらないが衆議院の合意がなければ予算も法律もできない。前年度予算執行権は国家財政が拡大基調にある中で満足な解決策ではなく、緊急勅令も一年以内に議会で承認されなければ前途無効となってしまう。

政府は第一回帝国議会を迎えるにあたって「超然主義」を唱えた。政府は政党に支配されてはならない。政権からすべての政党を排除するか、すべての政党を吸収するか二つに一つである。これは無知蒙昧《もうまい》な守旧思想であろうか。そうとばかりも言えない。小さい村の政治をイメージしたときには、村の中で党派の違う家庭を差別してはならず、行政の中立性には意味があるだろう。ではそれを国政でやるとどうなるか。政府は国家理性（公益）を代表し、政党は個別利益（私益）を代表すると議論される。中立的な統治とは何だろう。国家理性はいかにして明らかになるのだ

内閣制度・帝国憲法憲政期前半の内閣

首相（回数）	成立年月	出身／支持勢力
伊藤博文	1885（明治 18）年 12 月	長州
黒田清隆	1888（明治 21）年 4 月	薩摩
山県有朋	1889（明治 22）年 12 月	長州
松方正義	1891（明治 24）年 5 月	薩摩
伊藤博文（2）	1892（明治 25）年 8 月	長州
松方正義（2）	1896（明治 29）年 9 月	薩摩
伊藤博文（3）	1898（明治 31）年 1 月	長州
大隈重信	1898（明治 31）年 6 月	憲政党
山県有朋（2）	1898（明治 31）年 11 月	長州
伊藤博文（4）	1900（明治 33）年 10 月	長州・政友会
桂太郎	1901（明治 34）年 6 月	長州
西園寺公望	1906（明治 39）年 1 月	政友会
桂太郎（2）	1908（明治 41）年 7 月	長州
西園寺公望（2）	1911（明治 44）年 8 月	政友会
桂太郎（3）	1912（大正 1）年 12 月	陸軍・長州
山本権兵衛	1913（大正 3）年 2 月	海軍・薩摩・政友会

ろうか。結局は公益を隠れ蓑にした徒党ができてしまい、しかも政党と違って公開性や政機の転換に乏しい。枢密院議長を務めていた伊藤博文は「宰相《さいしょう》の進退一に勅裁《ちょくさい》に出でざるべからず」「遽《にわか》に議会政治すなわち政党を以て内閣を組織せんと望むが如きは最も危険の事」と述べた[*13]。

　このような反政党的な思想が日本に特有だったわけではない。米国でも建国の父たちは政党を嫌い、その伝統は二大政党による支配が政治や社会の全領域に及ぶような状況になっても地下水脈として引き継がれていく。

　こうして日本は世界的な国民主義の時代に応じて新国家を建設し、制度設計を行った。しかし世界は帝国主義の時代を迎えていた。近代日本の出発は対外危機に色濃く規定されていたが、それは国内の政治運営のあり方にも影響する。

　日本は一八九四年から一八九五年の日清戦争で勝利した。日清戦争は政治体制で言えば東アジアにおける守旧と近代の戦いとみなされた。帝国議会発足から四年後のことであった。明治新政府は憲法の名に「帝国」を冠した。幕末において各藩を国と考えていた日本では自らが帝国であるという意識をすでにもっていたが、国際社会においては後の大韓帝国と同様、最高の対等性を示すものであった。しかし、日清戦争の勝利で台湾を領有し、異民族支配という意味での帝国化の端緒となった。それまでにも琉球王国を併合して沖縄県を設置し、北方領土の確定と殖民を行って北海道を設置したが、いずれも江戸時代に支配の跡があり、支配領域の明確化という側面があったのに対して、近代以降の新たな植民地獲得の始まりであった。

大隈重信

板垣退助

こうして日本は日清戦争の勝利で帝国としての実質を備えたが、かえって安全保障環境は悪化した。その中で政府と政党との協力関係が少しずつ始まり、次第に制度化されていく。すなわち、対立の時代は提携の時代へと向かい、その中で妥協の文化が育まれていったのであった。国会開設から日清戦争までは初期議会期というが、政府と民党《みんとう》（＝自由民権派の政党）の対立が基調であった。ところが日清戦争前から胎動していた政府と民党の協力は日清戦争期の「挙国一致」的風潮を経て、不安定ながらもその時その時の必要による提携に至った。一八九八年には、伊藤博文の推挙によって大隈重信（一八三八―一九二二）と板垣退助《たいすけ》（一八三七―一九一九）の二人に組閣の大命《たいめい》があり、第一次大隈内閣が成立した。これが近代日本初の政党内閣で

桂太郎

西園寺公望

あった。憲法制定時の模範であったドイツ帝国では制定後これほど早く政党内閣は成立していない。それが短命で終わると、一九〇〇年、「超然主義」を政府内で説いた伊藤博文自身が立憲政治の模範的政党を期して立憲政友会を組織した。

日清戦争後の日本は約一〇年毎に戦争を繰り返していく。一九〇四年から一九〇五年には日露戦争に勝利した。これは政治体制では専制に対する自由の勝利ともみなされた。南満州の権益を手に入れ、翌年南満州鉄道株式会社が設立された。日露戦争の勝利を間に挟みながら、一九〇〇年代の約一〇年を桂《かつら》太郎（一八四八―一九一三）と西園寺公望（一八四九―一九四〇）の二人が首相を務めた。官僚や貴族院を足場とした桂と政友会の第二代総裁西園寺が交互に政権交代する桂園《けいえん》時代である。政友会は衆議院の多数を占め、政府と政党の協力は最後には「情意投合」という言葉で表されるような安定的なものになった。この間、三度、衆議院の任期満了選挙が行われている。

政党の地位向上には一貫して厳しい財政制約が影響していた。そもそも初期議会期の政府と民党の対立も軍事費をめぐるものであった。第一回帝国議会では「主権線」「利益線」という考えが示され、日本の「主権線」を守るためにはそのための重要な意味をもつ「利益線」すなわち朝鮮半島で優勢を占めることが必要と考えられた。そのためには朝鮮が大清帝国やロシア帝国の支配を受けない独立国で、さらに日本に好意的であることが望ましかった。しかし、国際法秩序の変化の中で、大清帝国からの完全独立の後援には成功し、ロシア帝国の影響力を排除することにも成功したが、日本に好意的な独立国ということは果たせず、一九一〇年、韓国併合に到った。

こうして日露戦争の勝利は幕末以来の課題に解決を与えるとともに、幕末以来の歩みに再考を求めることになった。伊藤博文と西園寺公望は憲政改革を進め、立憲国家のより一層の徹底を目指した。これに対して憲法制定以前からの既得権を死守する帝国陸海軍は軍令の創出に逃げ込んだ。一九一二年に明治天皇が崩御すると皇太子嘉仁《よしひと》親王が践祚し、大正が始まった。それは新たな帝室制度の下での初めての代替わりであった。[*14] 時の首相西園寺は葬送の儀のための臨時予算を議会にかけた。帝室と国民との接近を図る措置である。政治史は出来事史になると批判されることがある。派手な出来事に目が奪われがちであるが、近代日本は大正を迎える頃には新たな課題への変化を始めていた。

第一次憲政擁護運動と第一次世界大戦の勃発

桂園時代の安定は次の時代の変動を内に秘めており、東アジアの国際環境が日本政治を大いに揺さぶった。一九一一年、辛亥《しんがい》革命が起こり、隣国大清帝国が倒れた。しかも新たに中華民国が興《おこ》ったがすぐに全土を安定化することができず、第二革命、第三革命と続く中、軍閥割拠《かっきょ》が続いた。日本国内では明治天皇が崩御して半年と経たない一九一二年一二月に陸軍二個師団増設問題

山本権兵衛

をめぐって政党内閣（第二次西園寺内閣）が倒された。西園寺内閣への不満には揺れ動く中国状勢への消極的な対応への批判があった。

しかし、政党内閣が倒され、陸軍出身者の内閣（第三次桂内閣）が誕生したことは世の批判を集め、第一次憲政擁護運動が起こった。「閥族打破。憲政擁護」がスローガンで、ジャーナリストを中心に始まった。先に、民主化には思想（アイデア）と制度の発展と担い手（アクター）の成長が一体となって進むと述べたが、この時、「憲政の常道」という言葉が初めて使われたと言われている。衆議院に基礎を置き、国民を代表する政党が内閣を組織することが憲法政治のあるべき姿であるという改革論である。桂首相もまた自らの新党を結成することで混乱を乗りきろうとした。桂も帝国日本の統治の適正化について考えており、数年来新党結成を考えてきた。元老が年を取り欠けていく中で、今後は国民全体が天皇統治を支えなければならない。そのためには「どうしても政党による外仕方がない」と考えていたのであった。[15] 桂はさらなる混乱を嫌って結局衆議院の解散はせず、自ら政権を退いた。

桂内閣が退陣しても、議会の紛糾を解決するよう求める勅語に添えなかった西園寺が後を継ぐことはできない。桂は加藤高明を後継者に希望したが、山県有朋《やまがたありとも》（一八三八―一九二二）は加藤を鄙吝《ひりん》[16]（＝いやしくけちである）と嫌い、西園寺のいう海軍の山本権兵衛（一八五二―一九三三）を選んだ。山本は政友会を基盤に組織した。この時、支援の条件として閣僚の政友会入党が求められ、薩派《さつぱ》に近い財政家であった高橋是清など有能な人材が入党した。他方で、政友会からは官僚内閣に不満を抱いた二六名が離党して政友倶楽部《せいゆうくらぶ》をつくった。また、桂が急死したことで新党結成の動きも混乱したが、外交官出身の加藤高明を総裁として立憲同志会が組織された。[*17]

山本権兵衛内閣は軍部大臣現役武官制の「現役」の二文字をとることで補任の範囲を政党に加入できる予備役・後備役まで広げたり、文官任用の範囲を広げたりして政党政治の制度化につながる功績が大きかったが、シーメンス事件という海軍の疑獄事件によって再び国会を群衆が取り囲み、退陣に追い込まれた。最後に山本内閣に引導《いんどう》を渡したのは貴族院であった。衆議院で与党が多数を占める中、貴族院の方がかえって国民の不満を代表したのだろうか。山本内閣退陣で桂に次ぐ陸軍の首相候補は朝鮮総督を務める寺内正毅《まさたけ》であった。しかし、まだ国民の盛上りが感じられる中で下手に責任を引き受けると寺内内閣も成立早々退陣に追い込まれるかもしれない。山県など元老は国民に人気のある大隈重信を担ぎ出して政友会に攻勢をかけた。大隈は立憲同志会を与党に内閣を発足させた。

そこに第一次世界大戦が勃発した。一九一四年の夏のことであった。大隈内閣は積極的に参戦外交を主導した。大戦は終結までに約四年間を要した。第一次憲政擁護運動は「公議輿論」の制度化に進んだ明治政治の果てにあったが、第一次世界大戦の勃発と長期化は日本政治にさらなる変化を促した。

第一章

二つの政友会内閣と大戦後の国際協調外交

――転換期の帝国日本と初の政党内閣期　一九一八―二二年

本章は、初の「本格的」政党内閣と呼ばれる原敬政友会内閣の下で戦勝国として第一次世界大戦後を迎えた帝国日本が、政党内閣制と男子普通選挙制を求める国民の声の中、戦後政治の新たなあり方を模索していく過程を扱う。

第一次憲政擁護運動後の改革の停滞は、選良による政治を意味した政党政治に大衆民主主義社会での役割を求め、期待と自覚を育んでいく。原内閣の突然の終焉は党内から次の内閣を成立させ、日本憲政史上初の政党内閣の連続を実現した。第一次政党内閣期と言うべきか。その土台にはパリ講和会議、ワシントン会議と続く第一次世界大戦後の国際協調外交があった。しかし首相選定の複雑さは政治家や政党（アクター）の混乱を招き、政治の混迷に繫がる。

一　大戦末期の原敬政友会内閣の結果的誕生

（1）初の「本格的」政党内閣の戦時下での誕生

第一次世界大戦の長期化

一九一九（大正八）年五月、後に最後の元老となる西園寺公望は、雨がそぼ降る中、大戦中のフランス激戦地の戦跡を歩いていた。そこには後の首相近衛文麿《このえふみまろ》もいた。案内役の日本の陸軍少佐は雑草の中を少し探すとおもむろに一行を呼んだ。そこにはドイツ兵の死体がそのままとなっていた。故郷には帰りを待つ老父もあろうか、妻子もあろうか。一行はしばらく言葉を失って立ち尽くしていた。西園寺は一言「可哀想に」と発し、一行は静かにその地を離れた。*1

一九一四年七月に始まった第一次世界大戦は、当初その年のクリスマスまでには終わると見込まれていた。ヨーロッパでは短期決戦以外の戦争が長く起こっておらず、軍事技術の発展による被害の甚大化を背景に、人々の平和意識が戦争の長期化にもはや耐えられないと考えられていた。他方で、大英帝国のエドワード・グレイ外相のように、ヨーロッパの灯火がひとたび消えれば数十年に及ぶ苦難の始まりとなると感じていた者もあった。*2 事実、大戦は長期化し、驚くほどの死者を出した。双方あわせて約一〇〇〇万人の軍戦死者、約二一二万九〇〇〇人の戦傷者、そして民間の戦死者は約六八一万八〇〇〇人と推計されている。*3

大日本帝国（帝国日本、もしくは日本）は日英同盟の情誼《じょうぎ》を理由に約一カ月遅れで参戦し、一九一四年中に中国大陸と南洋での主要な作戦行動を終えていた。日本が参戦したことで欧州大戦は世界大戦となったが、欧州諸帝国自体が世界に支配を広げており、植民地住民が戦争に動員されたことは影響を世界大にした。主要な作戦に区切りをつけた日本には、後は戦後の果実を確実にするための準備と、終わりが見えないヨーロッパ戦線への協力問題があった。また、東アジアには第一次世界大戦勃発以前からの問題があり、一九一一年の辛亥革命以後の中国情勢の不安定化は権力の真空を生み、状況を複雑にしていた。

日本の参戦を主導した第二次大隈重信内閣は、かつて政党の党首を務めた首相の下、立憲同志会の総裁加藤高明が外相を務めるなど、政党内閣を自認していた。内閣は解散総選挙を行い、与党が大勝利を収めた。このときの選挙は内閣が全面的な与党支援を行い、大隈人気もレコードへの演説吹き込みや列車から演説を重ねる「車窓演説」などに活かされた。しかし、一九一五年一月に袁世凱《えんせいがい》中華民国政府に突き付けた対華二一カ条要求は相手の中国だけでなく、英米両国の不信を招いていた。要求は日露戦争で得た権益の延長と第一次世界大戦での戦果の確保に止まらず、列強に通告していなかった第五号には日中間の様々な懸案への希望が加えられていた。五月、主権に関わる第五号を留保した上で最後通牒《つうちよう》によって、すなわち軍事的威圧によって中華民国政府に受諾させた。加藤の外交指導はもともと元老の関与に消極的だったこともあり、元老たちからの強い反発を招いた。

政党内閣制に向かう時期の内閣①

首相(回数)	成立年月	支持勢力
大隈重信(2)	1914(大正3)年4月	同志会
寺内正毅	1916(大正5)年10月	陸軍・長州(・政友会)
原敬	1918(大正7)年9月	政友会
高橋是清	1921(大正10)年11月	政友会

吉野作造

さらに八月には議会工作にともなう内相の贈収賄事件で加藤外相は内閣の連帯責任を主張して辞任し、立憲同志会は閣外協力に転じた。

他方で大戦下の事実上の政党内閣は第一次憲政擁護運動以来の憲政論を再び活性化していた。政治学者の吉野作造（一八七八―一九三三）は、一九一六年一月、「憲政の本義を説いて其有終の美を済《な》すの途を論ず」を雑誌『中央公論』に発表した。一九一三年にヨーロッパ留学から帰国していた吉野は三つのことを主張した。第一に、普通選挙制の導入によって衆議院を民意と一致させることである。それは後に回顧したところでは、大衆による政権の専占ではなく一種の哲人政治を求めるもので、「民衆は指導者によって教育され、指導者は民衆によって鍛錬される」関係がなければならない。[*4] 第二に、吉野は民意と一致した衆議院を重視する観点から衆議院の多数党が政権を掌握する政党内閣制の確立を求め、あわせて二大政党制の必要を説いた。そして第三に、民意と一致した衆議院の多数に基礎を置く政党内閣が、貴族院や枢密院など他の憲法上の牽制機関から権能の濫用を受けないことを重視した。吉野は時代の政治評論の旗手となる。

憲法学でも同じく一九一六年一月、佐々木惣一《そういち》（一八七八―一九六五）は『大阪朝日新聞』紙上に「立憲非立憲」と題した論考を連載した。立憲制度には相互の連絡があり、英国から米国、フランス、ベルギー、ドイツ、そして日本に広がったという。日本で立憲制度が円満に行われるかどうかは日本だけの問題ではなく、立憲制度が人類の性情に適しているのかの試金石であった。佐々木は「一定の程度まで進歩した人類は、均しく立憲制度を要求するであろう」と考える。「立憲政治は多数者の意見を重んずる政治」であって、「立憲制度の下に於《おい》て、実際政治の運用上議会が中心となることは自然の勢《いきおい》」であり、君主主義や「東洋の君主道」とも調和的である。政治はもとより憲法に違反してはいけないが、憲法に違反しないだけで立憲だとはいえず、違憲ではないが非立憲である場合があるという。現在の立憲政治は必ずしも理想的に実現しているわけではなくとも、「之に依って政治上自己主張の手段を与えられて居ること其のことに安心するのである」[*5]。憲法は国によって条文が異なるが、憲法を基礎とした政治には共通性がある、それは国民の意思を反映した議会政治であるというのは「憲政常道」という理解と共通する。

佐々木惣一

　第二次大隈内閣は立憲同志会の閣僚が政権から離れても継続されたが、尾崎行雄《ゆきお》（一八五八―一九五四）らの影響力が強まり、三月には政府として袁世凱大統領の排斥を唱える。袁世凱の死によって決着したが、日中関係はさらに混乱した。大隈内閣はいよいよ退陣が迫ると、次期首相に目されていた陸軍出身で朝鮮総督も務めた寺内正毅（一八五二―一九一九）と政権授受の話し合いを持ち、加藤高明らを与党として引き継ぐよう求めたが拒絶された。そこで大隈は辞職時に加藤を次期首相に直接奏薦《そうせん》（＝天皇に推薦）した。しかし、宮中に乗り込んだ元老山県有朋によって阻止され、寺内が選ばれた。山県は長州出身の陸軍指導者で地方制度の整備にも功績があった。伊藤博文亡き後は残された元老の筆頭格であった。山県が寺内を選んだ理由は「挙国一致」

と説明された。加藤には首相の資質があるが「挙国一致」を必要とする大戦下では党人《とうじん》（＝政党に所属する者）は望ましくないというのであった。野党化した第二次大隈内閣の与党は立憲同志会を中心に憲政会を組織した。憲政会に属す川崎克《かつ》は大隈が加藤を奏薦したことを「憲政の常道よりして多数党をして内閣組織を為さしむるは当然」と述べている。*6

こうして一九一六年一〇月、寺内正毅内閣が成立した。陸軍軍人を首相に政党を含まない「超然内閣」であったが、第二次大隈内閣で少数野党に転落していた原敬率いる政友会が是々非々主義を唱えて協力した。この時点で憲政会は三八〇議席中一九七議席を占める過半数政党であったが、一九一七年の総選挙で第二党になる。寺内内閣が与党の引き継ぎを拒んだのは対華二一カ条要求、排袁政策で傷ついた日中関係の再建を企図したからであった。しかし、袁世凱死後の段祺《だんき》瑞《ずい》政権への事実上の政治借款であった西原借款によってさらに問題を広げることになる。

寺内「非立憲」内閣の退陣

帝国同士の伝統的な勢力争いから始まった世界大戦は長期化し、甚大な被害によって諸国内のさらなる変化を引き起こしていた。一九一六年になって初めて徴兵制を実施した英国は帝国内から兵を集め、また中東での二重三重の相矛盾する約束も厭わなかった。また、一九一七年三月にはロシア革命が起こり、連合国の一角を占めていたロシア帝国が崩壊した（二月革命）。さらにドイツ帝国は潜水艦を用いて一定地域を航行する船舶を国籍を問わず無差別に撃沈し始め、米国の船にも被害が出た。これを機に欧州政局と距離を置き中立を維持してきた米国が四月に連合国側に立って参戦し、ヨーロッパ戦線に新たな大軍を送り込んだ。日本も英国の要請を受けて地中海で輸送船の護衛活動にあたる海軍部隊をマルタ島に送り、同じ四月に到着した。さらに五月には中華民国の段祺瑞政権と日中共同防敵協定を結び、中国の大戦への参戦を支援した。革命後のロシアでは一一月、さらに革命が重なり（一〇月革命）、レーニン率いるボルシェビキが権力を掌握、世界初の社会主義政権が誕生した。

戦争による大きな被害は国民の協力を維持するためにさらに大きな目標を求める。開戦から四年を迎えようとする一九一八年初頭には革命ロシアとウィルソン米大統領がそれぞれ新しい世界秩序を訴え、英国でも新たな戦争目的が議論された。ウィルソンの唱えた一四カ条では戦後の平和のための国際組織が構想されていた。他方、革命を果たし一刻も早く戦争を終えたいロシア新政府は単独講和を求め、三月にドイツ帝国とブレスト・リトフスク条約を結んだ。これによってドイツ軍は西部戦線に集中し、攻勢をかけたが、一九一八年夏には再び押し戻された。

独ソ講和の影響を危惧した英仏両国は革命ロシアへの共同出兵を米国と日本に要請した。日本政府は地中海出兵に次ぐシベリア出兵に乗り気であったが、戦時の外交指導を検討する臨時外交調査委員会では米国との戦後の友好関係を重視して反対がまさった。寺内「超然」内閣は、「軍閥内閣」「非立憲内閣」とジャーナリズムを中心に強い批判を受けていたため、「挙国一致」内閣を標榜する上で一九一七年六月に組織した臨時外交調査委員会は重要であった。こうしてひとたびシベリア出兵を拒否した日本であったが、チェコ軍救出を理由にその米国から出兵要請を受けると出兵への反対論は勢いを失った。こうして連合国、なかでも対米協調のための共同出兵が決

大山郁夫

まったが、問題は出兵の規模や作戦が参謀本部の専管事項であることで、米国側の期待を外れた大軍の派遣が逆に米国との摩擦を高めたことであった。

大戦が長期化する中で日本社会の変化も著しかった。一九一五年一月の対華二一カ条要求を内容面では支持していた政治学者の吉野作造は中国の民族的自覚を評価するようになり、日本の対外政策の再考を求めるようになっていた。未曽有《みぞう》の大戦景気は「成金」と呼ばれる富裕層を生み出す一方、物価の高騰は労働者の生活を圧迫し、一九一七年以降労働争議が急増、件数は前年の四倍、参加人数で七倍近くとなっていた。寺内首相は一九一七年冬に病を得て翌春には悪化し、小康を得ながらも何度も退陣を考えるようになっていた。

『中央公論』一九一八年一月号で、政治学者の大山郁夫《いくお》（一八八〇―一九五五）は、藩閥官僚政府の「階級政治」と、その「走狗《そうく》」となった「職業的政治家の政治」を批判し、「政治の国民化」を求めた。そして「明治維新が対外的独立を完成したものとすれば、大正維新は国内的公正を実現することに依つて之を補足せねばならぬ。兎に角日本は再び若返らねばならぬ」と説いた（村井㊤21）。また吉野作造は、同号に「民本《みんぽん》主義の意義を説いて再び憲政有終の美を済すの途を論ず」と題した論考を寄せた。吉野は「どうせ議会の意思を重んぜなければならぬものであるならば、議会に多数を占むる政党の領袖《りょうしゅう》をそのまま挙げて政府に入れた方が捷径《しょうけい》（＝近道）である」と多くの国で流行している政党内閣制を紹介する。「政党内閣制は、甲内閣が倒れた時直ちに議会の新多数勢力を代表する乙後継内閣がこれに代るということによって、その妙用を発揮する」ものであり、「二大政党対立の勢いを馴致《じゅんち》する事が必要」と説いた（村井㊤22）。

シベリア出兵を決めた一九一八年七月には富山県魚津《うおづ》を皮切りに米騒動が起こり、全国に広がった。米屋に安売りを要求する米騒動は出発点では物価問題への不満の噴出であったが、新聞を通して広く報じられ、大都市に広がるにつれて性格を変えているように政府からは見えた。寺内内閣の田《でん》健治郎（一八五五―一九三〇）逓信《ていしん》大臣は「社会主義的傾向」を感じ取った。[*7] 政府は治安維持のために帝国陸軍を各所に出動させたが、八月一二日には神戸で鈴木商店が群衆の焼き討ちに遭った。その中で米騒動について政府の対応を批判していた『大阪朝日新聞』で「白虹《はっこう》日を貫けり」という兵乱の兆しを意味する言葉が用いられたことは、安寧秩序の紊乱《びんらん》にあたると新聞紙法違反で告訴された。[*8] 白虹事件と呼ばれる。同紙は自己批判し、社長退陣、長谷川如是閑《にょぜかん》、大山郁夫、丸山幹治《かんじ》などのオピニオンリーダーたちも社を去った。

田健治郎

未だ米騒動の渦中の八月一五日、田逓相は元老山県有朋を訪問していた。山県は「内閣更迭《こうてつ》の一事到らば、時局の関係上、以て政党輩の手に之れを委《まか》す可《べ》からず。適当の後継者を獲るに由無し」と、政党内閣を嫌いながらも現状維持以外に策を持たないようであった。山県は政権への不満を語る中でも「対政党操縦策の粗慢《そまん》（＝大ざっぱでいい加減）」や「政友会跋扈《ばっこ》の失体」[*9] をあげており、政府には再び解散を行ってでも政党の制御を行うことを期待していた。

田は寺内首相に山県の意向を伝えたが、寺内は異なる判断をした。騒擾《そうじょう》の鎮静化と来年度予算の作成、米国と協議してロシアのウラジオストクに艦艇を送ると、退陣を決めたのであった。九月四日、寺内首相は政府に協力的であった原敬政友会総裁、犬養毅立憲国民党総裁に辞意を伝え、一四日、大正天皇に奏上した。寺内首相は、米騒動による国民の批判を無視することはできないと考えたが、他方、元老との関係で言えば、米騒動にもかかわらず、辞意を通したのであった。

帝国日本の首相選定

首相が辞任すれば次の首相を決めなければならない。大日本帝国憲法下で、首相は天皇大権《たいけん》によって決定される。天皇は次期首相候補に組閣の大命を降下《こうか》するも、君主無答責の原則によって自らの好みや判断で首相を決めることはできなかった。君主無答責の原則とは、君主は悪をなすことができないという思想から一切の政治責任を問われないという原則であり、責任を負う輔弼《ほひつ》者の助言を受けなければ君主は政治上の行動をとれない。首相選定でいえば、天皇による大命降下は形式的行為に止まり、輔弼者による天皇への助言こそが実質的な首相選定行為となる。つまり、天皇が誰に下問し、下問を受けた者が誰を後継首相として奏薦するかということこそ、誰が誰を首相に選ぶかということと同義だったのである（村井㊤24）。

首相選定時の天皇への助言は多く元老が行ってきた。元老とは幕末維新期から明治国家形成期に顕著な功績があり、非憲法的存在でありながら、実質的に天皇の機能を代行する役割を担った長老政治家たちである。維新変革と初期の近代国家建設を担った薩摩長州両藩出身者が中心で、多くは首相を務めた経験がある。その地位は元勲優遇の勅語を受けるなど天皇との個人的な関係によって確認されることが基本であったが、実際には元老間の相互承認が重要であったようである。伊藤博文、井上馨《かおる》（一八三六―一九一五）、山県有朋、黒田清隆《きよたか》（一八四〇―一九〇〇）、西郷従道《つぐみち》（一八四三―一九〇二）、松方正義《まつかたまさよし》（一八三五―一九二四）、大山巌《いわお》（一八四二―一九一六）、西園寺公望の八人が元老とみなされる。退任する首相など憲法上の機関による選定とするべきか、それとも元老による選定とするべきか。元老による奏薦、つまり首相選定は、元老という存在自体の形成期を通して事実において定着した制度である。

この方式は、選定主体と選定様式から、「元老協議方式」と呼ぶことができる。事実において定着したこの制度は、明示的な制度上の根拠をもたず、もっぱら慣行に基づき、その時々の選定を処理していった。首相選定は、個々の元老の判断と政治力に任されており、それぞれ政治的安定と政策的合理性を確保する上で望ましい後継首相を求めて選定を行い、候補者の説得に当たった。また選定主体である元老は複数いたので、意見の一致を得るために協議が行われた。元老は、国家に責任を負うものとしてのゆるやかな一体性をもちながらも、それぞれの政治的出自や政治姿勢には大きな隔たりがあった。このことは元老間での調整を難しくする一方で、明治立憲制の多元的な憲法諸機関を集団として統合する機能を果たすことになった（村井㊤25）。

西園寺内閣待望論

退任する寺内首相は次期首相の選定を元老に委ねた。これは従来の慣行に沿うものであった。

松本剛吉

この度、首相選定の中心となったのは長州出身の山県と薩摩出身の松方であった。山県は枢密院議長を務め、松方は内大臣を務めていたが、彼らは役職の故に選定に参加したのではなく、元老としての個人の資格からであった。山県が二度内閣を率いたように、財政制度の整備に功績があった松方も二度内閣を率いていた。

山県は、「政権の授受は円満でなければならぬ、而して出来上つた内閣は永く続かせるといふ事でなければならぬから、矢張挙国一致内閣が宜いに相違はない」と述べていた（村井㊤27）。これは田逓相の政治秘書松本剛吉の記録するところである。松本は有力者の間を出入りし、発言を運んだ。山県は先に加藤を阻止する際に「挙国一致」を理由にあげたため、世界大戦がまだ終わらない状況下で現役の政党総裁を指名するわけにもいかず、西園寺こそ「挙国一致内閣」を率いるに適した候補であると考えていた。西園寺は原の前の政友会総裁であるがすでに党を離れ、憲政会からの支持も見込まれた。

山県は、春に西園寺が上京したときに激論的に説得したことがあった。しかし、西園寺は病気を理由に断り続けた。春と言えばまだ米騒動が起こっていない時期である。さらに山県は西園寺に長文の手紙を配達証明をつけて送りつけ、返事がないと返事の督促状を送った。それでも西園寺は引き受けない。山県も西園寺は難しいとの感触を持った。松方は、同じく西園寺が適任であると考え、また方法によっては受けるのではないかと考えていた。薩摩出身の牧野伸顕（一八六一

―一九四九）を西園寺のもとに遣わせてさらなる説得も試みていた。牧野は大久保利通の次男で、岩倉使節団で父に随行して一一歳から一三歳まで米国フィラデルフィアで学んだ。長じて外交官となり、黒田清隆内閣では首相秘書官、第一次西園寺内閣で文相、第二次西園寺内閣で農商務相を務めた。さらに政友会が支えた第一次山本権兵衛内閣で外相となり、臨時外交調査委員会が設置されると委員を務めた。

　寺内の辞意表明を受けて山県と松方は西園寺を加えて次期首相候補を話し合った。しかし話はまとまらない。山県と松方がまず参内《さんだい》した。次に山県の発意で一九日、大隈重信が参内を求められた。大隈は肥前佐賀藩出身の維新官僚で二度首相を務めていたが元老ではない。翌二〇日あらためて参内した大隈は野党憲政会の総裁加藤高明が「憲政上の理義」として「至当の順序」であると述べながらも大戦がまだ終わらない中で西園寺を推した（村井㊤29）。二一日、西園寺が召された。西園寺は自分にも下問があるのだろうと考えていたが、組閣の大命であった。西園寺は即答せず退出後松方内大臣を訪れた。西園寺は松方に病気を理由にあげるだけでなく「後進の者を立つるの適当」であると述べて政友会を率いる原敬（一八五六―一九二一）に言及した（村井㊤33）。松方は賛成も反対もせず、山県は訪れた西園寺にあらためて奮起を求めた。

原敬

　西園寺待望論は野党憲政会にもあった。この過程でのもう一つの主役は、元老の会話にも出ていた第二党憲政会の動向であった。党内では、「挙国一致」内閣としての西園寺内閣を支持し、寺内内閣を支えた原の首相就任にかえって否定的な意見もあった。しかし、総裁の加藤高明（一八六〇—一九二六）は政党政治への意欲がより強かった。加藤は原と同じ外務省出身者として親しく、政党政治への理想を共有して藩閥政治に対峙する民党連合構想に努力するなどしていた。加藤は政友会の外様といってよい時期を過ごし、彼自身代議士（＝衆議院議員）経験がある。道が分かれたのは、加藤が政友会内閣を単身辞職し、桂太郎と意気投合し、立憲同志会の総裁となってからであった。[*10] 大戦前に駐英大使を務めた加藤は、「民主主義の本家本元」の英国で選挙権の拡張にともなって自由党と保守党が競って社会政策に乗り出していく様子を「民主主義の旺盛」な様と好意的に紹介していた。[*11] 日本でも英国型の二大政党政治の実現を期し、選挙での勝利を目指して政党が新しい課題、従来顧みられなかった人々の利益を政治の場へと推し出していく政党システムの機能を評価していたのであった。加藤を中心に憲政会が政党間での連携を志向するほどに官僚内閣は政友会以外の提携先を失い、原は交渉力を高めるのであった。

原内閣の選定

自らの首相就任を峻拒《しゅんきょ》した西園寺は元老共同体の一員として責任を持って次期首相を探さなければならない。そこで次に山県の政治活動を支えてきた平田東助《とうすけ》（一八四九—一九二五）と話した。平田は長く山県系官僚の一人として貴族院などで政友会と対峙してきた。西園寺は九月二四日、再び山県を訪れ、翌日参内し辞退する意向を伝えた。話が後継首相に及ぶと、西園寺は「原にては如何、自分は此場合《このばあい》原は然《しか》るべしと思ふ」と提起した（村井㊤34）。原が西園寺から政友会を

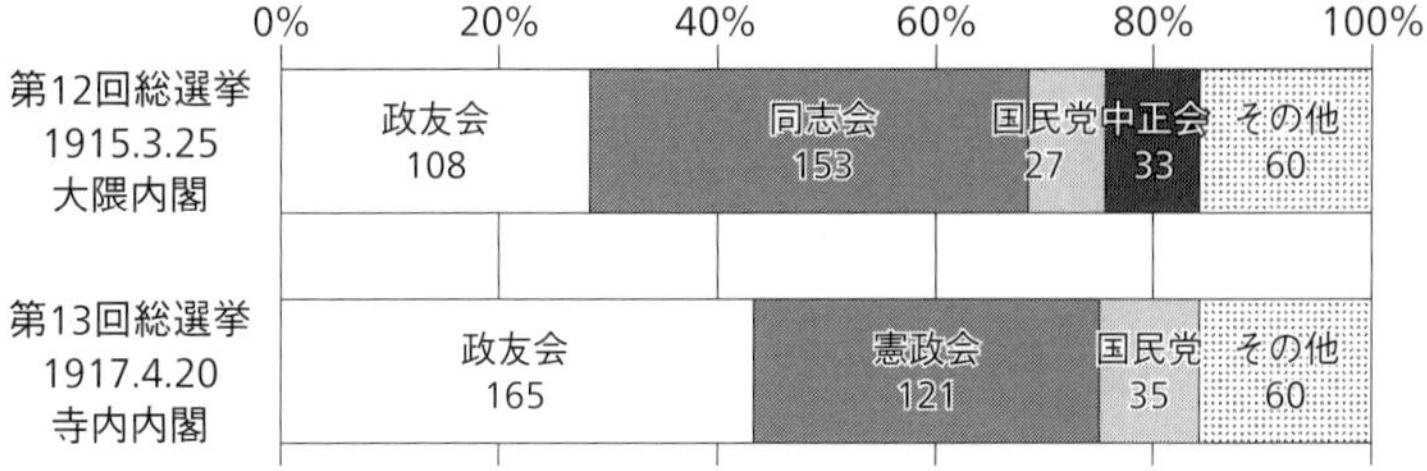

引き継ぎ、初めて臨んだ第一二回総選挙（一九一六年三月二五日）は第二次大隈内閣下の野党選挙で、衆議院第二党に転落する厳しい結果を被った（立憲同志会一五三、立憲政友会一〇八、中正会三三、立憲国民党二七、ほか六〇）。対して「是々非々」を唱えて政府の実質的な与党として臨んだ寺内内閣下の第一三回総選挙（一九一七年四月二〇日）では、政友会一六五、憲政会一二一、国民党三五、ほか六〇と衆議院第一党の地位を回復していた。

元老の中には山県と伊藤を中心に政党の役割をめぐる対立があって鎬《しのぎ》を削ってきた。そもそもは憲法制定を主導した伊藤の指導下で「超然主義」が政府の基本姿勢であったが、伊藤自身が模範的政党を通した議会運営、さらには政府運営へと舵《かじ》を切ったことで両派の考えが分岐した。また、「超然主義」といってもあらゆる党派から距離を置くか、あらゆる党派を内包するかの幅があり、政党の否定ではなかった。

山県は西園寺に、原が辞退することはないか、また、憲政会と提携することはないかを問うた。西園寺は、原は政党を率いているので党員の意向もあって受諾するだろうと答え、憲政会との連携については時日の経過によって党員が幹部を動かすようなことになればあり得ると述べつつも否定した。西園寺から「憲政会は大隈と共に政府に立ちて失敗したれば、今度原が政友会を率《ひき》ゐて立つて失敗せば再び超然内閣を生ずる場合もあらんが〔＝あるだろうが〕、今日政党を失望せしめ彼等相提携して政局を打破せば超然内閣再起の望《のぞみ》なく、原の次は加藤、加藤の次は某《なにがし》と云ふ様に遂に政党の天下とならん」と聞くと、政党内閣制に否定的な山県は原を首相とすることを認めた（村井㊤34）。

松方には山県が諒解《りょうかい》を求めた。大隈には侍従長からの説明で済ませた。二五日、西園寺は再び参内して大命を辞退した。そして九月二七日、原に内閣組織の大命が降下した。原内閣成立時に政友会は衆議院多数党であったが、多数党の総裁であったから選ばれたわけではなく、結果としての政党内閣であった。また、第一九代、一〇人目の首相である原は爵位を持たない初めての首相であった。このことで「平民宰相」と呼ばれ、新聞紙上での通り文句となった。近代日本は華族制度を有していたが、新たに創設された近代の産物であった。明治の指導者たちも公卿《くぎょう》出身の西園寺などをのぞくと維新以前の身分はおしなべて低く、国に貢献した者に次々と爵位を与えていく社会制度を構築していた。原も当初授爵を願ったが、衆議院で力をつけていくと西園寺を通して避けるようになった。なお原は朝敵《ちょうてき》藩の家老の家系で、生来の身分は高い。これによって衆議院に議席を持つ初めての首相が誕生した。

原内閣の成立と社会の反応

原が組織した内閣は初の「本格的政党内閣」と呼ばれる。そもそも原は、初めて政党で権力の階梯《かいてい》を登った指導者であり、それまでの政党首相は有力政治家が政党総裁になったものであった。

その意味で原は平民宰相となる前に日本の主要政党で初の平民総裁であったとの政治史研究者清水唯一朗の指摘は重要である。[*12] 政党の総裁を首相とする内閣としては第一次大隈重信内閣（隈板《わいはん》内閣）、第四次伊藤博文内閣（政友会創設）、二度の西園寺公望内閣（桂園時代）があり、桂太郎がもう少し長生きしていれば政党内閣を組織する可能性があった。原内閣は二つの系譜下にあった。すなわち、先ほどあげた、大隈、伊藤、西園寺と続く政党内閣の系譜と、山県系官僚勢力と伊藤政友会が異なる価値を体現しつつも国益の下に協力し合う「情意投合」内閣の系譜である。

原内閣が初めての「本格的」政党内閣と呼ばれたのは、組閣を通した内閣の一体性と政党内閣の実質性からであった。先の西園寺内閣は党首が政党総裁であったという点では政党内閣であったが閣僚に政党員は少なかった。対して原は、太く短くと考えて組閣に取り組んだ。太く短くとは、内閣の長命を目指して様々な政治勢力の間でのバランスを重視するのではなく、政党内閣としての一体感にこだわったのであった。原内閣は閣僚の内、陸相、海相、外相以外をすべて政友会員で占めた。外相には当初、牧野伸顕を求めたが断られ、外交官出身で親しかった内田康哉《やすや》（一八六五―一九三六）をあてた。蔵相には高橋是清（一八五四―一九三六）の協力を得た。

内田康哉

内田康哉は熊本の藩医のもとに生まれ、東京帝国大学を出て外務省に入った。政友会が組織した第四次伊藤内閣で外務次官、第二次西園寺内閣で外相を務めた。高橋是清は江戸で幕府御用掛絵師の子として生まれ、英語を元手に海外留学や事業の失敗など波瀾万丈の前半生を経て日本銀行で頭角を現した。党人である前に財政家として有能で、日露戦争の戦費調達への功績から貴族院議員に勅撰《ちょくせん》されていたが、第一次山本権兵衛内閣を政友会が支持した際に内閣の方針で入党したものであった。

高橋は一九一八年二月、「政治が民意によって行われず、ただ少数の政権を取っておる人の意の儘《まま》に政治する国」では、ドイツのように「僅《わず》かな政権を握っておる人達の野心を行うのに便利な政治の仕方であったから、道義を基礎とせずして偏《ひとえ》に武力を基礎として、今日の文明を破壊するような大戦を起すに至ったのではあるまいか」と述べて民意による政治を評価し、軍国批判を行っていた。また米国大統領ウィルソンの主張を警戒する声にも「アメリカの共和国に発達したる政治経済の建設規格をことごとくそのまま世界に実現せねばならぬと云う主張では決してない」と述べていた。[*13] 農商務相に任命された山本達雄も同じく第一次山本権兵衛内閣を機とする入党組であった。

こうして一九一八年九月二九日に成立した原内閣は、第一党の総裁であったから首相に指名されたわけではなく、なおも大戦下で第一党の総裁であったにもかかわらず首相に指名された、いわば結果としての政党内閣であった。それでも、成立直後の原内閣への社会の歓迎は大変なものであった。大山は「一大政治的進歩」と評価し、吉野も「今や世間一般が原内閣の成立を何となく歓迎して居る事は疑ひない」と観察した（村井㊤39）。野党憲政会も第二次大隈内閣こそが初の本格的な政党内閣なのだと主張する一方、原内閣の成立を歓迎した。英国出身のジャーナリストで『ジャパン・アドヴァタイザー』編集長ヒュー・バイアス（一八七五―一九四五）は、議会と無関係に内閣が倒れ、選定に背後の力が働くことに「代議政治の真精神」から疑問を呈したが、原内閣の成立は「憲政の進歩」と歓迎した。[*14]

原内閣成立の約一カ月半後の一一月一一日、ドイツと連合国との間で休戦協定が成立した。戦時内閣は戦後内閣に移行する。スイスの日本大使館にいた外交官東郷茂徳《しげのり》は、戦勝国、敗戦国ともに著しく疲弊していて、「戦争を廃絶するための戦争」という英米両国の宣伝も実現するのではないかと思われるほどであったと、後に回想している（村井㊤19）。なお退任した寺内はその後も病気がちで、約一年後の一九一九年一一月三日に死去した。

（2）戦後を迎えて——選挙権拡張とパリ講和会議

勝者の戦後

帝国日本は勝者の一員として戦後を迎えた。国土に被害はなく、大戦を通して世界的列強の一員としての地位を揺るぎないものにし、日露戦争以来呻吟《しんぎん》していた債務国は債権国となった。後述のパリ講和会議で帝国日本は領土を拡張し、大きな利益を得た。

一方、外交、内政両面で不安を抱えていたことも事実であった。外交では、帝国ドイツが挫《くじ》かれた後の世界で日本は「東洋のプロイセン」と呼ばれ、警戒の対象となっていた。ここでのプロイセンは軍国主義と同義である。また、大戦を通して日本以上に米国が力を増し、独自の価値観を国際政治にまで及ぼしていた。ウィルソン大統領の名前をとってウィルソン主義と言われる。

米国と日本は対華二一カ条要求で関係が傷つき、石井＝ランシング協定で戦時下の関係性を糊塗《こと》したが、関係改善を求めたシベリア共同出兵でさらに関係を悪化させていた。また米国は大国化しながらも国際政治の責任を引き受ける準備には乏しく、大戦後の世界は過渡的秩序に止まっていた。経済的にも競争の激化が予想されていた。東アジア市場から姿を消していたヨーロッパ商品も早晩戻ってくるだろう。

人、物、金は行き交い、世界はますます結びつきを強めていた。大戦の休戦で地中海での船舶護衛活動は終わりを迎えたが、大戦の一局面であったシベリア出兵はなお続いていた。第一次世界大戦が世界の一体化を推し進めたことは疾病《しっぺい》の広がりによっても証明された。米国の中西部発とも言われ、情報統制で被害を隠さなかった中立国の名前で呼ばれたスペイン・インフルエンザ（スペイン風邪）の世界的流行は、一九一八年一一月以降、日本にも及び、マスクの着用が奨励された[*15]。全世界で四〇〇〇万から五〇〇〇万人の死者を出し、日本でも四五万人と推計される。

対する内政での困難は、急激な社会変化と社会不安への対処であった。大戦中、物価の上昇を賃金の上昇が後追いする形で労働争議が頻発した。米騒動の発生もすでに述べた。思想潮流の変化は政治への不満にも結びついていた。それは従来の軍閥や藩閥への批判に止まらなかった。ロシア革命は大逆事件以来の社会主義の停滞を吹き飛ばす意味を持ち、伊藤博文を暗殺した安重根《アンジュングン》にすでにあらわれていた植民地独立運動も新たな生気を得ていた。

原内閣は大戦の終結によって最初の戦後内閣として一二月の通常議会召集を迎えた。政党は対立を公然化し、暴力ではなくルールの下で競争する。政党に求められたのは帝国内での大衆社会化状況への対応であった。原政友会に対して国民党と憲政会が野党であった。憲政会の総裁加藤高明は原政友会の「白紙主義」を批判した（村井㊤58）。すなわち、従来の政党が「是々非々主義」と言われるように手札を国民に示すことなく藩閥政治家との妥協に努めてきたことを批判したのであった。原はこのような批判を否定して四大政綱を掲げた。すなわち、政友会の基本政策として、教育改善、産業振興、交通機関整備、国防充実を主張したのであった。

野党憲政会は、新しい戦争目的にいち早く支持を与えていた。憲政会の戦後構想は、「凡《すべ》て民を本として内治外交を行ふといふのが世界の大勢である」というものであり、外交では「デモクラシー」諸国との協調を、内政では「デモクラシー」適合的な政治体制の樹立を唱えていた（村井㊤55）。これは憲政会が、立憲同志会として参戦外交を担った一方、その後野党化して寺内内閣を批判していた党争上の利点に裏打ちされていたが、大戦の被害の大きさへの理解もあった。内政では「憲政常道」を主張したが、憲政会の「憲政常道」論には特徴があった。第一に、政党内閣主義である。政党以外の政治集団による内閣組織を排除する。しかし、それだけではない。第二に、与野党間政権交代主義である。これは英国の二大政党制を学んで、反対党が次に政権を担当することを重視した。そして第三に、元老が恣意《しい》的に行ってきた首相選定において、与野党間での政権交代という一定の基準を主張した。憲政会はこうした考えから、野党の役割として代案の提示に努めた。

原内閣発足後初めての第四一議会を前に、各党では選挙権の拡大が活発に議論されていた。憲政会では納税資格を残すか撤廃するか、残す場合に国税を払っているかどうか、二円以上か、戸主を唯一の条件とするか、教育程度などが議論された。[16]結局、党幹部である加藤高明と江木翼《えぎたすく》の判断で選挙権の拡張に止めた。当時の選挙法では直接国税一〇円以上と定められているものを国民党案と憲政会案はともに二円に引き下げることを提案した。政友会の政府案は三円以下に引き下げるもので、一九一九年三月にこれが実現した。男子普通選挙の立場からの衆議院議員選挙法改正への取り組みは、一九〇一年末からの第一六議会に法案が提出されたが、委員会で否決され、その後も第一八議会、第二四議会、第二五議会で衆議院で審議未了となったが、一九一一年の第二七議会で衆議院を通過し、しかし貴族院の委員会審議で否決された。以後、選挙権拡張論が先行し、漸進論は与野党に共通していたのであった。

パリ講和会議と新興列強日本

帝国憲法下では通常議会は一二月末に召集され、年末休会を挟んで一月二〇日頃に再開され、三月末頃まで開かれた。再開と同時期の一九一九年一月にパリ講和会議が始まり、六月まで続いた。首席全権（=国家の代表としての複数の全権〔委員〕のうち最高位の者）には原の名前も挙がったが、元老の西園寺公望を頼った。西園寺の首席全権就任は日本政治に重しを与えるものであり、実質的な交渉は臨時外交調査委員会委員の牧野伸顕と外交官の珍田捨巳《ちんだすてみ》が当たった。若き貴族政治家の近衛文麿（一八九一―一九四五）は西園寺に依頼して随員としてパリの地を踏んだ。近衛が会議前に「英米本位の平和主義を排す」を発表したように、第一次世界大戦後の国際主義には不安もあった。[17]美名に仮託した英米の支配ではないか。しかし彼自身は会議を見て、新秩序に肯定的になっていく。
第一次世界大戦時と第二次世界大戦時の日本の位置は大きく異なる。対華二一カ条要求のような出来事もあったのでどうしても第二次世界大戦時のイメージに引きずられてしまうが、第一次世界大戦後の日本は積極的なピース・メイカーの一角であった。交渉の中で日本が要求したのは、第一に旧ドイツ山東省《さんとう》権益の獲得、第二に赤道以北旧ドイツ領南洋群島の要求、そして第三に人種平等原則の提案であった。人種平等原則の提案については、とかく交渉の取引材料として提起しただけという解釈がされてきたが、それは意味のある一つのステップであるとともに、日本が唯一の非キリスト教国、非西欧諸国として常任理事国となる国際連盟の発足が議論される中で重要な提案であり、実現しなかったことが惜しまれる。[*18]
他方、日本外交には反省も多かった。サイレント・パートナーと言われ、必要の限りで発言した。憲政会は五月一二日、英国留学後にパリ講和会議を見て帰国していたジャーナリスト中野正剛《せいごう》（一八八六―一九四三）の話を聞いた。中野はパリ講和会議の日本外交に憤慨して西園寺の到着も待たずに帰国の途についていた。当初、日本全権団のメディア対応もうまくいっていなかった。帰国したばかりの中野は「此度の外交談判が悉《ことごと》く失敗」であり「講和会議の経過は屈辱」であったと結論づけた。牧野を迎えた珍田駐英大使は「英国も米国も、非常に日本に対して感情が好《よ》い、殊に寺内軍閥内閣が倒れて、政党内閣が新たに実現し、政策を一変して立つと云ふので、デモクラシーの潮流の熾《さか》んな欧米では、日本に対する人気が非常に好い」と報告して安心させたのだという。しかし、中野が見るところ国益の衝突は深刻であり、日本は準備不足で緊張感に欠けてい

望月小太郎

たという。[19]

　憲政会の外交通望月小太郎《こたろう》（一八六六―一九二七）も党機関誌で「帝国の屈辱外交」を論じた。また、幹事長でメディア出身議員の関和《せきわ》知《ち》も、大隈改造内閣の一九一五年一〇月のロンドン宣言を講和会議での五大国の前提として評価し、対華二一カ条要求の結果結ばれた日中条約を正当化した。[20] 加藤高明は七月六日の憲政会関東大会で演説し、講和条約成立を喜ぶとともに講和会議での日本外交については満足を表明することができないと述べた。[21] パリ講和会議には、先にあげた近衛だけでなく、吉田茂、重光葵《しげみつまもる》、松岡洋右《ようすけ》、有田八郎、芦田均《ひとし》など若き外交官や次代の政治家が集まっていた。パリ講和会議時の日本外交批判は単なる野党による政権批判を超えて、大国外交への準備不足が顕著であった。そこで若手外交官を中心に革新同志会が結成され、改革への圧力となることで、一九一九年には条約局を新設、一九二〇年には政務局を亜細亜《あじあ》局と欧米局に分け、一九二一年には情報部を設置した。

　会議開催中の一九一九年三月一日には、朝鮮で三・一独立運動が起こった。翌月、在米朝鮮人やキリスト教宣教師らは米国フィラデルフィアの小劇場で「第一回朝鮮人議会（The First Korean Congress）」を開いて朝鮮独立への米国の支持を求め、米国独立記念館までパレードした。また、武装勢力が中朝国境をまたいで活動するため、原内閣は居留民保護のために間島《かんとう》地域への日中共同出兵を行った。ウィルソン米大統領は世界に期待を広げたが、もともとの関心はヨーロッパを出なかった。したがって東アジアでは独立を支持するでもなかった。
中国でも五・四運動が起こった。中国は国家としての参戦こそ遅かったが、西部戦線に民間人が多く参加して毒ガス戦での戦車清掃など危険な仕事につき、死者も多く出ていた。米国の哲学者ジョン・デューイ（一八五九—一九五二）は一九一九年春に日本を訪問しており、原内閣を日本の自由主義政府の実験時代と捉えたが、いつ軍事政府や官僚政府に逆転するとも分からないと考えた。そして日本の中国支配に強い批判の目を向けていた。[*22]
旅行者、外交官、ジャーナリストだけでなく政治家も大戦後の世界を行き来した。一九一九年二月に加藤高明総裁の勧めで欧米視察に向かう憲政会代議士安達謙蔵《けんぞう》（一八六四—一九四八）の送別会があった。[*23] 安達は選挙制度調査のためにロンドンに滞在し、米国から英国にまわってきた永井柳太郎《りゅうたろう》（一八八一—一九四四）とも会った。[*24] 第一次世界大戦後の水平学習である。冒頭で触れたように、西園寺と近衛はパリ講和会議を終え、帰国前、ヨーロッパの戦跡を視察していた。

大衆の声——日本政治の変化

「本格的」政党内閣の成立は社会の雰囲気も変えていた。マルクス主義者の山川均《ひとし》と山川菊栄《きくえ》（一八九〇—一九八〇）は一九一九年二月、四カ月間獄中にあっただけで「驚いたことに世の中が変っていた」という。[*25] 一九一九年四月、雑誌『改造』が創刊された。この年、思想界の関心がマルクス主義へと移ったと言われる。[*26] 一躍時代の寵児《ちょうじ》となった吉野作造も時代に追い越されていく。

八月七日、山県を訪れた田健治郎は「今や民主思想、澎湃而《ほうはいし》《こう》して欧米各国に充溢、其の思潮蕩々《とうとう》、我が邦に注入、殆ど嚮邇す可からざるもの有り。強《し》いて之《こ》れを抑制せんか、或ひは爆発而して革命と為《な》り、国体の尊厳を失墜するを恐る」と述べた。「世の所謂《いわゆる》民本主義を取り、之れを我が君民一家の国状と融合」[*27]させるべきであると説く田に、山県は同意して普選防御はできず漸次実施して国体に融合すべきと答えたようであるが山県はその後も普選即行に反対し続けた。

九月二日に朝鮮で爆弾事件があった。原は田健治郎を台湾総督に送ったが、山県は三党鼎立《ていりつ》論の柱として犬養毅とも通じていた田への期待があり、田の渡台を必ずしも望まなかった。田は内地延長主義で同化を図った。原は朝鮮、台湾両総督、関東長官を政府委員に列した。これを田は「憲政上の一進境」と記した。[*28]議会での質疑には首相同様、植民地総督が応じることになる。

吉野作造は『中央公論』八月号に「労働運動に於ける政治否認論を排す」を寄せ、前年暮れから春まで政界の大問題であった普通選挙論が跡形もなく消え去って関心が生活問題に集中しているると指摘した。政治否認論は革命に至るしかない。「今日の政治学は政治上の根本主義としてデモクラシーといふ事を唱へる。政治否認説を取るものは、デモクラシーとは資本家階級が昔の貴族階級から政権を奪ふ事であると云ふ」とデモクラシーが労働者階級と無関係であるかのように言うが、「今日の政治学の教ふるデモクラシーは所謂天下を以て天下の天下とするの全人の国家の理想に立ち、総《すべ》ての人に完全なる精神的並びに物質的の生活の保障を与へる、又完全に総ての人に合理的な自由を与へんことを主眼として居る」とその重要性を説いた。[*29]

八月二四日、講和会議で首席全権を務めた西園寺がパリから帰国した。午後八時半、数千人の出迎えの一人として東京駅にいた田は、国民のほとんどから支持されていたと感じた。[*30]西園寺全権による二七日付けの帰朝報告書では交渉から妥結の経過、条約の内容が説明され、「永久平和ノ基礎タルヘキ条項」として「国際連盟規約及労働協約」について詳述された。[*31] 連盟規約は講和条約の骨子であり、各国協同の力によって戦争を予防し、一切の国際案件を処理しようとするもので、実行機関の主要なる一員として重大な覚悟が必要である。また労働協約は国際的常設機関を設けて各国労働者の生活状態を改善し心身の幸福を増進する目的で、労働問題の解決は社会秩序の保持に至大の関係があると日本も「宇内《うだい》〔＝世界〕ノ趨向《すうこう》」に背馳《はいち》しないことを求めた。

他方、日本の主要講和条件であった三点については必ずしも希望を貫徹できなかったとして、第一に赤道以北のドイツ領南洋諸島の割譲であったが「交譲〔＝互いに譲る〕妥協ノ果《はて》」、委任統治領となった。第二に「人種的差別待遇撤廃の件」では英米からの反対で将来この問題を重ねて提議すべきことを宣言して解決を他日に譲った。そして第三に山東半島でのドイツの権利を日本に譲らせる件については中国全権と米国側一部の中国に対する同情とによって解決は困難を来し、連合与国の了解、ドイツの応諾を得るも中国全権は調印しないことになった、と説明した。

帝国日本は「世界五強ノ班ニ列シ」、欧州の政治に関与する端緒となり、国際連盟で重要な地歩《ほ》を占めることになった。日本は内にあっては実力の涵養《かんよう》と文化の向上に努め、外に対しては公正の態度で信頼を獲得するとともに時に応じて列強の間に重きを置くことで、新たに得た地位《ち》を将来ますます向上させていくよう説いた。

西園寺は九月八日の東京府市連合歓迎会でも文化の向上について詳しく語っている。半世紀前の開国時には国力が極めて微弱で、独立を確保するためにまず国防に努力せざるをえず、日清日露の戦役で武名を世界に輝かせた一方、皮相の観察者からは、軍事のみに通じた好戦の国民であるという誤解を受けた。「今日一面に於ては我国家存立の基礎鞏固《きようこ》となり又一面に於ては世界に永久平和の組織成らんとするに方《あた》り、吾《わが》国が武備を怠らざると同時に学術文芸及農工商業の方面に向つて大に奮励すべきは誠に大勢の然らしむる処にして、今日我国を以て好戦的国民と誤解せる者が、遠からずして平和的事業の貢献者として我国を謳歌《おうか》し、又平和的発展の成功者として我国民を認識するに至ることは期して俟《ま》つべきであります」（村井㊤84）。

二　政党内閣下での野党憲政会の変化——政党内閣制の予行演習

(1)戦後政治の起点——原内閣下の野党憲政会

政党間競争と社会運動

原内閣の成立を歓迎し、外交でも督励する立場をとっていた憲政会が、原外交への対決姿勢を強めるのはパリ講和会議からのことであった。その意味で、講和会議の終結は国内的にも戦後政治の起点となった。一九一九年一〇月には府県会議員選挙が実施され、憲政会の党報では中立や少数党が振るわず「天下の大勢が次第に二大政党の対立的傾向を訓致し来り」と観察されていた（村井㊤59）。年明けに向けて政治の季節を迎える。

政治構造の変化は社会運動の変化も促す。一一月二四日、平塚らいてう（一八八六―一九七一）は市川房枝（一八九三―一九八一）と奥むめおを誘って新婦人協会の活動を始めた。平塚は大戦前に青鞜社《せいとうしゃ》を興し、女性による文芸雑誌『青鞜』を刊行した。「原始、女性は太陽であった」と題した発刊の辞は有名で、詩人与謝野晶子（一八七八―一九四二）は「山の動く日来る」で始まる詩を寄せた。他方、市川は、愛知県で教員や新聞記者を務めていたが、時代の自由な雰囲気に促されて一九一八年八月に上京、一九一九年九月には友愛会婦人部書記となった。ところが国際労働会議労働代表選出問題にまきこまれ、わずか三カ月で友愛会を退くことになった。第一次世界大戦後に新たに設けられた国際労働会議の労働代表選出に際して政府が労働組合を無視したという問題であり、市川は政府の選んだ代表に婦人労働への理解を求める活動をしていた。こうして期せずして無職となった市川を見知っていた平塚が、「第一次世界大戦後の社会改造に婦人も参加する必要があるので婦人団体を組織したいから手伝ってほしい」と声をかけたのであった。[*32]

英国では大戦中の一九一八年二月六日に男性とは異なる条件ではあるものの女性に参政権が認められた。また米国では各州ごとに女性参政権が認められたことから一九一七年の参戦前には女性議員が誕生していた。新婦人協会がまず手をつけたのは、女子の結社加入と政談集会への参加を禁止する治安警察法の改正運動と、花柳病《かりゅうびょう》男子結婚制限法の制定運動であった。いずれも法律問題であり、議会への働きかけが活動の中心となった。

一二月に召集された通常議会では前年の勢いがさらに増し、選挙権拡張に止まらない男子普通選挙の導入が焦点となっていた。一二月に入って政友会の領袖の一人野田卯太郎《うたろう》（一八五三―

一九二七）は山県に求められて面会すると話は思想問題に及んだ。西洋の危険思想に対して政府の態度が手ぬるいと山県は考えていたようで、野田は「近時西洋渡来のデモクラシー」も東洋哲学、仏教思想に通じていると説いて帰ってきたという。*33

野田卯太郎

平和克復の大詔

一九二〇年一月一〇日、パリ講和条約が発効し、国際連盟が発足した。大正天皇はこの機に平和克復《こくふく》の大詔《たいしょう》を発した。大詔は平和回復を喜び、講和会議を通して「平和永遠ノ協定新《あらた》ニ成リ、国際連盟ノ規模斯《ここ》ニ立ツ」たことを「是レ朕カ中心実ニ欣幸《きんこう》トスル所」と述べた。また、「進ミテハ万国ノ公是ニ循《したが》ヒ、世界ノ大経《たいけい》〔＝大きな筋道・法則〕ニ仗《よ》リ、以テ連盟平和ノ実ヲ挙ケムコトヲ思ヒ、退《ひ》イテハ重厚堅実ヲ旨トシ、浮華驕奢《ふかきょうしゃ》ヲ戒メ、国力ヲ培養シテ、時世ノ進運ニ伴ハムコトニ勉メサルヘカラス。朕ハ永ク友邦ト偕《とも》ニ和平ノ慶《よろこび》ニ頼リ、休明《きゅうめい》ノ沢ヲ同《おなじ》クセムコトヲ期」すと国民の協力を求めた。大正天皇の病状が国民に明らかにされるのは同年三月末のことである。大正天皇が一般国民の前に姿を現すことは一九一九年五月の東京奠都《てんと》五〇年祭以来なかった。*34

　パリ講和会議には、人種平等提案が実現しないなど、もとより不満足な点はあった。しかし、西園寺は時間をかけて改善していくことを考えていた。その様な意見が世界的に一般的であったわけではない。米国ではすでに一九一九年一一月に上院でヴェルサイユ条約の批准案が否決されており、一九二〇年三月にはあらためて上院で審議されたが再び否決され、米国の連盟参加への望みはなくなった。日本から見た時に第一次世界大戦後の強い米国と弱い米国の交錯を象徴する出来事である。[*35]

男子普選運動と総選挙

一月三〇日、東京市永田町では両院議長、議員、首相、大臣がそろって地鎮祭を行い、帝国議会議事堂の建築工事が始まった。[*36] 一八九〇年の帝国議会初召集以来、仮議事堂や臨時議事堂が使われてきたが、約三〇年を経てついに本建築が始まるのであった。立憲政治の中心施設として議事堂を永田町の高台に置くことに決まったのは一八八七年のことであった。[*37] 帝国各地から広く建材が集められ、またその後の経済状況もあって議事堂の完成までに一七年もの歳月がかかることになる。

一八九〇年時点では直接国税一五円以上を納める満二五歳以上の男子と定められていた選挙権も納税資格が次第に引き下げられ、約三〇年を経て男子の普通選挙導入が現実味を帯びていた。憲政会で男子普選に熱心だったのは小泉又次郎《またじろう》（一八六五―一九五一）など党内の党人派であった。憲政会は、原内閣に対峙し、第一次世界大戦後の政治思潮の中で一九二〇年初頭に「独立の生計を営む」という条件付きではあるものの男子普選案を提出して政策の舵を切った。[*38] 加藤総裁にとってこれは悩ましい決断であった。迫られて応じるよりは進んで与える方がよいと考えた。しかし他方で、「普選と共に完全なる民衆党に徹して異存は無いか」、また、「普選が一時の熱であった場合に、その冷却した時の党の立場は何《ど》うか」を憂慮したのだという（村井㊤62）。

　こうして男子普通選挙を求める声が院の内外で急拡大する中、二月二六日に原内閣は突如として衆議院を解散した。先の一九一七年一月の解散、四月の総選挙から約三年が経過していた。原は「秩序ある変遷によりて国内の変動を止むる」ことを施政の急務と考えており、解散理由を、納税資格を三円に引き下げてまだ一度も選挙を実施していないことに求めた（村井㊤40）。この時点で原も男子普選を原理的に否定せず、漸進主義を主張したのであった。文相の中橋徳五郎《とくごろう》（一八六一―一九三四）は新聞記者に普通選挙は危険ではなく、問題は階級打破などととんだ議論に発展することにあると述べた。内閣改造についても聞かれ、行き詰まりがない以上改造はないと答えた[*39]。山県は政友会の過半数獲得は「多数党横暴の旧弊」につながると「政党三派鼎立論」を説いていたが、原は政友会が過半数を占めてこそ普通選挙反対の国論を表すと反論した[*40]。

　原の男子普選を先送りする解散は女性の権利を求める運動にも影響した。平塚の目から見て新婦人協会での市川の活動ぶりは驚くほどであった。しかし解散の報に接し、市川は呆然として石のように座り込んでしまったのだという。市川にはそれだけの手応えがあったのだろう。新婦人協会は三月に正式に発足し、総選挙では、政治演説が許されない中で文書での応援活動を行った。

　一九二〇年五月一〇日、選挙権拡大と小選挙区制導入後初の総選挙である第一四回総選挙では、与党政友会が全体の過半数を占める二七八議席で絶対多数を占め、野党憲政会の一一〇議席の倍以上の勢力となった。また犬養が率いた国民党は二九にとどまった。

(2) 大戦後の立憲帝国と憲政会のさらなる変化

反動不況――シベリア出兵後政治

総選挙後の一九二〇年六月二九日に約一カ月間の特別議会が召集された。解散からこの間、帝国日本は大きな困難を抱えていた。まずは三月一五日の株価大暴落に始まった反動不況である。五月二日には日本最初のメーデーが行われた。特別議会を前に憲政会には永井柳太郎が入党しており、安達謙蔵党務委員長は新戦略をとった。東京市内各所で演説会を開き、支持を訴えたのであった。永井は、特別議会で「階級専政ヲ主張スル者、西ニハ露国過激派政府ノ『ニコライ、レニン』アリ、東ニハ我原総理大臣アリ」と述べて大混乱となった[*41]。憲政会と国民党が上程した男子普選案は否決された。

また、原首相が撤兵を模索していたシベリアでは、三月にニコライエフスクで日本軍が敗北し、六月には、捕虜が殺害されて軍民合わせて七三五名が犠牲となった尼港《にこう》事件が明らかとなる[*42]。これを受けて北樺太の主要地点を保障占領するに至った。欧米列強は対独休戦を機にシベリア出兵への熱意を急速に失い、米国は共同出兵中の日本への事前通告もなしに撤兵を決めていた。陸軍内では田中義一《ぎいち》陸相と上原勇作参謀総長の対立がある中で、原首相は田中陸相に「陸軍の改革は陸軍中に改革者ありて始めて奏功すべく」と内からの自発的な改革を求めた。[43]「参謀本部軍国主義なりとの国民及び外国の猜忌《さいき》」は取り除いてこそ国防は強化される。「戦前に有せし思想はもはや断然改むべき時期なり」と述べたのであった。[44]

このような参謀本部批判をより強く主張したのが蔵相の高橋是清であった。高橋は九月に意見書「内外国策私見」を作成し、閣僚に配布した。[45]冒頭、日本がパリ講和会議の結果、「五大強国」の一つに加わったにもかかわらず、かえって戦後の困難に直面しており、内外国策の確立が求められているという。内容は第一に対華二一カ条要求ならびに大正四年日華条約批判、第二に陸軍参謀本部と海軍軍令部の廃止論、これらはともに海外から日本が軍国主義であるとみなされる原因への対応であった。第三に農商務省の分離論は諸外国との競争を念頭に経済政策の活性化を求めるものであり、第四に文部省の廃止論もまた、私立大学も含めた自由な競争による学問の発達を求める時宜に適った提言であった。

原首相は、参謀本部廃止と文部省廃止は実際には行うことができず、いたずらに反対者をつくるだけであるとして発表を見合わすよう忠告した。[46]政友会内では植民地総督文官制も議論された。[47]九月七日に高橋は男爵から子爵に陞爵《しようしやく》していた。それは西園寺や内田外相、牧野、加藤友三郎《ともさぶろう》海相、田中陸相、山本達雄らの陞爵と同日であった。

貴族院の新動向

一九二〇年一〇月頃、原は内閣退陣を検討していた。この時期であれば、「反対党が局に当る様のことも之なき」と思われた。[48] 山県は普通選挙に強い拒否反応を示していた。とはいえこれは見込みに止まり、留任を高橋に説明する際には、「次の内閣の如何によりては動揺の虞《おそれ》なきにしも非《あら》ざ」ると述べている。*49

一二月には第四四議会が召集され、憲政会は前回と同じく「独立の生計」を条件とする男子普選案を提出した。その中で一九二一年二月、党議違反を理由に尾崎行雄と田川大吉郎《だいきちろう》を除名した。それは憲政会の党内変化を表していた。尾崎は党議拘束の強化を批判し、より積極的な男子普選案を求めて憲政会案の議会審議に反対した。尾崎には気炎のみ盛んな高等食客は有害であるという党内の批判もありながら、全国的な人気から慰留に努めてきていた経緯があったが、政党内閣制を念頭に総裁の統制力が増していたのであった（村井㊤63）。なお三月には「珍品五個」事件が話題をさらった。憲政会の加藤総裁が急進的な普選反対を条件に後に政友会に入る内田信也《のぶや》から政治献金を受けたという暴露であるが、憲政会が政府と政友会を論難する中で内田に関わる問題があったことへの意趣返しであった。*50 しかし、それはそもそも加藤の真意であり、献金を受けてからこの時点までに憲政会の党議が動いたのであった。

ここまで衆議院での政党の動向を中心に描いてきたが、帝国日本の立憲政治はもとより衆議院だけではない。立憲君主である天皇の下に帝国議会は貴族院と衆議院からなり、条約などは天皇の最高諮問機関である枢密院に諮詢《しじゅん》された。また、天皇の助言者として非憲法的存在である元老がいた。

一九二〇年五月一〇日の総選挙で圧勝した原内閣は、一五日、原首相が兼任していた法相に貴族院研究会の大木遠吉《えんきち》をつけた。衆議院に予算の先議権が認められているが、両院は基本的に対等と位置づけられていた。二院制は両院が同じであれば意味がなく、まったく異なれば政治にならない。かつて桂園時代の桂太郎は、貴族院は僕のもの、衆議院は政友会のものと述べていた。

衆議院での安定を確保した原敬内閣は貴族院での安定的な勢力扶植《ふしょく》に取り組んだ。研究会との提携である。これは第二次西園寺内閣でも試みられて果たせなかったことであった。西園寺は三月一一日付けの養嗣子《ようしし》八郎への手紙で、「所謂上院の縦断説も実現にいたる事は遠きにあらざるべしと考ふ」と書き送っている（村井㊤45）。貴族院の問題は院の独立性の高さに止まらず特殊な議員選出方法にもあった。互選される伯爵・子爵・男爵議員の選挙が連記・記名投票によって行われ、多数会派が総取りすることも可能であった。

皇太子の訪欧

その頃、帝室はある問題で揺れていた。皇太子裕仁《ひろひと》親王の皇太子妃には一九一八年春、久邇宮《くにのみや》邦彦《くによし》王の第一女で島津の血を引く良子《ながこ》女王が内定し、一九一九年六月には婚約の儀が発表されていた。ところが良子女王の家系に色覚異常が発見された。このことを知った山県有朋、松方正義、西園寺公望は久邇宮家の辞退で決着させたいと考えていたが、久邇宮邦彦王と杉浦重剛《じゅうごう》の強い反対で頓挫した。宮中某重大事件といわれ、結局、予定通り婚約が維持されたのは一九二一年一月だった。

これもまた新たな時代の中の帝室像であったが、より大きな適応として、二月に皇太子の訪欧が決定した。議会開会中の一九二一年三月三日、皇太子裕仁親王は横浜港から那覇を経由してヨーロッパ歴訪の途についていた。平和克復の大詔を発した大正天皇であったが、病状の悪化は職責に堪えず、皇太子の摂政就任が検討されていく。その中での皇太子訪欧であった。九月三日まで六カ月間の旅であった。一九〇一年生まれの若き裕仁親王は、一八六五年生まれで一九一〇年に即位したジョージ五世から親しく教えを受けた[*51]。立憲君主としての薫陶を受け、大戦の戦跡を視察した。昭和天皇は後に、ジョージ五世から英国の立憲政治のあり方を親しく学んだことを懐かしく思い出す。その時以来、「立憲君主制の君主はどうなくちゃならないか」を始終考えていたという。ロンドンでは「平和と正義との統治を永久に建設せんがために注げる数万同胞の血に酬《むく》ゆべきは全然吾人生存者の義務」と述べており、戦跡を視察した際には「惨憺《さんたん》たる光景」を前に「悲惨の極み」と思いを吐露した[*52]（村井㊤73）。

憲政会と「太平洋会議」招請――若槻礼次郎の外交指導

憲政会が従来の選挙権拡張方針から「独立の生計」という条件付きとはいえ男子普選方針に舵を切ったことはすでに述べた。それは必ずしも加藤が望んでいたことではなかったが、このことで党内の変化が起こり、大衆受けする政策でジャーナリズムや社会からの支持を獲得した。憲政会はますます国民に目を向けていく。一九二一年四月には『憲政公論』が創刊された。

他方、外交では、第二次大隈内閣の対華二一カ条要求を批判する政友会に対して守勢に回ることが多かったが、講和問題では政府を督励し、課題達成能力を批判するに止めた。すなわち野党

若槻礼次郎

憲政会はヴェルサイユ体制を支持していた。

パリ講和会議での憲政会の政権批判に、原が対華二一カ条要求を持ち出して反論したことはすでに述べた。原の批判は単なる党派的批判でなく意味があった。一九一九年四月二八日、バルフォア英外相はウィルソン米大統領に「日本の政策は、もはや〔二十一か条要求を提出した〕一九一五年のものはありません。その点をお忘れなきように。政権は交代しています。軍閥（military power）はもう権力を握っていません。われわれがいま交渉をしているのは、中国に対して穏当な取り扱いをすることを、諸大国とのあいだで合意する用意がある人物です」と述べている。*53

そして戦後反動不況を受けると、憲政会は次第に軍縮方針にも近づいていく。一九二一年五月に憲政会が軍縮を支持するようになる。

このタイミングで、七月一一日、ハーディング米大統領が「太平洋会議」を提議した。民主党であったウィルソン米大統領の戦後平和構想の核心であった国際連盟への米国の参加を共和党は葬りさった。しかし、共和党が戦後平和構想を持たないわけではないと主張する上で、あらたに共和党から大統領となったハーディングは新たな会議の招集を提案したのであった。

ここに憲政会はさらに世界の大勢に順応していく。それは党幹部若槻礼次《わかつきれいじ》郎《ろう》のリーダーシップであった。一九二一年七月二〇日の憲政会政務調査総会で若槻礼次郎は「太平洋会議」支持へと党議をリードした。若槻は、日本の国是はすでに決まっており、それは中国の領土保全、門戸開放、機会均等にあると述べた。この日は決定にいたらず、その後も幹部会や政務調査会が重ねられたが、若槻は列国との「協調の精神」を説き続けた。最終的に九月一八日の憲政会北陸大会で加藤総裁が「互譲妥協の精神」を説いた（村井㊤69―70）。加藤は同じ演説の中で、英国のディズレーリが「いつも反対ばかりせずに時には賛成をしてもよいではないか」と言われたのに対して「反対党の任務は反対するにあり」と言ったエピソードに触れ、「我々憲政会はヂスレリーよりも遥かに反対党として尽す可き義務は尽して居る」と述べている（村井㊤74）。若槻は後年、後の幣原《しではら》外交や、大きく原内閣以降の外交路線を「日本だけで考へ出した外交ぢやなくて、それは世界の潮流だつた」と述べている（村井㊤73）。

（3）原の暗殺死と複雑な首相選定再び――高橋の首相指名と総裁就任

原首相の暗殺死――政治と暴力

一九二一年七月一八日、枢密顧問官の三浦梧楼《ごろう》（一八四七―一九二六）は田健治郎との会話で、「政党内閣の所以は下院過半数を擁すの要にて、以て国家大経綸《けいりん》結構に拠るに在り。現内閣之れを行ふ能《あた》はず、徒《いたずら》に党勢拡張に汲々《きゅうきゅう》とす。是手段と目的を混同する者、斯くの如き過半数政党は畢竟《ひっきょう》私党のみ。何を以て立憲政治に資せんや」と原内閣を批判した。[*54] 観樹将軍こと三浦梧楼は一八四六年、長州萩に生まれ、若き日に奇兵隊に入り、戊辰戦争を戦った。その後、陸軍中将に進むも藩閥を嫌い、谷干城《たてき》などと国会開設を求めた。予備役となり、学習院院長や貴族院議員を務め

三浦梧楼

たが、朝鮮国駐在特命全権公使時に閔妃《ミンピ》殺害事件を起こし、逮捕投獄されるも証拠不十分で免訴となった。後に枢密顧問官を務める。憲政史との深いかかわりは一九一六年に加藤高明、原敬、犬養毅を一堂に集めて三党首会合を行ったところにある。

七月二九日、新婦人協会の市川は米国に向けて横浜を後にした。治安警察法改正運動は実りつつあったがまだ成果は出ていない。市川は平塚との軋轢もあって運動に疲れていた。また、新婦人協会は社会主義者の攻撃も受けていた。マルクス主義者であった山川菊栄はその筆頭格であった。社会主義女性の立場からの団体として、四月に赤瀾会《せきらんかい》が組織されていた。山川菊栄、伊藤野枝《のえ》、堺真柄《まがら》らが組織した社会主義婦人団体で、自由主義的運動、なかでも議会活動を強く批判した。

一九二一年九月三日、訪欧から帰国した皇太子裕仁親王は首相原敬に言葉を賜り、歴訪諸国から受けた歓待は自身への厚意の表れに止まらず、「我カ国民ニ対スル友情ノ発露」であると国民とともに感謝の意を表し、外国から学ぶべきものも少なくないと採長補短《さいちょうほたん》して「世界文明ノ発展ニ資」する意欲を説いた。また、二二日、皇太子は英国大使館に行啓《ぎょうけい》し、陪席していた原に「戦争の惨状を見ては益々平和を熱望するの念を生ぜり」と「有難き御話」があった。[*55]

九月一六日に原は山県との会話の中で内閣の進退問題に話及び、なおしばらく責任を果たす意向を述べていた。

原内閣の政治的安定を支えたのは、第一に、衆議院における政友会の一党優位状況であった。

原は若き政治記者馬場恒吾《つねご》と語り合う際に、「君は二百八十名をもつ絶対多数の政友会を何と見る。これは日本の国家を守る防波堤ではないか。それをむやみに壊されてたまるものか」と啖呵《たんか》を切ったという。*56 第二に、貴族院での恒常的支持の確保、なかでも最大会派である研究会との良好な関係であった。第三に、対抗の末に築きあげた山県有朋との協力関係であった。そして第四に、原内閣の政治的安定を支えたのは、「情意投合」路線へのコミットメントであった。

政治的暴力の兆しはあった。九月二八日に安田善次郎暗殺事件が起こった。朝日平吾《へいご》（一八九〇―一九二一）が犯人である。

一九二一年一一月四日、高橋蔵相は原首相から前日のチャールズ・ウォレン米国大使との会談記録を受け取っていた。ウォレンは原に「太平洋会議」について日本の方針を質《ただ》し、米国内に日本の軍国主義を非難する向きがあることを指摘した。原は「軍国主義ナドイフ事ハ実際今日ノ日本ニハ存セズ」と述べ、海軍大臣臨時事務管理を原自身が務めていることを傍証にあげた。ウォレンも「現内閣及ヒ日本ノ情勢ハ議院政治ノ潮流ニ起キ居ル様観察セラル」と同意していた。*57

ところが同四日夜、原首相は政友会近畿大会に向かう東京駅改札口で、一青年、転轍手《てんてつしゅ》の中岡艮一《こんいち》（一九〇三―八〇）によって刺殺された。享年六六。現職首相の暗殺は日本憲政史上初めてのことだった。裁判記録によれば中岡は尼港事件や相次ぐ汚職事件の責任を問い、「党利の扶殖」に熱心で「国利」を軽視するという世間の評判から、首相を殺害すれば内閣は倒れ、国民は悪政より救われ、志士として名を残せると考えたためであった（村井㊤75）。宮中席次から内田外相が臨時首相となり、内閣は翌五日総辞職した。

一報を聞いた憲政会の浜口雄幸は「憲政会の者じゃなかろうな、院外団じゃなかろうな、もしそんなことをやったらみっともない話だ」と心配したが、憲政会関係者ではなかった。憲政会は政党内閣主義の立場から事態を静観した（村井㊤75―76）。すなわち、憲政会は原内閣の施政を批判していたが、政友会内閣が続くのであれば引き続き政策で批判し、超然内閣ができることがあればこれを認めず、憲政擁護の反対運動を行うというものであった。憲政会本部はこの方針を各地方支部、地方党員に通牒した[*58]。

「太平洋会議」は開催地の地名からワシントン会議と呼ばれる。ワシントン会議が今まさに始まるという瞬間の内閣交代に、急いで次期首相を選ばなければならない。皇太子の摂政就任問題が佳境を迎えていたこと、交代の理由が暗殺であったことからも、政権には継続性が求められた。首相を選ぶのは再び元老間の協議、「元老協議方式」である。山県有朋枢密院議長と松方正義内大臣の二人は再び西園寺に期待した。西園寺は京都にいたがすぐに上京していた。政友会も西園寺に首相引き受けを期待した。しかし、西園寺は再び峻拒した。

六日朝、内田臨時首相代理は西園寺にこれまでの政府の措置を報告し、西園寺への期待を述べた。しかし西園寺にその意思はなく、ワシントン会議を控えて内田にこのまま外相兼任で内閣を引き継ぐよう話を向けてきたのだという。内田が断ると西園寺は、「憲政会ト云フ訳ニハ参リ兼ヌルガ」と述べ、内田も「憲政ノ常道ヨリ云ヘハ憲政会ト参リタキモ、果シテ政情ノ安定ヲ来《きた》シ得ルカ」と疑問を呈した。西園寺は「憲政会トスレバ勢ヒ議会解散トナルベク、此際選挙騒動ハ避ケタキモノナリ。其上加藤ハドウモ例ノ二十一ケ条ト普通選挙案ガ祟《たた》リ居リ、困ツタ事ナリ」と述べて、政友会から選べば誰か、また、山県に近い枢密院副議長の清浦奎吾《きようらけいご》はどうかと聞いている。内田は順序からすれば高橋だが、全党一致の支持が得られるかどうか、また、清浦は良いと思うが政友会の支持を得なければならないと答えた。西園寺は同じく山県に近い平田東助が清浦を好まないようであると述べ、今回の首相指名で山県の意向が重要であるとの認識を語った。[*59]

松方は再び牧野を使って西園寺の説得を試みたが果たせず、西園寺は山県と会ったがやはり固辞した（村井㊤79）。そこで今度は西園寺が平田と面会し、首相就任を求めたが、拒絶された。平田は「此際は政友会員をして起《た》たしむることが穏当である」と述べた。そこで西園寺は「高橋子《し》は真の政友会員でもない」と高橋是清の名前をあげた。西園寺は松方の了承は得られると考えており山県の意向確認を重視したが、山県は「西公、松侯の相談なれば異議なし、又泥棒共の延長か」と述べたという（村井㊤80―81）。

平田東助

西園寺は内閣交代前の言葉だが、「世界は最早《もは》や政党内閣と云ふ時代に変じ、又第一党の内閣辞する時、第二党の首領を後継内閣に推すと云ふが如き憲法論は、西洋にも無し、又事実としても無し」と述べて、世間で言われている「憲政常道」論を否定していた。その上で自身が引き受けないことについて、「大戦以来、思想的にも、経済的にも、政治的にも、様々なる意味に於いて革新の傾向甚だ顕著である」（村井㊤77―79）。

高橋是清

一九二一年一一月一三日に高橋是清内閣が成立した。全閣僚留任で内閣を発足させた。内田外相は原との特別な関係と高橋にあまり親しみを抱いていなかったことで辞任の意向をもっていたが西園寺の説得で翻意した。[*60] 高橋は当初、首相を引き受けても政友会の総裁を引き受ける意思はなかった。親任式を済ませた後、首相官邸で政友会の最高幹部会が開かれ、新総裁について話し合われた。翌一四日には引き続き協議員会が開かれた。総理総裁分離論と総理総裁不可分論があったが、岡崎邦輔《くにすけ》（一八五二―一九三六）の提議により、結局、総理総裁は不可分と議論がまとまった。このとき西園寺の意向が重視された。西園寺は彼らにとって単なる元老ではなく、原亡き今、直近の、そして唯一残された政友会総裁経験者であった。総理総裁不可分の方針の下、一六日に政友会の党大会が開かれ、高橋が第四代総裁に推戴された。そして議会を迎える一二月二一日、高橋首相は政友会総裁に就任した。

　原内閣の長期的意義として、第一に、内閣、文官植民地長官、海相事務管理、陪審法提起など政治機構の政党化、第二に、政友会の強化と政党改良、そして第三に、皇太子裕仁の欧州歴訪を元老と共に進め、外交通の牧野を宮内大臣に迎えることで国際的で開明的な宮中を追究したことがあげられる。原内閣が第一次世界大戦末期に成立し実験的要素があったことから高橋是清内閣の成立は大きな意味があった。憲政会にとっても高橋内閣の成立は政党内閣の軌道を踏む点で歓迎すべきものであった。内閣の首相であり、政党の総裁であった人物が突如暴力によって失われる。残された政党に、政治に、どのような影響があるのだろうか。

三　高橋政友会内閣の誕生とワシントン会議
——政友会内閣の延長か連続か

(1)ワシントン会議と引き続く大戦後の精神

一九二一年一一月一三日に成立した高橋内閣は原内閣の継続内閣であり、一二日から開かれていたワシントン会議を引き継ぎ、二五日には皇太子裕仁親王の摂政就任を果たす。

ワシントン会議は翌一九二二年二月六日まで開かれた。首席全権は原内閣の、そして高橋内閣の加藤友三郎（一八六一―一九二三）海相、全権を徳川家達《いえさと》貴族院議長、幣原喜重郎《きじゅうろう》駐米大使が務めた。ワシントン会議では三つの条約が結ばれた。第一に、主力艦を制限する海軍軍縮条約である。英米日仏伊が五対五対三対一・六七対一・六七に制限された。ここでのポイントは、主力艦について、日が沈まないといわれた大英帝国が米国海軍とのパリティ（＝同等）を受け入れたこと、日本が英米に対して六割を受け入れたことであった。海軍首席委

加藤友三郎

員の加藤寛治《ひろはる》（一八七〇―一九三九）は七割を強硬に主張していたが、加藤友三郎海相は妥協を決断した。妥協と引き換えに日本は新造艦「陸奥《むつ》」を残すことと、西太平洋の要塞強化禁止を得た。

一二月二七日、加藤海相は、対米七割にこだわる加藤寛治を同席させ、海軍次官宛てに国際軍縮に寄り添うべき理由を打電した。まず「国防は軍人の専有物に非ず戦争も亦《また》軍人のみにて為し得べきものに在らず」との前提を述べ、第一次世界大戦でドイツ帝国が敗北し、ロシア帝国で革命が起こったことで、日本と戦争が起こる可能性があるのは米国だけになったと言う。仮に日本の軍備が米国に拮抗できても、「日露戦役の時の如き少額の金では戦争は出来ず」。にもかかわらず「米国以外に日本の外債に応じ得る国は見当らず」、したがって「其の米国が敵であるとすれば此の途は塞がるるが故に日本は自力にて軍資を造り出さざるべからず此の覚悟の無き限り戦争は出来ず」と金融面から対米戦争の不可能性を指摘した。また「国防は国力に相応する武力を整ふると同時に国力を涵養し一方外交手段に依り戦争を避くることが目下の時勢に於て国防の本義なりと信ず」とも述べている。その考えから「文官大臣制度は早晩出現すべし之に応ずる準備を為し置くべし　英国流に近きものにすべし」と述べて、思い切った行政整理を説いた。[*61]

第二に、日本、英国、米国、フランスによる四カ国条約が結ばれた。これによって日英同盟が廃棄された。日英同盟はもともとロシア帝国の南下に共同して備えるものであり、日露戦争に日本が勝利した後は、ヨーロッパで急速に台頭し、太平洋にも進出していたドイツ帝国が共通の敵であった。これも大戦で退けられた。とはいえ同盟をなくしてしまう必要はなかったが、太平洋でフィリピンを領有する米国の懸念に、英国植民地のオーストラリアとカナダが同調する中で廃止された。第一次世界大戦で同盟こそが開戦責任を負っていると考えられた風潮も後押ししている。

そして第三に、中国に関する九カ国条約が結ばれた。中国も参加した条約で、従来、米国が主張してきた門戸開放政策、すなわち中国の領土保全、機会均等が条文化されるとともに、関係国の既得権益を否定するものではなかった。このことから大戦下に日米二国間での同様の約束であった石井＝ランシング協定が解消された。米国が大国化することで米国の主張が国際規範化する一方、現状維持的な秩序であった。

また会議に併せて日中両国が懸案を話し合い、対華二一カ条要求の第五号が撤回され、さらに山東半島は中国に還付された。なおワシントン会議での米国政府の意図は「協調による抑制」と言われる。すなわち、大戦中の帝国日本の軍国主義的な台頭を抑制するための協調であった。しかし、協調の実現はあらたなモメンタム、勢いを生み出していく。加藤友三郎海相が原則としての軍縮に即座に応じる姿勢を示したことで、日本の評価は逆転し、新しい秩序の共同構築に転移していった。パリ講和会議では返さなかった山東省権益をワシントン会議で返還し、シベリアからも撤兵を果たした。拡大する一方であった帝国日本の、敗北以外の手段での縮小が果たせたことも意味があった。ワシントン体制という言い方は日米の論者が好む言説であるが、太平洋での日英米三強国の現状維持的協調体制ができた。

一九二二年二月五日、高橋内閣はワシントン会議全権への感謝状を閣議決定した。「華府〔＝

ワシントン」会議において海軍制限、四国協商、山東問題、極東諸問題に関する条約又は決議等茲《ここ》に議了せられ我対外的関係を良好にし其の地位を向上し軍費軽減の歩を進めたるのみならず世界平和の維持に多大の貢献をなすことを得たるは御同慶の至りに堪えず」と述べられている。憲政会の望月小太郎は米国のワシントンDCを訪れていた。対華二一カ条要求時の日本外交を評価しつつ、併せてワシントン会議での日本外交を外交の質の面で批判した。[*62] 三月一二日、高橋首相の晩餐会がワシントン会議の全権らを迎えて行われた。[*63]

（2）内政と大戦後の精神――裕仁皇太子の摂政就任

高橋内閣最初の議会も近づく。高橋は議会を前に一一月二九日の閣議で原前首相の「一蓮托生《いちれんたくしょう》」主義を放棄した。[*64] これは内閣の連帯責任を重視して一体として貴族院や他勢力に当たるものであった。しかし、高橋はすべての政策が内閣の連帯責任とは考えていなかった。政策によって内閣全体の政策もあれば各省が重視する政策もあるだろう。一九二二年一月二一日、高橋首相は第四五帝国議会で就任演説を行った。[*65]

この頃、相次いで有力者が亡くなる。一九二二年一月一〇日には大隈重信が亡くなり、国民葬で送られた。また二月一日には山県有朋が亡くなり、国葬が行われた。また先の原内閣下の一九一九年七月一六日には、一九〇〇年の政友会創立を機に政界を引退していた板垣退助が、東京で少しひっそりと亡くなっていた。幕末維新期の土佐藩指導者として頭角を現し、明治六年政変で維新官僚を辞めた後は国会開設運動と日本最初の政党愛国公党を組織して自由民権運動の中心的担い手の一人となった。一八九八年には日本最初の政党内閣を大隈重信と率いたが、その後は長く社会活動に尽力した。

第一次世界大戦後の改造の機運は著しい。議会での議論をもとに吉野作造は『東京朝日新聞』に「所謂帷《い》幄《あく》上奏に就て」を連載した。

二月二三日に普選法案を審議するも政府党が大多数を占めており、議会では動かない。田健治郎は、そのために院外運動で主張を実現しようとする動向を見てとった。[*66] 高橋内閣はいざとなれば解散も視野にあった。[*67] ところが三月に五校昇格問題をめぐって中橋文相事件が起こる。[*68] これは、東京高等工業学校など五つの学校を大学にするための追加予算案が、原前首相とは異なる高橋首相の消極姿勢で貴族院の支持が得られず、最終的に廃案となったことを中橋徳五郎文相が不服として、政友会の内紛へとつながったものである。若槻礼次郎は地元の後援者への報告で、高橋の「大脱線」と記し、混乱が中途で軟化してしまわないことを願った。[*69] 三月四日、山本達雄農商務相は内田外相に「首相ノ脱線何時カハ来ルト思ヒシコト」を語り、「宰相内閣組織ノトキ、自分ハ政友会モ一応退キ、清浦ヲ助ケ、一両年自重スヘシトノ意見ナリシモ、岡崎、望月等コレヲ聞カス、是非共高橋ヲ推スヘシトノコトトテ今日ノ失態ヲ来セリ」と述べた。[*70] 一二日には床次《とこなみ》竹二郎内相が首相の発言で席を蹴って立っている。

吉野作造の師でもある政治学者の小野塚喜《き》平《へい》次《じ》（一八七〇―一九四四）は、『国家学会雑誌』一九二二年一月号から四月号に、前年英国で出版されたジェームズ・ブライスの『近世衆民政』を紹介した。小野塚は最後に、日本の現状について、「未だ衆民政（政治上の実権が結局一般人民に帰するの意義に於て）にあらず。されど内外の大勢は早晩我国をして、他の文明諸国と等しく衆民政の外衣を纏《まと》うに至らしむるならん」と感想を述べた。それは、「我国の社会政治経済等の実情は、大略人類進化の普通経路と見做され得べき欧米諸国の経過したる道程を踏み行くことならん」という理解であった。しかし、一九二二年初頭の日本で、「極右的反動思想」はなお相当の勢力を維持して時代錯誤の感じを与え、他方「極左的急進思想」はすでに影で膨張しつつあるようである。また、政治家は政権争奪に没頭して深慮に乏しく「少数専制の旧弊未だ去らずして衆民政の新害已《すで》に来《きた》れり」という状況である。そこで「衆民政の友人を以て任ずる者」には短所を縮小して長所を最大限に発揮する堅実な努力を求め、「衆民政を歓迎せざる者」にもいたずらに消極的抗争を試みるのではなく旧文明の長所を新文明に調和させていくことを求めた。[*71]

一九二二年三月二四日に国民党内で革新倶楽部の組織が合意された。革新倶楽部の中には新党の土台としようという考えと、尾崎のように倶楽部組織それ自体に価値を見いだすものがいた。党議拘束が議論になっていた。先に憲政会で講演したジャーナリストの中野正剛は一九二〇年の総選挙に無所属で出馬し、当選していた。無所属といっても同郷の先輩である古島《こじま》一雄、犬養毅、頭山満の助言があり、無所属の仲間で作った無所属倶楽部を発展させて革新倶楽部に参画した。中野は革新倶楽部の宣言案を書き、大戦後世界の新機運に応えて国際協調の地歩を確保するには日本にもまた革新が必要であるとして、「もっとも自由なる政治倶楽部」であり、「天下民衆と握手して既成政党を打破し、政界を革新せねばならぬ」と訴えた。[*72] 同月、全国水平社が組織された。

また、新婦人協会の尽力で、女子の政談演説会への参加を認める治安警察法第五条第二項改正が実現し、五月一〇日施行される。一九二二年三月二五日、第四五回帝国議会が閉会した。過激社会運動取締法案が審議未了となる。

横田千之助

原歿後の政友会で鍵となる一人が横田千之助（一八七〇―一九二五）であった。横田はワシントン会議で訪米していたが、原の死の報に接して急遽帰国し、新総裁を支えた。高橋是清や横田千之助らの考えがうかがえる「高橋内閣改造私案」が残されている。[*73] 枢密院に根本的な改革を加えること、外交調査会を廃止すること、陸海軍大臣を文武官併用として参謀本部と海軍軍令部をその下に置くこと、陸軍軍備半減のこと、普通選挙制採用のこと、各府県知事を公選とすること、シベリア撤兵の断行、対中関係の積極的改善であった。

英国のエドワード皇太子が一九二二年四月一二日に来日し、五月九日まで滞在した。[*74] 皇太子一行の三人の英国新聞記者の接待係を務めていた外交官来栖《くるす》三郎は当時の様子を後に次のように回想している。「記者の一人は、日本の憲政の歴史伝統がきわめて短期であることにも鑑み、わが国の議会政治が長く健全に通用せらるるであろうかということに多大の疑問を抱いて、常に自分と議論を闘わしたのである。その時分に自分は政党政治華やかなりし当時の事象が、そのまま永続し得るものであるかに考えて、しきりに彼の所見の杞憂《きゆう》であることを主張したのであった」。[*75]

四　内閣改造の失敗と首相選定上の問題
――大戦後外交と加藤友三郎という選択

(1)政友会の内訌《ないこう》と政党システム――原歿後の政局と対華二一カ条要求の長い影

議会閉会後の改造問題

摂政就任が実現し、ワシントン会議が終わり、通常議会も閉会した。当座の原内閣を引き継いだ高橋内閣でいよいよ改造問題が本格的に幕を開ける。高橋内閣の総辞職に至る過程は近年刊行された資料集と新たに国立国会図書館憲政資料室で公開された資料によって解像度が格段に上がっている。実証研究は資料がなければできない。理論的な考察も資料で確認されて初めて意味をもつ。本書もその集積である。筆者も資料の翻刻に加えてもらったことがあるが、それですら大変な作業であった。遺族を含め関係者に敬意を表したい。[*76]

西園寺は高橋首相の内閣改造論を支持し、平田は全部更迭の意見を持っていた。[*77] 四月一五日、横田は松本剛吉をともなって、日本に滞在中の田健治郎台湾総督を訪問し、蔵相就任を求めた。[*78] 田は四月二二日に高橋首相と面会した際に、直接入閣を求められた。高橋は原内閣入閣後の経過、首相遭難後に首相を継いだ顚末《てんまつ》、中橋文相学校昇格問題での失体、床次内相の無益の斡旋と研究会との交渉齟齬のため議会最終日に床次が辞表を出す事態となったことを物語り、内閣改造が不可避となったと述べた。田を蔵相に、山本農相を内相に、鎌田栄吉を文相になど、広範囲の内閣一新論であった。[79] 平田も西園寺に説得されて躊躇しながらも改造に賛成していた。高橋には改造ができなければ総辞職のほかないという決意が見受けられた。

英国皇太子の来日が予定されており、その間の内閣交代は避けなければならない。英国皇太子来日中の四月二五日、新聞に政友会幹部が内閣改造に邁進しているという記事が出た。[80] 翌日の記事では高橋総裁に一任するという方針が報じられ、床次はすでに同意を与えているとも記されていた。[81] 五月九日の英国皇太子帰国までにはまだ少し時間があったが、五月二日の定例閣議で高橋首相は内閣改造の希望を持ちだした。すなわち閣僚全員に一度辞表を出して欲しいと求め、あるものは上奏しあるものは差し戻すというものであった。これに元田肇《もとだはじめ》（一八五八―一九三八）鉄相（鉄道大臣）と中橋文相が強く反発した。[82] 中橋は、秘密会での中橋をめぐる出来事に加えて陸軍縮小の建議案と農商務省の分割について進め方を批判していた。

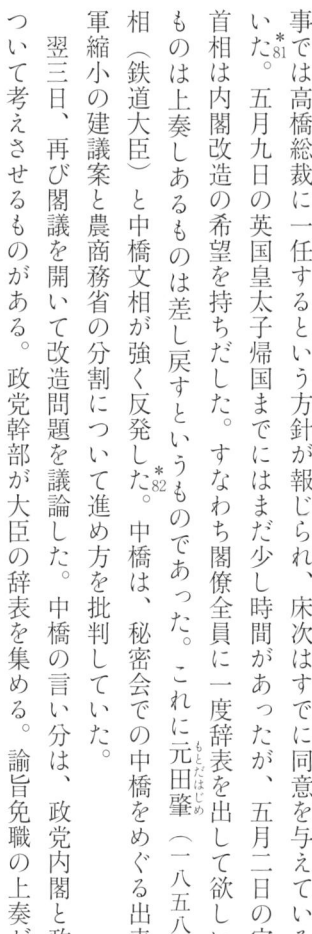

翌三日、再び閣議を開いて改造問題を議論した。中橋の言い分は、政党内閣と政権党の関係について考えさせるものがある。政党幹部が大臣の辞表を集める。諭旨免職の上奏があれば中橋は対抗上奏する意思を示した。中橋は改造の延期を求めた。五月六日の朝刊で、西園寺が山本農相に説いたが通じなかったと報じられた。[83]

床次竹二郎

次期首相に田が指名されるのではという情報もある中、田は入閣の諾否確答を避けていた。その田に、五月六日、高橋に辞意があるという話が伝わり、高橋は閣議で改造を一時打ち切る

元田肇

中橋徳五郎

発言をして閣僚は同意した。[84] この日、上奏予定を急遽取りやめたため西園寺の助言ではという噂もあったという。[85] 五日の夜には床次が高橋に延長内閣なのだからと取りやめを求めた。免官奏請問題も新聞に報じられている。記者に感想を求められた清浦奎吾枢密院議長は、「総て物は無理をすると不可《いけ》ない」と高橋に忠告したことに触れ、閣僚一致して進めばよいと述べた。諭旨免官については法律論としては不可能ではないだろうが、政治問題としてはどうだろうかと語り、総辞職する場合にはと問われると、これも無理をしないように踏むべき常道を踏むべきとして、「中間内閣と云つた所でそれは一時を弥縫《びほう》する姑息な手段に過ぎない」のであって、「憲政の常道と云ふか何んと云ふか知らぬが後継内閣は当然反対党が組織することになるが妥当であらう」と述べた。[86] ここにあらわれている清浦は与野党間での政権交代論者である。

混乱の拡大

五月二五日に高橋首相は中橋と首相官邸で面談したが、地方官会議の後で話し合おうと言うのみで先送りされた。この日、高橋首相は内田外相と話した。高橋を悩ませていたのは「中立者ヨリ強硬ナル勧告書」が「頻来」することであった。「改造ヲ企テタルハ好、コレヲ進行シ居ラサルハ何事ゾ、一国ノ宰相トシテ何タルザマゾ」と。「一国ノ宰相」として何時までも我慢することはできないという。高橋は党内の反対者についても、「国ヲ思ヒ、党ヲ思ハヾ自分ノ説ニ従ハサルヲ得サルコトニナルニ、然ラザルハ彼等ノ心理状態ヲ諒解スルコト能ハズ」と不満を述べたという[*87]。

入閣要請に確答を与えない田は、少し離れた台湾の地から内閣改造が失敗した時のことを考え、政界で情報戦を戦う松本に書簡で伝えた。「一昨年頃より反対者側に於て政局転開之問題を提起し来たる毎に、過半数政党以外に政権を渡すの道何《いず》くに在りやと一喝の下に撃退し来りたる此論理を打破すべき理拠、特に実勢力の発見せられざる限り、所論の範囲は頗《すこぶ》る狭小にして、人心を聳動《しょうどう》（＝驚かして動かす）せしむべき名案ありとも思われずと存候」[*88]。つまり、一九二〇年の総選挙で政友会が過半数を得て以降、野党の攻撃に多数党を理由に反駁してきたのであり、それを超える論理があるだろうか。少数党が政権に立ち、多数党を打破するまで解散に解散を重ねる議論は二、三〇年前に政局が紛糾するたびに唱えられたが、伊藤にも山県にも桂にもできず、品川弥《や》二郎《じろう》の選挙干渉はややこれに近いも空論であることが実証されているという。さらに「政党の基礎極めて薄弱なる二、三十年に於てすら実行し得さる前期の政策を、デモクラシー思想の旺盛なる今日に適用せんとするか如きは、所謂時代錯誤」を免れない。

では多数党内閣が危機に瀕していて、変わるべき実力を有する在野党もない場合、どうすべきか。田は甲乙二案に絞られると考える。甲案は下院の多数党と上院多数の勢力が結合した連合内閣、乙案は現在の閣僚を概ね更新して新人によって新たに組織した多数党内閣であった。甲乙両案共に長短はあるが、乙案の内閣が成立して、他日政治上の理由で更迭となる場合には、「政権は当然他の政派に移る」筋合いとなり、再び政友会内閣とすることは難しいが、甲案であれば次に政友会内閣もあり得るという。甲案で田が首相となる場合には当面政友会に入党する必要はなく、相互の信頼を確認した上で入党することができる。乙案であれば、政友会との関係は心配ないが上院特に研究会との関係は二、三人の入閣者を出すにせよ意思疎通を果たす必要がある。

高橋は一方で改造を期していたが他方で総辞職に追い込まれるかもしれない。高橋首相の「憲政常道」論は多数党による政党内閣制であった。これは憲政会の憲政常道論が政党内閣主義と与野党間政権交代主義であったこととは異なる。高橋の考えは、党内対立の中、政友会内の反主流派の中心人物を次期首相に目す。政党内閣主義と多数党主義と言える。政党内閣に肯定的だが、野党憲政会を信頼しない。

五月三〇日、中橋は高橋首相から電話を受け、閣議後、首相官邸で一時間ほど話をした[89]。両者のやりとりには首相選定が政友会の不安定に与えた影響が現れている[90]。高橋は党情に疎いために幹部に任せたと説明し、中橋は「後継内閣ニ付テハ人ハ憲政会ニ渡ルト云フモ自分ハ決シテ憲政会ニ渡ラスト思フ」と述べて、理由に外交では「二一ケ条」で「英米ニ対シ都合悪」いこと、内政では「普選論」をあげた。つまり憲政会には政権がいかないため政友会が退陣して官僚内閣ができても困らないという発想で自説を強硬に維持したのであった。中橋のもとには西園寺が改造を支持していないという希望的とも言える情報が入ってきていた[91]。中橋は内の結束を固めれば秋までは続くだろうと述べている。しかし、高橋の受け止めは違ったようである。五月三一日、高橋は内田外相にワシントン条約の批准が済まないうちに辞表を提出しても大丈夫だろうかと問うた。内田はできれば批准後にして欲しいが絶対できないわけではないと答えたところ、高橋は内田に、残ってしっかりやって欲しいと述べている。[*92]

高橋内閣は六月六日、中橋と元田の態度を確かめ、内閣改造をめぐる閣内不統一で総辞職した。ルールへの理解が人を動かす。だからこそルールは明確でなければならず、それでもルールの移行期に混乱を免れない。先年新たに国立国会図書館憲政資料室で公開された『中橋徳五郎関係文書』で明らかになったのは、高橋内閣改造問題の混乱は、単に首相の指導力という問題ではなく、社会の民主化と元老の役割、そして外交が関わっていたのであった。改造派が首相の指示に従わなかったのはそもそも高橋を選んだのが党内過程ではなく、元老の西園寺であったという出発点の問題がある。しかしそれだけではなく、原以後の時代環境として政党の政治的地位は揺るぎないものがあり、他方で対華二一カ条要求の外交失敗と普選論によって憲政会内閣を元老が選ぶことはないという確信が背景になっていた。競争者のいない権力者は無責任である。また、元老の声が伝わるとき、自らの意に沿う形で伝わっている。これは刊行久しい伝記『中橋徳五郎』では必ずしもうかがえないことであった。

(2) 高橋内閣の総辞職と首相選定の新たな試み——加藤友三郎内閣の成立

首相選定の新たな試み

西園寺は高橋内閣下で「中間内閣の論あれども之は一寸口当りは良いが迚《とて》も行へない、よし(=たとえ)中間内閣が出来たとて其命は誠に短いと思ふ、自分は過日も申せし如く、憲政の常道又は純理論等は分らぬ議論と思ふが、兎に角今日は時勢の上より政党を基礎とせざれば内閣組織は六《むつ》ヶ敷《かし》い」と述べていた。他方で「今日の場合加藤高明にやらせられぬと云ふ事は公平なる有識者の論で、自分は大賛成なり」とも述べており、そこで西園寺は、「第二政党と云ふ憲政会首領加藤を高橋が奏薦するやうな事があつてはそれこそ国家の為《た》め大変である」と心配していた。しかし、高橋も「憲政会などにやれば社会は滅茶々々ぢや、政友会以上に悪事を働くぞ」と認識は同じであった(村井㊤110—111)。

高橋内閣が次第に混迷していく中、次期首相に誰を選ぶのか、そもそも、どのように選ぶのかは難しい問題であった。社会と政界には「憲政常道」の名の下に政党内閣待望論が高まっていた。それは原以後の政治状況である。原内閣による政党の統治能力の実証があり、事実として政党内閣は連続していた。さらに板垣、大隈、何より山県といった長老政治家の相次ぐ死によって、時代の変化が感じられていた。また国際的文脈においても後押しされていた。すなわち第一次世界大戦後の戦後思潮である。伊藤博文が暗殺されてからは山県有朋が元老の筆頭として敬意とともに批判も集めていた。元老には批判を受けつつも不可欠の役割があった。すなわち帝国憲法の分立的諸機関の統合という役割であり、首相選定という役割であった。

首相選定はすでに述べたとおり従来、複数の元老が話し合いで決めていた。そこには、機能性の問題、正統性の問題、制度的安定性の問題があった。すなわち、直近の課題として、「元老協議」方式による選定が動揺を深める中、いかに政党内閣主義の高まりという新状況に対応しつつ、政治的安定と政策的合理性を確保するか。そして長期的には従来の方式が行き詰まる中、新たにいかなる選定方式を選ぶかが早晩問われることになる。

松方の開いた新例

こうして今回の内閣交代は、山県歿後、そして裕仁親王摂政就任後初めての首相選定であった。新政権には、ワシントン会議の成果の国内化と、二代の政党内閣の後にどのような内閣が成立するかが問われ、選定に当たったのはすでに八八歳の松方正義と七四歳の西園寺公望であった。

西園寺は「元老協議方式」の再編を考えていた。山県の代理の平田東助を加え、これまで通り個人が個人を選ぶ方式であり、中身としては、「情意投合」路線上に官僚政治家を政友会に支持させる考えであった。ところが西園寺は病気で関与することができなかった。とはいえ政友会内閣を推してその内閣の混乱による総辞職であるので、松方が主導することは予定通りであったと言えよう。

西園寺にとって予想外であったのは、松方が首相選定の新例を開こうとしたことであった。ひとつは方式で、枢密院議長と首相経験者による「元老・重臣協議方式」であった。松方は清浦奎吾（一八五〇—一九四二）枢密院議長にも意見を求め、清浦は「憲政の常道に依り憲政会総裁加藤高明子を推さる、を以て最も適当なりと思ふ」と答えた（村井㊤115）。選定結果にも新しさがあった。「加藤にあらずんば加藤」と述べたように、加藤友三郎海相を第一候補と考えたが組閣可能性には懸念があり、第二候補として加藤高明を受け入れた上で、会談で海相について誰を選ぶべきか注意するようにした。大命は加藤友三郎に降下したが、組閣できなければ加藤高明内閣が成立してしまうのか。

政友会の小川平吉《へいきち》（一八七〇—一九四二）は高橋内閣総辞職の日に松方を訪れ、政友会に大命降下すべき「条理常道」と、憲政会が政権についた場合の危険性を切々と説いていた。「若《も》し夫《そ》れ一部過激なる雑輩之脅威により無責任の言議を弄《ろう》する少数党をして此の際政局に当らしむるが如き事あらば、過日も申上候通り政界は忽《たちま》ち大混乱之裡に陥り国家の前途実に暗澹《あんたん》たるものと相成可申《あいなりもうすべくし》、加之《かのみならず》我帝国の将来に暴民政治の悪例を胎す」とポピュリズムを警戒したのであった（村井㊤117）。

官僚内閣は組閣できるか

高みの見物を決め込んでいた政友会は「加藤にあらずんば加藤」との情報に驚き、加藤友三郎内閣を全面的に支援することになる。政友会は多数を重視する「憲政常道」論を唱えつつも、多数党と連絡があり、政界に実勢力を有するものが適任との考えが浸透していた。

六月一二日、加藤友三郎内閣が成立した。野党憲政会の準機関誌『憲政公論』には『長崎新聞』

主筆内倉白洋の「民衆政治の今日は、加藤友三郎内閣なんて恰度《ちょうど》白昼幽霊を見るやうだ」という感想が掲載されている。[*93] 田健治郎は、「貴族院的超然内閣」であり、研究会と交友倶楽部の「二会の連合内閣」と評した。「政友会は憲政会を憎む故を以て頻りに新内閣の成立を促し」たのであった。[*94]

高橋内閣改造問題は従来、原敬と比べて政治力に劣る高橋の個人的な資質の問題として理解されてきた。しかし、より本質的には政党の自律性と首相選定上の不確実性が原因であった。改造問題は貴族院の問題であり、原と異なる西園寺の憲政観とも関わる。こうして政友会内閣の延長内閣としての加藤友三郎内閣が成立する。それは「情意投合」路線の結果的継承であった。明治立憲制下の日本では予算先議権を除いて両院対等が原則であったことを思えば、日本型議院内閣制と呼べるのかもしれない。これに対して憲政会の護憲運動は社会の強い支持を受けることもなく尻すぼみに終わった。

幻想に終わった政党内閣期

初の政友会内閣であった第四次伊藤内閣（一九〇〇—〇一）は渡辺国武《くにたけ》蔵相の非妥協的態度から閣内不統一で退陣の憂き目を見た。高橋内閣では中橋徳五郎の非妥協的態度が閣内不統一による退陣を招いた。しかし、論理は異なる。渡辺は天皇の大臣であるということを強調した。それに対して中橋は政党内閣の大臣であることを強調したのであった。政友会は中橋徳五郎を除名した。男子普選や社会主義にばかり注目が集まってきたが、首相選定に左右された政局と言うべきである。

原が後継者を育成できていなかった点はどうだろう。もとより原内閣は当時における長期政権といっても三年に過ぎず、それまでの首相の例では何度かの内閣を担っていくのが一般的であった。したがってこれを原の責任と言うことはできない。政友会ほどの長い歴史を持ちながら、政党内での指導者選抜システムが未発達であったという点で政党の制度化の問題と言うべきであろう。これに加えて首相選定上の問題、すなわち元老個人の裁量によるところが大きいという属人性の問題と、統治能力のある政党が複数化していないという問題があった。以上の点で原内閣が遺したものは大きかった。結果としての政党内閣であり、野党憲政会の成長である。選挙では対外政策は大きな影響を与えないことが政治学の知見であるが、元老協議方式による首相選定では外交が重要な判断基準となっていたのである。

原内閣期は一方で政党内閣制の否定の上に成立した政党内閣でありながら、他方で政党内閣制を準備した。すなわち、第一に、長期政権で政党の統治能力を示した。第二に、反対党を意識させることで憲政会に準備を促すことになった。そして高橋内閣が成立したことは社会の確信を強めた。しかし、元老が憲政会に否定的であることは政友会の統一性を毀損した。そして再び非政党内閣が出現したのであった。

第二章

転換期の首相選定と第二次憲政擁護運動

——政党内閣制の確立を求めて　一九二二—二四年

第一次世界大戦後の日本で原、高橋と二代続いた政党内閣期（第一次）は途切れた。本章は、一九二二年に加藤友三郎内閣が成立してから、第二次憲政擁護運動の結果、再び政党内閣が誕生し、以後一九三二年まで続く第二次政党内閣期の始まりとなる一九二四年までを扱う。憲政会の変化や革新倶楽部結成にも表れた新しい時代意識と、現職首相の病死や関東大震災など相次ぐ突発事に転換期の首相選定が重なる中、主要政党は元老の意思に反して広範な社会運動を起こして政党内閣制の確立を求めた。

一　加藤友三郎内閣と政友会
――再現された官僚内閣と日本型議院内閣制の可能性

（1）加藤友三郎内閣の組閣――官僚内閣の善政と政党への波紋

「中間内閣」って何？

　高橋是清内閣の後を継いだ加藤友三郎内閣、その後の山本権兵衛内閣、清浦奎吾内閣は「中間内閣」と呼ばれてきた。これは「超然内閣」に対して、政党の支持を受けた非政党内閣を意味し、政党内閣でもなく政党に敵対的でもない中間的な存在であるという意味で同時代にも使われた。しかし、この言葉には問題がある。これら三つの内閣でも性格が異なり、ひとまとめにはできないからである。いわゆる「中間内閣」のホップ・ステップ・ジャンプとなる三つの内閣は、国民の期待、混乱と場当たり的対応の終着点に向かって歩を進めていく。

　その果てにあったのが一九二四年の第二次憲政擁護運動である。この運動は第一次憲政擁護運動と比べて価値がないかのように議論されてきた。同時代でも後世の研究でも、である。これは言葉のヘゲモニーを持っていたのが誰かという問題でもあるが、政党の政権獲得運動に過ぎないと評価され、政治学者の吉野作造や長いキャリアを持つ政治家尾崎行雄らの見立てでもあった。また、第二次憲政擁護運動は当時から第二次護憲運動とも呼ばれていた。それは第二次世界大戦後の「護憲運動」とは意味が異なる。第二次世界大戦後の「護憲運動」は憲法の擁護運動として改憲論を警戒して行われたのに対して、日露戦後の、そして第一次世界大戦後の「護憲運動」は憲政（憲法政治）の擁護運動であり、変化を求める政治改革運動であった。立憲政治を阻害すると見られた元老らを批判し、政党内閣制の確立を求めたのである。

元老の中で最後に残されたのが西園寺公望であった。西園寺はリベラルで民主的な元老なのだろうか。リベラルという言葉自体が近年利用度を増した曖昧な言葉であって、自由主義的な、という以上の意味がある。西園寺よりも第二次憲政擁護運動の批判対象となった清浦の方がリベラルであったといったことはありえるのだろうか。歴史研究では内在的理解の尊重が重要である。実証研究によって虚像と実像、その時期的変化を選り分けなければならない。

官僚内閣再現の波紋

一九二二（大正一一）年六月一二日、政友会の閣外からの全面的な支持を得て先の海軍大臣を首班とする加藤友三郎内閣が成立した。政治学者の大山郁夫は「議会政治の暗黒面」と題して、「憲政常道論の貫目《かんめ》」が軽くなったと述べた。それは首相選定の現実への批判に止まらず、民衆の注意が、立憲政治運用という形式面でなく、内的生活に集まっているからであるという。[*1] 新婦人協会を組織した平塚らいてうも、協会設立時には「議会主義的な民主主義に大きな希望がもたれてい」たが、翌年頃からすでに議会政治否認の方向が強まったと回顧している。[*2]

加藤友三郎内閣の成立を批判する憲政会の護憲運動が不発に終わったことも関わりがあるだろう。それでも憲政会が得たものは大きかった。憲政会の準機関誌『憲政公論』記者は総裁である

政党内閣制に向かう時期の内閣②

首相(回数)	成立年月	支持勢力
加藤友三郎	1922(大正 11)年 6 月	海軍・貴族院(・政友会)
山本権兵衛(2)	1923(大正 12)年 9 月	薩摩・革新倶楽部
清浦奎吾	1924(大正 13)年 1 月	貴族院

子爵加藤高明にインタビューを行った。[*3] 自分からものを頼むのは嫌だという加藤に記者がそれでは代議士になれないというと、加藤は代議士になったことがあると呵々《かか》大笑した。貴族院議員加藤高明には短期ではあったが代議士経験がある。記者は加藤に大隈重信のような民衆政治家になってほしいと期待したのだろう。時代は党の内外で政治の大衆化を求める。加藤の側近として憲政会を支えてきた若槻礼次郎は新内閣誕生の翌一三日、早速地元の後援者に手紙を送り、加藤友三郎内閣成立に憤っていた。憲政会は引き続き野党の地位に甘んじることになったが、他方で七月二〇日の手紙では後援会員の増加を述べている。[*4]「憲政常道」の実現は正統性という点でなおも支持されていたのである。

再び官僚内閣として成立した加藤友三郎内閣は貴族院内の政友会と近い会派を中心に組織されたが、首相の指導力と政友会の支持を得て実績を上げていった。七月一日には枢密院本会議でワシントン会議にかかわる諸条約がすべて批准された。加藤首相からは労を謝する挨拶があり、枢密院議長からは摂政の「至極御満足ノ旨」が伝えられた。[*5] これを受けて、戦時外交と戦後処理を担った臨時外交調査委員会は廃止された。加藤内閣は原内閣以来の課題であったシベリアからの撤兵を果たし、海軍軍縮に続く陸軍軍縮を実現した。山梨半造《はんぞう》陸相の名前をとって山梨軍縮と呼ばれる。また加藤内閣では、政友会が進めていた陪審法案も成立した。司法への国民参加を広げようとするものである。

一〇月九日、原内閣以来継続して外相を務めていた内田康哉は西園寺を訪れて時局談をしたが、西園寺は加藤内閣が「両三年」、すなわち二、三年は続いてほしいと述べた。[*6] つまりひとたび成立した官僚内閣の安定を願っていたのであり、その背景には加藤高明の外交政策への不信と憲政会の統治能力への疑問があった。一九一二年の大正政変期に西園寺は将来の政党内閣を期待していたことを思えば、対華二一カ条要求が日本政治に刻印したことの大きさが理解される。加藤内閣下で宮中官僚にも変化があり、平田東助が内大臣に就任した。

第一次世界大戦後のヨーロッパはなかなか安定しなかった。一九二二年一〇月三一日にイタリアではムッソリーニを首班とする連立内閣が誕生した。第一次世界大戦の戦勝国でありながら得るものが少なかったという国民的な不満がムッソリーニのファシスト党を躍進させ、「挙国一致」内閣の出現となった。日本でもまたパリ講和会議での外交失敗が論じられた。しかし日本では国民的な不満が爆発することはなく国際協調が続けられた。一九二三年には、ムッソリーニは選挙法をファシスト党に有利なように改革し、一九二六年一一月には他の政党を解消し終えて一党独裁体制を築いた。

革新倶楽部の結成

第一次世界大戦後の政治改革への熱意はなお失われていない。政治クラブとして発足していた革新倶楽部の先行きをめぐって、一九二二年九月一日、犬養毅（一八五五―一九三二）が率いた立憲国民党は「議会政治そのものの完成を期する」と解党を宣言した。憲政会を離れた島田三郎も

犬養毅

改革を強調する革新倶楽部に加わった。革新倶楽部は政治結社ではなかったので婦人が加入することができた。[7] 犬養の側近である古島一雄（一八六五―一九五二）の回想では、「近時欧米各国で議会政治其物《そのもの》に対して反感を生じつゝあるのは事実である」としながらも男子普通選挙すら実現していない日本ではまず「既成政党を打破して新生命を開かねばならぬ」と考えていた。[8] 一一月八日、革新倶楽部は結成会を行った。党議拘束制を廃止し、党首を置かない倶楽部組織を自認したが、犬養が実質的な党首であった。小会派の足回りの良さもあり、第一次世界大戦後の改造の時代を担う政治勢力を目指して、普通選挙や軍部大臣文官制、知事公選制や産業立国論など多方面での改革を説いた。

高橋是清総裁が率いる政友会にも変化があった。一一月の最高幹部会で政友会の新政策が決議された。それは一〇年間、内外平和の確保を基盤とすることや経済立国主義などであった。[9] 政友会は地租委譲を主張し、地方分権的な国家像を主張した。一二月には、通常議会を前に改造問題で除名されていた元田肇と中橋徳五郎らが山本達雄、床次竹二郎らの斡旋で政友会への復党を果たした。この問題は除名直後から支部を巻き込んだ争いとなっていた。横田千之助がいた関東東北連合会が「厳に党規を格守《かくしゅ》し総裁の指導に従ひ益々結束を鞏固にする事」と総裁の指導性を強調したのに対して、改造派の影響が強い関西の兵庫県支部では加藤友三郎内閣成立直後から「加藤内閣に対しては好意的援助をなす事」「高橋総裁を信任し我党の結束に益々努力し党勢の拡張

日本がかかわった主な国際条約①（1919–22年）

会　議	条　約	内　容	内閣と全権
パリ講和会議	ヴェルサイユ条約（1919年6月）	第一次世界大戦の戦後処理（国際連盟の設立） 日本は山東半島のドイツ権益と赤道以北の旧ドイツ領南洋諸島を獲得	**原敬内閣** 西園寺公望 牧野伸顕
ワシントン会議	ワシントン海軍軍縮条約（1922年2月）	四カ国条約（1921年12月）	**高橋是清内閣** 加藤友三郎 徳川家達* 幣原喜重郎
	四カ国条約（1921年12月）	日・英・米・仏の安全保障条約（日英同盟の廃棄）	
	九カ国条約（1922年2月）	日・中・英・米・仏・伊・蘭・ベルギー・ポルトガルの中国に関する条約（石井＝ランシング協定の廃棄） これに関連して山東半島の旧ドイツ権益を中国へ返還	

＊徳川家達はワシントン海軍軍縮条約と四カ国条約のみ全権

を期す」「元田中橋氏等を復党せしむる事」などを決議していた。[10] 後の自由民主党がそうであったように地域横断的な総裁候補をいただく派閥連合体としての党ではなく、地域的な結びつきがなお党内で大きな意味を持っていたことがうかがわれて興味深い。

復党に際して元田と中橋は幹部から高橋総裁訪問を求められ、高橋の紹介によって復党した。中橋からすれば完全屈服であり、当然に不満が残る。中橋は一九二三年一月一〇日に興津《おきつ》の西園寺を訪れた。外交に話が及ぶと、西園寺は「外交軟弱の評判の間は、国の幸福なり」と述べたのだという。中橋はこれに応えて「今日の外交方針は、原内閣頭初に決定したるものにして、独り内田君の意見にあらず。之が為め支那も悦び、米国も悦べり」と述べた。[11] 加藤友三郎内閣が引き継ぐヴェルサイユ＝ワシントン体制に適合的な日本外交は、

「外交軟弱」という批判にさらされがちだが、原内閣以来の新たな外交伝統として評価され、機能していたのであった。

それは政府を批判する憲政会にも共有されるに至っていた。一月二一日に党大会を開いた憲政会は、宣言冒頭、「憲法布《し》かれて三十余年、政党内閣の基礎漸く定まらむとするに際し偶々超然内閣の成立を見るは憲政の常道に照し我党の反対する所なり」と官僚内閣を批判する一方、加藤高明総裁挨拶では外交について、戦後世界の形成はヴェルサイユ条約の精神に基づき、日本も「列国と協調して平和の確立に努力すべき」であって、ワシントン条約も批准を終えた以上「国際信義の上より見て」今さら異議を差し挟むべきでなく、運用によって効果を上げることを希望すると説いたのであった。[*12]

政友会の横田千之助幹事長は議会中に田健治郎台湾総督を訪れ、加藤内閣が将来総辞職した場合の見通しについて意見交換して、「憲政会、自ら其の後継を期すと雖《いえど》も、政界を制するに力不足にして、再び超然内閣の出現を観る、亦可《またか》ならざるや〔＝結構ではないか〕」と語った。他方、政友会も「議会過半数を占むると雖も高橋首相失敗の瘡疾《そうしつ》〔＝傷〕、尚《なお》未だ癒へず、是又後継を期し難し」。そこで「後継内閣の組織、高橋総裁をして此の際政権の把握を断念せしめ、上院有力者と政友会有力者の連立内閣を組成する外」に策はなく、その内閣で、行財政整理、地租地方委譲、根本的な農村救済策を行わないと、「革命不測の変」を生起しかねないと恐れた。会話相手が官僚政治家で貴族院に力を持ち、政友会との協力も望める田であることは発言に影響を与えている可能性があるが、この時の時局観としてとらえうる。横田はまた、平田内大臣、枢密院、貴族院議員の中にも少なからず憲政会への政権交代論に理解を示すものがあり、「進路を誤らしめざる」よう西園寺を中心に首相選定を進める重要性を説いている。[*13] 野党に政権を移す「憲政常道」論は、原則論としては浸透しつつあった。

内閣総辞職はいつ起こるか分からない。しかし、一九二〇年五月の先の総選挙から四年が近づく。この議会が解散されなかった以上、次の通常議会が一つの目安となる。憲政会は、議会後の党の準機関誌『憲政公論』一九二三年四月号に代えて『大日本政党地図』を頒布した。これはどの地域でどの政党が議員を出しているかを示す日本の政党勢力図であった。また、このような動きとも連動していたのであろう、第二次大隈重信内閣で加藤高明辞職後に外相を引き継いだ石井菊次郎は、「大正十二年春」に加藤高明から、将来外務大臣として協力して欲しいとの申し出があったと回想している。それは「夢物語の様であるが反対党の首領たる以上予《あらかじ》め其辺の用意を怠るべきものではないと思ふから」であったが、石井は自らは辞退し加藤の縁戚でもある幣原喜重郎を推薦したという。[*14]

東京での政治劇は帝国統治と関わっている。議会後台湾に戻る田の大仕事は摂政の台湾行啓であった。約一年前、田は摂政に台湾事業を説明して、「近時内地に留学せる学生の中、往々民主主義又社会主義等に浸潤、ウイルソン大統領民族自決主義若しくは、英国現在行ふ所の自治属領政策を以て動かすべからざる真理と為し、台湾議会設置の請願を議院に提出する者有り」と述べて、いまだ台湾多数の民心を動かすものではないが、教育を重視し、差別をなくし、内地と同一の統治を行うことを説いていた。[*15]

（2）加藤友三郎首相の死と官僚内閣の再現――西園寺の積極的な関与

加藤友三郎内閣はいつまで続くのか。一九二三年七月一〇日、加藤首相は内田康哉外相に来年の今頃までは何があっても在任する意思を示した。[*16] 七月には年末の定例議会に向けて衆議院議員選挙法の改正が議論され始めている。議論の焦点は納税資格の撤廃か、それとも額を下げてでも納税を要件として残すかであった。[*17] 大審院長の平沼騏《き》一郎《いちろう》（一八六七―一九五二）はもはや納税資格維持は不可能と考えていたが、検事総長の鈴木喜《き》三郎《さぶろう》は司法官から枢密顧問官を務めていた倉富勇三郎《くらとみゆうざぶろう》（一八五三―一九四八）に、「普通選挙は憲法の明文には違はさるも、其精神には違ふ旨」を語って納税資格要件を残す主張であった。[*18] それは政友会と政府の関係にも資する案であった。

ところが八月二四日、加藤友三郎首相は首相在任のまま病死する。病状の悪化が伝えられると加藤歿後の政局が議論されていた。内閣の施政に問題があるわけではないので首相を変えてそのまま内閣を維持していくという延長内閣論もあった。しかし、政党としての一体性がある政党内閣でもないのに延長内閣には道理がない。

そこで、「各派各様の憲政常道論」が報じられていた。[*19] すなわち、第一党の政友会は政変が内閣の失敗ではなく首相の病気を理由とするものであるので、多数党が首相指名を受けることが「憲政常道」であると説いたのに対して、第二党の憲政会は、加藤友三郎内閣が実質的に政友会延長内閣であったことから、次には反対党である憲政会が首相指名を受けることが「憲政常道」であると説いた。「憲政常道」の名の下に異なる内閣構想が正統化されたのである。これに対して第三党の革新倶楽部は主要会派がすべて参画する「挙国一致」内閣を説いた。貴族院と衆議院の連立内閣論である。

加藤高明は大命降下について、必ずしも確信を持てないでいた。この頃、「今度も政権は自分の上に来ないであらう〔中略〕日本の元老制度が改まらぬ限り、憲政の常道は、遺憾ながら、我国には容易に建設されさうにも思へぬ。自分が七年の犠牲的政党生活も、或は自分の生きて居る間には実を結ばぬかも知れない」と述べていたという（村井㊤129）。加藤は男子普通選挙制を元老が忌避しているからと考えていた。それはすでに亡き山県の考えではあったが、元老西園寺が疑問視していたのは男子普選よりも加藤の外交手腕であり、憲政会の統治政党としての資質であった。

西園寺は、次期首相の奏薦を求める勅使を待たずに上京した。年長の元老松方正義と面会し、その結果を平田東助内大臣に伝えた。それは先の首相選定で松方が開いた新例である「元老・重臣協議方式」を否定し、「元老協議方式」に回帰するものであった。西園寺は、かつて政友会の支持を得て第一次憲政擁護運動後の施政にあたった山本権兵衛への大命降下に、松方の同意を求めた。そこでは政党内閣か否かといった国民が支持する選定の論理に期待するのではなく、選定結果としての山本の実績と能力への期待があった。力量のある首相による内閣を政友会が支え、近づく総選挙を公平に実施する。政友会は数を減らしても多数を維持する見通しで、「情意投合」路線の継続を期待するものであった。松方は同じ薩摩出身の山本に不満はない。それどころか薩摩出身の政治家たちは山本をもり立てようとしていた。

八月二八日夕刻、山本権兵衛に大命が降下した。とはいえ組閣できなければならない。それは加藤友三郎への大命降下と同じである。すでに首相経験もあり、薩摩海軍の雄でもあった山本は西園寺の期待以上の動きをする。すなわち、自らを首班に「挙国一致」内閣を組織しようと、政党からは政友会の高橋、憲政会の加藤、革新倶楽部の犬養に、政党外から後藤新平（一八五七―一九二九）、田健治郎、田中義一（一八六四―一九二九）にそれぞれ入閣を求め、寺内内閣とは違って主要政治勢力を網羅した「挙国一致」内閣を作ろうとしたのであった。しかし、すぐさま応諾する者は限られており、組閣はなかなかうまく運ばない。そこに起こったのが未曽有の大災害であった。

二　関東大震災と第二次山本権兵衛内閣
――官僚内閣の連続と第二次憲政擁護運動の胎動

(1)大災害下の官僚内閣――「挙国一致」内閣を自認して

関東大震災の発災と山本内閣の成立

一九二三年八月二八日に組閣の大命を受けた山本権兵衛が、主要各派を網羅した積極的超然主義とも言うべき「挙国一致」内閣を目指して組閣に奔走していた九月一日午前一一時五八分、関東地方を強い揺れと津波が襲った。関東大震災である。震源は小田原の北約一〇キロ、マグニチュードは八・一相当と見られている。[20] 関東南部では津波が発生し、東京市の下町では火炎が襲った。

大震災の混乱下、多くの朝鮮人が自警団等に虐殺される事件が起こった。中国人の被害もあった。首相に指名された山本権兵衛も乗っていた車が殴りかかられたと回想している。海軍では一時事実未確認のまま朝鮮人の襲来を警戒する電報を打つ不祥事があった。近代帝国にあるまじき社会氾濫である。虐殺について現在では単なる民族対立の問題を超えて、大戦景気下で急増した外地労働者と地域社会の軋轢としても理解されている。さらに甘粕正彦憲兵大尉は大震災の混乱下で無政府主義者の大杉栄、妻伊藤野枝、甥を殺害する事件を起こした。軍法会議で処分されたが後に満州国建国に関わる。

関東大震災について「赤い日」だったと言われる。[21] 小説家芥川龍之介はプロレタリア文学について書いている。無産政党は弱かったが、思想としてのマルクス主義はすでに力を得ていた。マルクス主義社会運動も同様で、赤瀾会を組織していた堺真柄らの女性運動も山川菊栄のさらなる批判を受けた。無産政党の中でもマルクス主義無産政党と非マルクス主義無産政党の間に対立があった。日本政府は社会主義思想の流入を恐れてソ連からの救援船を断っている。関東大震災は、東京にあった江戸の面影を奪い、新たな時代を作る。震災後に郊外住宅が広がっていき、復興が進む中、一九二五年にラジオ放送が開始される。

発災時、首相が不在であったため、加藤友三郎内閣の内田康哉臨時首相が緊急の対応に努めたが、山本も翌二日、急ぎ組閣を果たした。「挙国一致」を目指した山本の当初の構想は果たせず、後藤新平と犬養毅と田健治郎らを中心とする「人材内閣」に落ち着いた。特に衆議院に確たる支持基盤はなく、第三党を中心に組織した内閣であった。西園寺の意図から大きく外れた内閣は「情意投合」路線からの結果的離脱となった。元老は問題解決能力のある実力者を選ぶが、実力者はえてして元老から自立的である。加えて元老の権力は選定までで、その後の影響力行使はおぼつかない。

山本内閣の第一の課題は帝都復興であった。後藤新平内相を中心に帝都復興院が作られ、帝都復興審議会が設置された。組閣で「挙国一致」を果たせなかった山本内閣であったが、審議会には高橋政友会総裁、加藤憲政会総裁、伊東巳代治《みよじ》枢密顧問官などを集め、「政党各首領、及び上院并《なら》びに民間有力者を網羅、殆ど挙国一致の観を呈す」ることができた。[*22] これは加藤が入らなかった臨時外交調査委員会よりも網羅的である。加藤は若槻礼次郎から今度同じような機会があれば入るよう助言されていた。震災復興予算に関連して早々に臨時議会の召集を決めた。一二月一一日から会期一三日間で開かれる。

政府内では、後藤と犬養を中心に、余震がなお続く中で男子普通選挙制の導入を掲げる政界再編を企図していた。犬養が入閣した革新倶楽部では、政界革新の要請に沿い、男子普通選挙制を主張していた。九月二〇日には後藤は田健治郎と「新内閣政綱」について意見交換し、犬養もまた田に「政綱決定の件」とともに「普通選挙決行の希望」を説いた。[*23] 一〇月八日には閣議で議論されている。山本首相は臨時議会で政綱を発表し、（男子）普選問題についても断然実行を声明することにした。[*24] 後藤内相、犬養逓相ともに普通選挙論者であり、田もまた原内閣期以来、男子普通選挙制の実現は避けがたいと考えていた。一〇月一六日には選挙問題委員会が首相官邸で開かれ、納税資格の撤廃、選挙権被選挙権年齢を二五歳に引き下げること、独立の生計や世帯持ちなどの条件をつけないこと、神官、僧侶、小学教員の選挙権被選挙権を認める一方、「婦人、参政権を与へず」と決定された。[25] 女性への参政権はなお時期尚早と考えられていた。

「挙国一致」の美名のもとでも閣内には考え方の違いがあった。後藤内相が大復興予算を主張する一方で、井上準之助《じゅんのすけ》（一八六九—一九三二）蔵相は「大緊縮を要する」と閣議で予算案を説明し、軍艦製造費半減をめぐって財部彪《たからべたけし》海相と対立した。[26] また、薩派を中心に次第に衆議院多数党政友会に接近する傾向が見られた。山本首相は、一一月一九日の閣議で、議会対策として「普通選挙問題に関し、慎重の体度《ていど》を持す事」、政友会、憲政会の総裁に政策の要領を示して了解を求め貴衆両院と意思疎通を図ること、臨時議会の前に予算の内示会を開くという意見を述べた。[27] 山本首相は選挙権を世帯主に限る選挙権拡張案を説いて犬養、平沼、田の反対を受けた。

政友会と憲政会の災後政治

他方、山本権兵衛への首相指名と内閣成立はただでさえ政友会と憲政会内に大きな波紋を広げており、大震災の発生は影響を複雑化させた。衆議院で圧倒的多数を占める政友会では、前内閣の与党であり、政変も首相の病死を理由とするものであっただけに、野党化したことは驚きで、総裁への不満が高まった。高橋が元老の信任を欠いているからではないかとの批判をゆるし、党首の指導力をさらに低下させたのは再び首相選定の不確実性であった。

それでも政友会内で反総裁派が優勢であったわけではない。一〇月三一日に中橋は山本達雄

山本達雄

（一八五六―一九四七）を訪問したが、山本は「此の様子にては五十名は六ケ敷かるべし。せめて七八十名もあれば、分離する方よろしからん」と述べたという。[*28] 第二次大隈内閣下で一〇四まで数を減らした政友会は寺内内閣下で一六〇名と第一党を回復し、原内閣下では二七九名を得た。膨張分がそのまま分離をも可能としていたのであった。対して高橋総裁派は穏当で、反対派も幹部の総務に含めることで党の統一の回復を図った。中橋は当初総務補充に反対であったが、一一月七日に高橋と面会し、総務就任に同意した。その時高橋は「元来自分は老齢の事なれば、党員に於て辞するがよしとの事なれば、何時にても辞してよろしけれども、此時局に当り、議会に臨むこと故、其時期にあらずと思ふ」と述べ、翌年の総選挙後に考えたら良いと述べたという。[*29] 鳩山一郎（一八八三―一九五九）は、脱党してでも反対を貫くべきであるという強硬論であった。

政友会内の混乱は政府にも伝わっており、一二月一七日段階では政友会内の改革派を称するものが次第に数を増やし、高橋総裁の統御力は失われていると見ていた。ところが一八日、政友会は復興院経費全額削減など、復興予算の大幅削減を党議決定し、今度は政府が対応を迫られた。一九日の閣議では、犬養逓相などが議会解散説を主張する中、田にとって驚きであったことに後藤内相は政友会の主張を容認した。さらに山本首相は議会で採決前に削減に同意する発言までしてしまった。蔵相を務めていた井上準之助は、後の回想で、一二月二四日に「高橋さんは、一体超然内閣の分際であゝいふ厖大《ぼうだい》な計画をするのは間違つて居るといふ白々しい大演説をやつた」

と語っている。[*30] 関東大震災は高橋を変えたのだろうか。

山本内閣成立に伴う混乱は憲政会でも同様であった。第二党の憲政会では加藤友三郎内閣を政友会の延長内閣とみなすことで野党憲政会による内閣を求めていたが、さらなる非政党内閣の誕生にも好意的中立を取らざるを得なかった。それは党内に、非政友会内閣を支持しなくて生きる道はあるかという憲政会総裁派への不満があったためであった。

したがって党内は政府からの働きかけに弱かった。革新倶楽部と憲政会非総裁派による非政友合同構想が高まり、後藤新平を加藤高明と共同党首とする議論まであった。元老が憲政会を評価しない中で、その行く末は暗いとの思いが背景にあったが、党の財政を担う加藤が拒絶して鎮静化した。地方の動きも重要な要素であった。一二月初旬頃に若槻礼次郎が仙石貢、浜口雄幸、安達謙蔵、片岡直温《なおはる》を自邸に招いて非政友合同問題について意見交換した際には、地方からの意見書や質問書が特に披露された。[*31] 政界再編の動きには普選体制への適応という面もあり、『憲政公論』には、山本内閣が男子普通選挙を説いたことで普選実施後の政治情勢への関心の高まりが見られる。また英国での婦人票の動向や婦人議員の誕生にも注目した。[*32] 英国では一九一八年から一部女性（三〇歳以上の戸主）に制限選挙権が認められており、男女平等の普通選挙権となるのは一九二八年からである。

関東大震災の甚大な被害を受けて、被災者の中で地方に親類縁者を持つ者の帰郷を促す意味で鉄道の無料運行も行われている。これは明治民法の戸主制度と関わっている。扶養すべき家族が地元に戻れば戸主は保護を与えなければならない。他方で、戸主制度は戸主も含め個人の自由と衝突する場合がある。女性に特に顕著である。震災の後、女性の社会活動が注目を集めた。東京連合婦人会の活動である。このような社会活動は、キリスト教の奉仕活動とともに、女性参政権獲得運動に展開していく。

市川房枝

米国から震災後の東京に帰ってきたのが市川房枝であった。新婦人協会での活動に疲れ、渡米していた市川の関心はもともと婦人労働の問題にあった。しかし、米国で婦人参政権運動家アリス・ポールと出会い、女性運動、なかでも婦人参政権問題への関心を高めた。アリスは「ぜひ婦選《ふせん》運動をしなさい。労働運動は男の人に任せておいたらいい。婦人のことは婦人自身でしなければ誰もするものはない。いろいろのことを一時にしてはいけない」と市川に説いたのだという。[*33] 米国では、州ごとに進んできた女性参政権の獲得が、一九二〇年のアメリカ合衆国憲法修正第一九条の成立で完成していた。一九二三年七月には、市川はセネカフォールズ男女同権大会七五周年記念大会に参加した。一八四八年のいわゆる「諸国民の春」の年にニューヨーク州東部セネカフォールズで開かれた女性権利会議を記念するもので、アリス・ポールは英国でエメリン・パンクハーストに学び、市川に女性運動の道を示した。一九二四年一月に帰国した市川はいずれ婦人運動に戻ることを考えていたが、ひとまずＩＬＯ（国際労働機関）の東京支局で働き始めた。

(2)政党間協力の静かな始まりと山本内閣の退陣

第二次憲政擁護運動の胎動

政友会内と憲政会内がともに混乱する中で政界再編の動きが進んだ。その中で政友会総裁派と憲政会総裁派の間では、遠ざかっている政党内閣再現のために第二次憲政擁護運動を起こそうという複数の動きが平行し、重なり合って胎動していく。

第一に、枢密顧問官の三浦梧楼は、一〇月に政友会総裁の高橋是清と会合し、「政党内閣制の確立」のために憲政会と協調することを説いたのだという。三浦は山本内閣が短命とにらみ、内閣総辞職時に政党内閣制確立のための運動を「どっとやるつもり」であった。三浦は、第二次大隈内閣でも、枢密顧問官として原、加藤、犬養の三党首会談を斡旋していた。三浦は高橋の賛意を得て一一月六日、今度は加藤と会談して賛意を得た。会合の時期は三浦に一任された(村井㊤131―132)。

第二に、憲政会の岡崎久次郎《きゆうじろう》(一八七四―一九四二)が斡旋した。岡崎は神奈川県出身で、日米貿易に従事し、自転車輸入から後に自転車製造で成功した実業家で、岐阜県郡部から二期当選していた。二期目は立憲同志会に所属し、その後政界を引退したものの憲政会への資金援助は続けていた。義妹の義父が高橋是清という縁があった。[*34] 岡崎の実弟は戦後の外相岡崎勝男、曽孫には写真家ユージン・スミスと水俣に暮らしたアイリーンがいる。

岡崎久次郎は一一月二〇日、高橋政友会総裁を訪れたのを皮切りに、政友会の横田、岡崎邦輔、

岡崎邦輔

憲政会の加藤総裁、安達、浜口、若槻などを次々と訪れ、政友会と憲政会が提携すべきことを説いた。憲政会側は積極的だったが、政友会側はあまり乗り気でなかったという（村井㊤132）。

そして第三に、政友会の岡崎邦輔と憲政会の安達謙蔵の間で党を代表して会談が重ねられていった。一二月五日の第一回会談から翌年の二月五日の第五回会談まで、山本権兵衛内閣の崩壊と次の清浦奎吾内閣の成立、政友会の大分裂を挟んで五回記録されている。一二月一七日には、議会が解散された場合について、「往年政友会がやったような憲政擁護と云ったやうな形で、火《ひ》蓋《ぶた》を切って行きたいと思います、当時は尾崎、犬養両雄を陣頭に進めたのでありますが、今や犬養は野党に在りませぬが、尾崎は健在であります、之に政友会の志士並に憲政会の勇士を包容して烽火を揚げればそれで事は成ると思ひます」と語られていた。また選挙で勝利したあかつきにはどちらの党首に大命が降下しても他方の党首が入閣することが議論された（村井㊤133）。

以上、関東大震災直後の第二次山本内閣下で政党勢力には三つの立場と二つの連合構想があった。第一の立場として、政党内閣主義よりも男子普通選挙制の実現で結集する革新倶楽部と憲政会非総裁派による非政友合同構想があったが、挫折した。第二の立場として、政党内閣主義を旗印に政友会総裁派と憲政会総裁派が結びつき始めていた。そして第三の立場として、過渡期において依然「情意投合」路線を支持する政友会非総裁派が事態の推移を静観していた。これらは第二次憲政擁護運動とその後の政局を準備していく。

虎ノ門事件による内閣総辞職と清浦奎吾の指名

山本内閣は帝都で起こった関東大震災からの復旧復興に全力を傾けたが、薩派を中心に次第に衆議院多数党政友会に接近し、復興予算の大規模削減も容認された。解散を回避する以上、多数党と妥協していく以外に立憲制は運用できない。臨時議会閉会の翌日に召集された第四八回通常議会は一二月二七日に開院式の予定であった。

ところがこの日、開院式に臨む摂政の車列が狙撃される虎ノ門事件が起こった。無政府主義者難波《なんば》大助（一八九九―一九二四）によるものであった。父難波作之助は現職の山口県選出代議士であった。山本内閣は辞表を奉呈した。元老西園寺に判断が求められ、西園寺は留任の優諚《ゆうじょう》（＝天皇からの恵み深い言葉）を下すことが適当であると助言した。西園寺は政権の安定を願っており、皇室にかかわる問題で内閣が交代することを好まない。二九日、山本首相は摂政から辞表を聴許しないとの優諚を受けた。

ところが閣議では強硬な引責辞任論が再燃し、結局、優諚に反して総辞職することになった。強硬に総辞職を主張したのが政権に見切りをつけた革新倶楽部の犬養毅であった。盟友の古島一雄は「犬養は早いから普選が駄目と見てうまく退陣の機会をつかんだ」と回想する（村井㊤134）。犬養の機会主義的行動は、後に彼自身に降りかかる。

次期首相が誰になるか、予想は難しかった。田健治郎は、上原勇作（一八五六―一九三三）元帥から次の内閣が政友会内閣であれば、福田雅太郎《まさたろう》を陸相に推薦したいと聞かされても、「果して何人《なんぴと》の手に落つるか未だ知らざる也」と答えている。[*35]

政友会は十中八九まで高橋総裁に大命が降下するものと考えていた。他方、憲政会は、加藤友三郎内閣、第二次山本内閣と「時代錯誤の超然内閣」が国政を円満に遂行できないことが明らかになったと政党内閣を主張し、さらに虎ノ門事件に示された思想悪化のもとでは国民思想の一新をはかるために男子普通選挙制の実現を標榜する内閣が必要であるとして、政友会内閣の案を批判した。前回、各派各様の憲政常道論が新聞紙上をにぎわせたのとは異なり、この時の内閣交代で特徴的だったのは貴族院の積極姿勢であった。

摂政の下問を伝えに平田内大臣が西園寺を訪れた。西園寺は、後継首相選定について、なるべく選挙は公平に執行させたく、「之は矢張り中間内閣でなければならぬ」、しかし「政党を無視せず、政友会を尊重せしめ、政策に依り助けさせる」のがよいと述べた（村井㊤137）。西園寺は山県の後、枢密院議長を継いでいた清浦奎吾を選んだ。西園寺は先の山本選出時と比べて清浦に熱は感じさせない。清浦はすでに一度大命降下を受けながら組閣を果たせなかったこともあり、従来からの首相候補であった。中間内閣で政友会の支持を得る「情意投合」路線上の選挙管理内閣であった。

なぜ首相選定が選挙の公平さと関わるのだろう。選挙管理の問題は、日本の憲政が官僚内閣の時代から政党内閣の時代へと急ぎ足で移行してきたこととも関係があった。選挙管理は内務省が行うからである。政党内閣が恒常化すると選手が審判を兼ねることになり、選挙をめぐる知事や警察関係者の任免が問題となっていく。

平田は西園寺から奉答を聞き取った後、さらに元老松方も訪れた。両元老の意見は一致した。

一九二四年一月一日、平田内大臣が参内して摂政に両元老の奉答内容を伝え、清浦奎吾に大命が降された。

三　清浦奎吾内閣の成立と第二次憲政擁護運動
――選挙管理内閣と政友会の大分裂

(1) 清浦内閣の成立――貴族院の選挙管理内閣

「情意投合」選挙管理内閣の組閣失敗

大命を受けた清浦は、「元来自分は政党を基礎とする内閣の出現を可なりと信ずるも元老は現時の政党にては政党内閣を不可なりと認めたるにや自分を推薦奉答して内閣組織の大命を降《くだ》さる、に至れり」と語っている（村井㊤137）。清浦は早速、組閣に取りかかった。元老の期待に沿って、清浦は選挙管理という内閣の存在理由を意識しつつ、圧倒的多数党である政友会との間に良好な関係を築き、「情意投合」路線上に再び政治的安定を見出そうとする。まず親しかった枢密顧問官有松英義《ありまつひでよし》を自邸に招き、組閣方針を話し合うとともに内閣の要となる内務大臣

清浦奎吾

への就任を求めた。次に翌二日、大木遠吉、青木信光ら貴族院研究会の要人に会い、組閣への研究会の協力を求めた。この席で清浦は、選挙のために政党を基礎とすることなく、研究会の支持によって組閣したいこと、閣僚については有松の入閣以外は一切を研究会に任せること、そして政友会も含めて政党関係者の入閣は認めないこと、その上で政友会との良好な関係を望んでいることで、それは「元老の意志」であると説明された（村井㊤138）。

研究会は、大命降下前から積極的な動きを見せており、この度の組閣を中心的に担った。清浦の希望した有松は憲政会に近いとみられていたので入閣に反対した。それは政友会との良好な関係を最優先するものであり、貴族院を中心とする事実上の政友会内閣であった加藤友三郎内閣に似ている。二日の夜には高橋政友会総裁のもとを訪れ、清浦内閣への政友会の支持を求めた。

ところが政友会側の答えは予想外のものであった。政友会は研究会の協力要請に対して、どのような内閣が成立するか未だ分からないうちに援助するかどうかを明言するのは時期尚早であると態度を保留したのである。この時、高橋総裁は決意があると述べながらもつまびらかにはしなかった。

政友会内にはこうした総裁派の態度を冷ややかに見るものもあった。床次竹二郎は「政界の中心勢力たる政党としては、内閣成立前に超然内閣宜しいと云ふ訳には行かぬ。さればとて、原内閣以来、友好関係を結んで来て居る研究会のことであるから、内閣成立後に於て、我党の政策を採用する事ともならば、之れに対して、政策本位の態度を執つて行くより仕方なからうと、腹の中では思つて居た」という。そもそも非総裁派の中には政友会の高橋総裁ではなく、「中間内閣」

を望む声すらあったという。政友会の非総裁派と貴族院の研究会で連立内閣を組織し、高橋に総裁辞任を迫るという考えであった。対して総裁派は高橋への大命降下を疑っていなかったため、清浦が組閣に失敗したら高橋に内閣がまわると考えていた。これは単なる希望的観測以上のことで、西園寺自身、清浦が組閣に失敗した場合には、「政友会高橋より外致方《いたしかた》ないかなあ」と述べていた（村井㊤138—139）。

政友会の協力が得られなかった研究会は、常務員会を開いてあらためて方針を話し合った。その結果、清浦内閣の援助を続けるとともに有松英義の内相就任を認めることにした。より自立的に貴族院が主体となって内閣を支える意思を固めたのであった。

ところが、清浦は組閣そのものを断念する。三日朝、研究会の大木らが清浦内閣支持の決定を伝えようと閣僚の候補案まで用意して訪れると、清浦は大命拝辞《はいじ》を決意したことを告げた。研究会の面々は呆然として語る言葉を失ったという。衆議院に圧倒的多数を占める政友会の支持を得ずに政権を運営していくことはできない。しかしそれだけが理由ではない。徳川家達貴族院議長は、「清浦君は明白に大命を拝辞すると私に言明された。而《し》かも政党を率ゆるもので無ければ、内閣を組織するもので無いとまで言はれた」と後に語っている（村井㊤140）。清浦自身が政党内閣の正統性を意識していたのである。

貴族院による選挙管理内閣の成立

ところが参内した宮中でさらに反転する。平田東助内大臣、牧野伸顕宮内大臣が「御慶事と選挙を済ませれば宜いではないか」と翻意を促したのである（村井㊤140）。摂政と良子女王の成婚は関東大震災で延期されていた。また、原内閣下の選挙で選ばれた衆議院議員の任期も近づいていた。

ここに清浦は再び思い直し、元老の意を体《たい》しつつも独自の組閣に進むことになる。それは政友会との協力関係を当面諦めた上で選挙管理内閣という性格を強めた組閣であった。四日、組閣は引き続き研究会の協力の下に行われたが、何より貴族院各派のバランスが重視された。憲政会系の同成会からは入閣がなかったが、憲政会に近い茶話会《さわかい》の江木《えぎ》千之《かずゆき》も入閣した。そして五日、形ばかりの援助要請を政友会と憲政会に行い、一月七日、清浦奎吾内閣は成立した。枢密院議長から首相となった清浦の下、陸相と海相以外はすべての閣僚が貴族院議員であった。陸相をめぐっては田中義一と上原勇作に対立があり、どのような選び方をするかで相手の選択を潰そうとしていた。政党間で政権交代が行われるとすれば誰が陸相を選べるのか、政党政治時代の陸相選定論であった*36。結局、田中が推した宇垣一成《うがきかずしげ》が就任した。田は清浦の「武官総督制復活、時代錯誤の政策」という言葉を記録している*37。

貴族院の研究会は政党としての資質を備えようとし、貴族院は衆議院と同党の役割を担おうとしていた。水野錬太郎は貴族院が模範とすべき例に「民主主義の旺盛なる」フランスの両院関係をあげ、「内閣製造機関たるの実力を有する」と考えていた。また英国の歴史は反面教師であった。上院がもっぱら保守党に従って自由党に反抗したために、自由党内閣でしばしば下院が解散され上院無用論が唱えられるようになったことを日本の貴族院も学ぶべきだというのである*38。政友会の言いなりで憲政会に対抗することは墓穴を掘るという含意であろう。

田健治郎は松本剛吉から政治情報を受けていた。一月一日、田は来邸した松本から、政友会と貴族院研究会の連立内閣で高橋に大命が降下するだろうと聞いていた。ところが大命は清浦に降下し、夜になって松本から大命が清浦に降ったと電話があった。政局通を自認していても予想外の出来事であった。ところが三日、政友会内の反対で大命拝辞となったが「摂政殿下激励の優諚を受け再び組閣に努力することになった」と伝え聞いた。七日に成立した内閣を見て田は「全く研究会員の主張に成る」と記した。[*39] このような貴族院の積極姿勢は制度に起因しているのだろうか。枢密顧問官の倉富勇三郎が、退任した山本前首相に会うと、山本は内閣組閣以来困難が多かったことを述べ、「原敬か〔が〕貴族院の研究会を懐柔する為、権限を提供したる為其弊《そのへい》甚《はなは》だし」と語った。[*40]

反対の萌芽

憲政会の準機関誌『憲政公論』は、成立した清浦内閣を「特権内閣」「オリガーキーへの逆転乎《か》」と論じた。[*41]「オリガーキー」とは寡頭制支配、少数者支配の意味である。憲政会、政友会、革新倶楽部の三派院外団《いんがいだん》が従来の行きがかりを捨てて共に憲政擁護運動を起こすよう提起したことが起点となり、それぞれの党本部に態度決定を迫った。その趣旨は「元老及特権階級に未来永劫国民を基礎とせざる内閣の存立せぬことを痛感せしむべき」というものであった。[*42]

憲政会院外団の様子が「吾党《わが》院外団物語」と題して『憲政公論』で紹介されている。記者によれば「政党に於ける院外団の地位を世間では新聞の三面に現はれた記事に想像して、何か暴力団か、それとも本部お雇壮士《やといそうし》の一集団位に思ふて居るかも知れないが、決してそんなものではない」。院外団は党大会の前日に大会を開き決議を発表する。それは現職でない比較的自由な地位にあるために自由で明解な意思を発表し、本部の宣言決議に示唆を与えるのだという。憲政会の院外団は結党と共に創立され、大隈伯後援会の有志、中正《ちゆうせい》倶楽部の有志、国民党から脱党してきた有志を中心とする寄り合い所帯で始まり、毎月数回集会して時事問題の研究や選挙の応援をしていた。その後、落選した前代議士が入り、党籍を有する市府会議員が入るようになった。そして、一九二〇年の総選挙で落選し、院外にいた改進党以来の長老政治家である加藤政之助《まさのすけ》を最初の団長に推戴して組織を整えた。加藤政之助は安政元（一八五四）年の生まれ、県会議員を経て一八九二年には代議士となっていた。高橋内閣、加藤友三郎内閣、山本内閣と対峙し、小泉又次郎を相棒に街頭行進も試みたという。*43 同時に、党内でも院内院外の差別的待遇撤廃を求めた。一九二三年春には院外団から本部役員の総務一人と常任幹事一人が指名され、政務調査会にも数名、党務委員に若干名が指名された。代議士に立候補しようとする人も院外団に入り、市府会議員、前代議士、立候補予定者が幹事を占めるようになったことで、「院外団の品位と云ふ点から見れば、異常なる進歩であると共に政党発達の上に大いに喜ぶべき現象である」と記者は言う。「代議士は議院の内に在つて奮闘するが、院の外にあって民衆運動のリーダーとなるものは院外団の重要なる使命の一つである」。

第二次憲政擁護運動では三派首領を演説会の壇上に揃え、また毎夜、市内数カ所で大演説会を開いた。しかし、使命はそれに止まらず、自由な立場から立憲政治の行動を監視し、さらに院内での代議士の行動と党全体の活動を監視する「極めて高遠なる意義」があるという。「此の院外団の別働隊として一種の強力団の存在は嘗《か》つては必要であった。演説会のブチ壊しに来る雇人足に対抗するべく、民衆警察の役目をする猛者《もさ》の必要を肯定すべき時代もあつたのである。政友会の鉄心会の如きはその代表的のものであつた。然し乍《なが》ら現在に於ては漸次その必要とすべきことが無くなりつゝある傾向になつて来た」[*44]のであった。[*45]

憲政会と革新倶楽部は内閣成立と同時にその否認を声明した。憲政会にとっては政党内閣主義への回帰であり、革新倶楽部にとっては政党内閣主義の受容であった。

(2)第二次憲政擁護運動――政党内閣制の確立を期す

高橋の決断と政友会の大分裂

清浦内閣が成立し、議会の再開が近づく一月一五日、政友会では清浦内閣への態度を決定するための最高幹部会が開かれた。この日の朝には大きな余震があり、岡崎邦輔と元田肇は交通の寸断で参加できなかった。午後一時から始まった最高幹部会でも意見はまとまらず、高橋総裁の裁定に委ねることになった。

高橋はどちらを選ぶか、決意とは総裁辞任の決意であろうとの見方もあった。高橋は憲政擁護運動への参加を決断し、さらに子爵の爵位を長男の是賢《これかた》に譲り、自ら衆議院議員を目指す決意を述べた。これは貴族院研究会との対抗関係を象徴的に表すだけでなく、貴族院議員の加藤高明を総裁とする憲政会に対抗する意味もあった。急な思いつきではなく、一九二二年の時点で、「政党の首領たるべきものは衆議院に議席を持たなければ可かぬと云ふゆゑ、それも自分は加藤高明の事を考へ居るゆゑ何時でもやるが、爵を辞さねばならぬ、辞爵も覚悟の前だ」と語っていた。[*46] 選挙区は原の故郷を選んだ。

最高幹部会は緊張のまま散会され、翌一六日、高橋は小泉策太郎《さくたろう》（一八七二―一九三七）が書いた「我立憲政友会諸君に告ぐ」を発表した。もとより憲政擁護を掲げて清浦内閣と対峙する大義が語られていた。夜には非総裁派の主要人物が集まっていたが、床次竹二郎、山本達雄、中橋徳五郎、元田肇は脱党して清浦内閣を支持することにした。鳩山一郎も脱党に参加した。

清浦内閣は一月一七日には男子普選法案を閣議決定していたが、状況を支配できていなかった。第二次憲政擁護運動では元老も批判の対象であった。政党組織の自律性を求める闘いであったと言うことができる。これまでの政局を観ても、大衆政治の時代に党内の秩序と違うところで首相が決まってしまうことの困難があった。

他方一月一八日、三浦梧楼の斡旋で政友会の高橋是清、憲政会の加藤高明、革新倶楽部の犬養毅で三党首会談が行われた。申し合わせの第一項は「憲政ノ本義ニ則《のっと》リ政党内閣制ノ確立ヲ期ス」であった。政党内閣の確立ではなく、政党内閣制の確立である。これを書いた降旗元太郎《ふるはたもとたろう》の回想では、「元来政党内閣は憲政運用の一方式であるのに制度の制定を用ゆるとは何事だ」と言われて、「馬鹿を云へ。あの中合書は誰《だ》れでも一見すぐ意味を直覚するではないか」と反論したのだという。[*47] 三浦は政友会の横田千之助に手紙を送って、清浦内閣が倒れた後は暫時連立内閣を成立させることが政党内閣制への順路となるとの考えを示した（村井㊤180）。三浦は高橋を首相にしたいと考えており、犬養の協力で加藤を説得できると考えていた。犬養は総選挙を行わず、清浦内閣が自発的に退陣することを求めていた。

この日、貴族院研究会の水野直《なおし》は西園寺に呼ばれ、「貴族院はあく迄《まで》も貴族院としての本分を忘れてはならない」といさめられた。一月二七日には、研究会は会として清浦内閣の組閣に関わっていないこと、内閣には従来通り是々非々の態度で臨むことを示した覚書を発表した。

政友本党の結党と衆議院の解散

通常議会の再開を前に、高橋政友会、加藤憲政会、犬養革新倶楽部からなる護憲三派連盟が結成され、後に床次政友本党となる政友会脱党組との対立構図が明らかとなった。「護憲運動」と言ってしまえば区別がつかないが、本章冒頭でも述べたように、憲政擁護運動は憲法擁護運動ではない。清浦内閣は憲法上何の問題も無かった。他方でいかなる立憲国家も議会がその施政の中心であるべきであるという「憲政常道」論から考えれば、合憲、違憲の問題とは別に立憲、非立憲の問題がありえる。清浦内閣は非立憲的であるとして、憲政擁護の反対運動に直面したのであった。

大分裂を引き起こした政友会では、残留者が一二九人であったのに対して、一四九人が党を離れ、新たに政友本党を結成した。結党式は一月二九日に行われた。山本達雄が新党創立委員を代表して挨拶したが、「政界の刷新」が根本精神だと述べた。また宣言では広く新進の人材を集める方針が示され、政綱には「正義人道に基き、国際の信義を重んじ、列国協調の成果を収め、以て人類の慶福を増進すべし。特に東洋の平和は帝国自ら其の支持に努むべし」とある。[48]総選挙を控えていたとはいえ新党の準備が早い。名前の由来は、自分たちこそが政友会の本流であるという意であった。床次、山本、元田らが総務委員として政友本党の中心となった。第一党である政友本党は、唯一の与党として清浦内閣を支持した。政友会系内閣で外相を務めてきた内田康哉は松田源治《げんじ》から「我党ニ外務大臣ナシ」と政友本党に誘われている。[49]

院外団にいた人物は、政友会の院外団が横田千之助との関係から高橋総裁を支持したことで、床次らが代議士としての数は多くても追い出されたと証言している。[50]もう一つの重要な要素が横田がいた関東東北連合会の動向であったと考えられる。先に加藤友三郎内閣下で総裁の信認と併記して中橋らの復党を求める地方団体があったのに対して、関東東北連合会は「厳に党規を格守し総裁の指導に従ひ益々結束を鞏固にする事」と復党に触れない決議を行っていた。[51]

一月三〇日には三党首がそろった憲政擁護関西大会を大阪中之島に開催した。ところがその帰路、列車転覆事件が起こり、緊張が高まった。三一日の衆議院本会議場には政友会院外団の壮士が乗り込んで大混乱となった。そして休憩中に突如として衆議院は解散された。こうして犬養と三浦のもくろみは崩れ、以後、第二次憲政擁護運動は、護憲三派対政友本党の対立を基本構図とする選挙戦に入っていく。

政友会と政友本党がしのぎを削り、原前総裁縁故の盛岡から出馬した高橋も苦戦を強いられた。政友会の地方支部は困難な選択を迫られていた。政友会長野県支部では一月一七日に急遽幹事の協議会を開いたが、各代議士の任意の行動を容認することと支部長の上京をひとまず決めた。一八日、全国支部長会議に出席、二五日に政友会長野県支部幹部総会を開き、中央政界と地方政界は自ずから事情が違うとして、代議士の行動は自由意思とすること、支部としては留党脱党のいずれにも偏せず厳正中立を持して進むことが決定された。[*52]

他方、憲政会は政友会の大分裂で政友本党、政友会に次ぐ第三党となってしまっていたが、総選挙への期待が高まっていた。

西園寺の諦念と政党観

衆議院の解散に先立つ貴族院では興味深い質疑応答が行われている。内閣更迭時の元老の役割を問われた清浦首相は「過渡の時代に於て御諮詢に対して相当なる意見を申上げると云ふことは、私は何等差支はない」と過渡期を理由に肯定した。また、貴族院勢力に基礎を置く清浦内閣が「立憲の正道」という観点から見てどうかと問われると、やはり「過渡時期に於て、斯の如き内閣が憲政の常道に背くものとは思ひませぬ」と答弁している（村井㊤179）。

唯一遺された元老西園寺公望は、「今回の幹部派も余り褒めた仕方ではないと思ふが、遣り掛けた事は致方なし、要は明治四十一年自分が内閣をやりし時政、憲両党合致して選挙をしたことがあるが、選挙は良いとしても、連立内閣を行らねばならぬ様なことが出来ては大変だ」と語っていた。「幹部派が下手打つと憲政会内閣が出来る様なことがないとも言へぬ」「そんな事になると大変だ、加藤は内政は別とし外交が可《い》かぬと云ふことが彼の疵《きず》になつて居る、自分は外交上に関して非常に心配をして居るのだから、此事が頗《や》る心配になる」と述べて、外交政策への不安から憲政会内閣が成立することを恐れていた（村井㊤181）。西園寺は、一方では政党内閣を望ましいものと感じながら、他方で統治能力があると考えられる政党を一つしか持たなかったのである。

さらに西園寺は政党全般への評価を下げていた。「結局小党分立の時が来る、矢張り政党は十五年前の政党も今日の政党も同じ事である、結局中立が必要の事に逆戻りするであらう」と予測し、「政友会の崩れ方が余り甚しき故、此点は国家の為め甚だ憂ふべきこと」で、「兎に角選挙の成行を見ざれば何とも言へぬが、又々中間内閣の已《や》むを得ざる時が来りはせぬか」と述べたのである（村井㊤182）。

清浦内閣批判と第二次憲政擁護運動批判

経済評論家の石橋湛山《たんざん》（一八八四―一九七三）は一月二六日の『東洋経済新報』の社説で、「政党社会の陋態《ろうたい》」を論じ、加藤友三郎内閣を支持した政友会、山本内閣に接近した憲政会と入閣した革新倶楽部を揶揄した。[*53]また、政治学者の吉野作造も第二次憲政擁護運動には冷ややかなまなざしを向けている。「政党者流は所謂憲政常道論を振り翳《かざ》して下院に於ける多数党（最大多数党又は其の失脚せる場合には次位の多数党）に当然組閣の大命の降るべきを説くも、之は理論上にも実際上にも未だ確乎たる原則となつて居ない。僕一己《いっこ》の意見としては、理論上所謂憲政常道論に賛するも、我国の政党が其の当然の発達を為して居ない所から、今日遽《にわ》かにこの理想論を文字通りに行はねばならぬとするの説を執らざる」と言うのである。[*54]

吉野は前年一二月に東京帝国大学での教授職を辞す意向を固め、教えを受けた小野塚喜平次にも告げていた。そして一九二四年二月に朝日新聞編集顧問兼論説委員として入社した。このような思いがけない転身には関東大震災が大きく影響していたという。吉野は多くを語らなかったが、中国人、朝鮮人留学生の学費援助や中国人留学生寮の連帯保証人としての責任に由るものであった。ところが二月二五日の神戸青年会館での講演「現代政局の史的背景」が問題にされる。吉野は従来の歴史の見方が「事実の真相に徹しない」として、「維新当時に定つた大方針が何の苦もなくスラ〳〵と歴史の上に現はれて往つたやうに言ふのであるが、これでは我国憲政の今日を形作るに至つた苦辛《くしん》惨憺の内面的努力がサツパリ分からない」と述べた。そして、明治政府が窮余の結果として出したのが五箇条のご誓文であると例示したのであった。帝大教授としての吉野の活動は目立つものであり、朝日新聞入社でさらなる活躍を期待されていた。第二次憲政擁護運動の中で貴族院改革についての論陣もはり、さらに三月から四月にかけて「枢府《すうふ》と内閣」（枢府＝枢密院）を論じていた。司法省は吉野起訴に向けて動き出し、検察当局から呼び出しを受けるまでになった。六月三日には吉野の朝日新聞退社が広告された。吉野の退社が不起訴の条件であり、七月一一日に不起訴となった。[*55] 事実に基づく自由な研究とその発表が許される社会は、昔も今も世界で当たり前ではない。

四　第一五回総選挙と加藤高明への大命降下
――一九二四年の社会運動と清浦内閣の退陣

(1)解散後の選挙戦

三派の選挙協力

衆議院の解散を受けて第二次憲政擁護運動の帰趨《きすう》は五月一〇日の第一五回総選挙で問われることになった。立候補者は政友会二一六名、憲政会二六五名、革新倶楽部六〇名に対して政友本党二六九名で最も多く、政府与党の意地を見せた。

二月一二日に政友会と憲政会の首脳会談が行われ、選挙での協力が話し合われた[*56]。政友会の岡崎邦輔はさらに「選挙後幸にして護憲派大多数を得たりとすれば、自然組閣の大命は護憲派中の多数党に降下する事と信ぜらるる」と述べて、政憲連立内閣についても提起した[*57]。二月一七日には、国民大会が上野公園で開かれ、手には憲政擁護の小旗を持ち、護憲歌を歌いながら、デモ行進(示威行列)を行った。広小路、万世橋、須田町、京橋、二重橋前を通って日比谷公園付近で万歳三唱して解散したのである[*58]。憲政会の準機関誌『憲政公論』には三党首の第二次憲政擁護運動への意気込みが掲載されている[*59]。高橋は貴族院の行動を批判しつつも階級闘争ではないと注意を喚起した。高橋を支える横田は運動の中で「今や実に民衆を離れて政治はない」との確信を強めたという[*60]。

他方、政友本党は三月五日の最高幹部会で財政積極的な原内閣の四大政綱と財政緊縮的な加藤友三郎内閣期の第四六議会前の党議決定をともに掲げて政策とした。[*61] 中橋徳五郎の講演記録が残されており、第二次憲政擁護運動を批判するまとまった議論をしている。また、鹿児島で政友本党から出馬した中村嘉壽《かじゅ》の応援に貴族院議員の名前が並んでいることも興味深い。[*62]

田健治郎の政治秘書である松本剛吉は四月八日時点で中立候補者一〇余人の後援計画を田に報告していた。四月二一日にも「同志中立候補者奮戦の情況」を伝えている。[*63]

牛込区選挙の例

一九二四年の総選挙について、東京府第一一区（牛込区）の資料が残っている。[*64] この選挙区には憲政会幹事長となっていた前職三木武吉《ぶきち》（一八八四―一九五六）が立候補した。三木は『憲政公論』の社長も務めていた。一九二四年三月、若槻礼次郎を会長とする牛込理想選挙団が、「現状打破の手腕力量」があり「民意を忠実に代表して新政策を行ひ得る」候補として三木を推薦する文書を略歴書とともに支持者に配布した。三木自身も「牛込区理想選挙団及び牛込公民会並《ならび》に区内有志諸君の推薦」によって三度議員候補となったと述べ、憲政会の政策として「国防の民衆化、一般経済政策、農村の振興、義務教育年限の延長、教員給国庫補助の増額よりして更に社会問題、及び労働争議の平和的解決、思想問題に対する善処、社会保険、住宅問題其他の新政策を実行しなければならぬ。殊に災害地復興に付ては国及び公共団体の事業は予定計画に従ひ之が促進完成を期し、之が為め必要なる建築及び商工資金の融通に努むべく、就中《なかんずく》帝都復興は国家威信に関す

浜口雄幸

る重大問題なるか故に百年の大計を樹《た》て之れか速成を期すへく調査立案しなければならぬ」と抱負を語った。地域紙が選挙運動を支えており、『牛込新報』は憲政会系で三木を支持、『東京公論』は反憲政派で本田義成を推薦、『帝国新聞』は立川太郎を推薦、『自治めざまし新報』も反三木であった。

四月一六日に牛込会館で行われた三木武吉君推薦大演説会には浜口雄幸（一八七〇―一九三一）、頼母《たのも》木《ぎ》桂吉、中原徳太郎、横山勝太郎が弁士として登壇し、聴衆約八〇〇名が集まったという。浜口は三木推薦演説のなかで、「我が国の政治は常に二大政党が立ちて政治をとる習慣を作らねばならぬ」と述べ、首相指名は天皇の絶対無制限の行為であるという議論に対して、それを肯定する一方で「国民を代表してゐる衆議院に基礎を有せざる物」は政治を預かり政権を握ることは出来ないのであるから「政党に何等関係のなき人が大命を拝したる場合は之を他に譲るべき事は当然であつて国家に尽す所以である。政党に根拠を有する人に政権を譲る習慣を作ることが必要である」と述べて首相指名が天皇の自由意思に委ねられていても政党内閣制が実現できると説いた。浜口は英国で衆議院第二党であった労働党が大命降下を受けて二日間で組閣した例をあげて世界の模範と論じた。日本については、英国に比較して「何十年も遅れてゐる」という[*65]。三木は、国民新聞募集当選標語という「一票よく憲政を護る」と大きく書かれ、加藤高明と三木が並んだ写真を用いたポスターを作った。演説会の翌日、牛込理想選挙団会長若槻名で支持者へ礼状が出された。

なお、このとき対立候補の立川太郎は「国家を私する政党や官僚や貴族や富豪」など「一党一派の醜団の手より国家と政治を取り戻」すと訴えた。伯爵小笠原長幹《ながよし》が会長を務め、立川を推薦する牛込自治会は、「公民会派の横暴振り」を批判して中央政界の更新、普選の第一歩を説くとともに、「婦人参政権の実現」をあげ、「区内婦人の方々に申し上げます。婦人参政権の獲得も近き将来に実現されると信じます。今日の制度でも私どもは婦人に参政権がないとは存じません。候補者の選定について御主人と御相談を御願ひします。御主人のみと限りません。親戚知人の間にあなたの推挙したいといふ候補者の為に勧告をなさることはやがて参政権を得られたのだと存じます。私どもは婦人の方々も選挙権の半《なかば》を有《も》つてをられるのだと信じます。婦人参政権獲得の第一歩として誠意ある御奮闘を御願申上げます」と記した。婦人参政権実現を主張するだけでなく、実現前でも選挙での婦人の支持と党派政治への牽制役を期待した。

結果は三木が当選し、牛込理想選挙団が発した礼状には、憲政会幹事長の職責上、地方同志の救援に奔走し、選挙区になかなか入れなかったにもかかわらず当選を実現させた支持者への感謝が記された。敗れた立川は一九二八年の総選挙で政友会代議士となる。

選挙結果

総選挙の結果、高橋是清の当選と中橋徳五郎の落選が世間の注目を集めた。[*66] より本質的なのはどこが第一党となるかであった。憲政会の安達謙蔵選挙委員長は政友会が分裂した以上、憲政会が第一党となる見通しをもっていた。憲政会は第一党一五二議席に激増、以下、政友本党一一一、

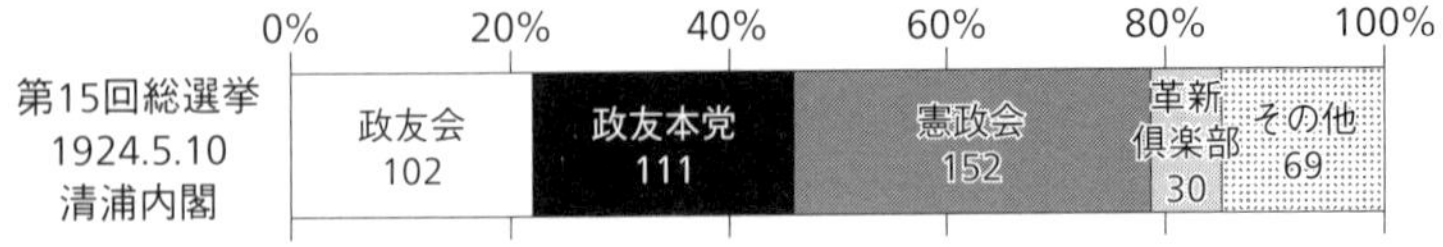

政友会一〇二、革新倶楽部三〇と続いた。総議席は四六四。政友会の小泉策太郎は政友会の第一党を信じ、たとえ第二党となっても革新倶楽部と合同して第一党となることを考えていたというが水泡に帰した。他方、憲政会も一人勝ちといっても、占めた議席は三分の一程度であった。臨時議会を前に護憲三派は結束を維持することを申し合わせた。

(2)清浦内閣の総辞職と加藤高明への首相指名――西園寺の政党観

清浦内閣総辞職

元老西園寺公望の指導に従わなかったのは、高橋率いる政友会だけではなく、首相に指名された清浦奎吾自身がそうであった。選挙結果で憲政会内閣の可能性が出てくると、対華二一カ条要求と党内の不統一性から憲政会を評価しない西園寺は、総選挙後も清浦が内閣を維持し、その間に政友会と政友本党を中心に政界再編が起こることを期待した。年末からの通常議会で行き詰まることがあったとしても、それより先に内閣から辞職する必要はなく、居座りながら事態打開のための議会対策を行えば良い。事実、政友本党の床次は政友会復帰の意向を伝えていた。床次はその理由に、加藤に外交を任せることは国民多数の望みではなく特に「二十一ケ条問題」があること、仮に政友会と協調できても長持ちは望めずまた解散となること、衆議院では多数でも「上院」との関係に問題があることをあげていた（村井㊤187）。

しかし、清浦の判断は異なった。五月一二日、清浦は、西園寺の意向を伝えに来た政友会系の貴族院議員水野錬太郎に、「公の意見は能《よ》く諒《りょう》したるも自分は何処までも此の際退く方が宜《よろし》いと思ふ」と議会前の辞意を述べた。後継内閣についても「後任は加藤でも宜からん、憲政会も多年野に在《あつ》て僻《ひが》んて〔で〕居るから一度は政権を握ったら宜かろう、只支那の廿一個条問題があるから加藤では支那との関係が面白からぬこともあろう」と述べていた（村井㊤185）。

二二日に西園寺の京都行きに同行した松本剛吉は、「西園寺公及び平田内府（＝平田東助内大臣）、清浦内閣総辞職を以て当然の帰結と為し、其の後継者、加藤高明子単独組閣を擬する」と田健治郎に報告している[*67]。牧野宮内大臣も清浦と同じ判断をしていた。

二五日に清浦首相は西園寺を訪れ辞意表明した。西園寺は再び持論を繰り返した。しかし、清浦首相は翻意しなかった。

二六日に訪れた田が聞くところでは、先に三派の提携をはかった三浦梧楼は「時局を痛論」し、「西園寺公及び加藤高明、高橋是清、其の他政治家の行動を批難」していたのだという[*68]。また他の伝聞資料では、憲政会単独内閣を閣外で政友会と革新倶楽部が支え、二年ほど経ったら政友会内閣に引き継ぎ、「内閣授受の円滑を図るへし」と述べていたという[*69]。実際の政治勢力を前にしては元老や仲介者の果たしうる役割には限界があると見るべきであろう。なお、枢密顧問官の伊東巳代治（一八五七―一九三四）は次に憲政会内閣が出来たら政友会の破滅であると田の奮起を求めたが、田はそれは錯覚であると応じなかった。

内政上、加藤高明内閣の成立は確実視される情勢であったが、外交への懸念、特に対中政策への懸念が共有されていた。五月三〇日には外務省内で「対支政策無修正」が申し合わされている。[*70]その数日前の五月二六日には米国で排日移民法が成立した。すでに中国系移民を排斥し終えていた米国では、ハワイ併合後急増し、日露戦争後国力を増した日本からの移民への反発が強まり、西海岸カリフォルニア州での排斥の動きが進んでいた。日本政府は紳士協定などで移民数の急増をおさえる工夫で日本に対する国家平等、人種平等に沿う解決を望んでいたが、遂に全国での日系移民禁止となった。米国が移民の国として建国されたとはいえ、入国者や国籍の管理は当事国の主権の問題であることは言っておかなければならないが、日本国内での反発は強かった。四月二二日に排日法案が決定した際に、田は西園寺と意見交換していたが、その結論として西園寺は、「国交を破らずして国民を挙げて臥薪嘗胆の忍耐力に在り」と軟弱外交は国の幸せであるという線に沿って話していた。[*71]

いよいよ内閣交代は近い。六月一日の田への松本情報では、六月六日に清浦が辞表提出の意向で、西園寺は、加藤高明を推挙する決心をしたこと、三派連立内閣を希望していること、京都で奉答すること、平田内大臣による斡旋を希望していることが伝えられた。[*72]なお西園寺は六月四日に平田内大臣との連絡にあたっていた松本に、加藤奏薦の理由として、「加藤子推挙の意は時局に対して適才と考候為めニ外ならず比較的多数党（俗ニ云フ第一党）たるが故には無之《これなく》候《そうろう》尤《もっと》も時局安定の為めニは此事も顧みざるは無之候得共《これなくそうらえども》是が第一の理由には無之候」と書き送っている。[*73]このような西園寺の政治指導の挫折は、西園寺の個人的な力量の問題ではなく、元老が首相を決めるという制度の問題として理解するべきであろう。

加藤高明への大命降下

一九二四年六月七日、清浦首相は閣議で総辞職を決め、東宮仮御所で摂政に言上した。摂政は平田内大臣に総辞職について下問し、侍従長を派遣して京都の西園寺に後継首班についての下問を伝達させた。九日朝、侍従長が戻り、西園寺が「憲政会総裁子爵加藤高明」を推薦したとの復命を受けた。これを受けて、一一時二七分、加藤高明に組閣の大命が降下した。[*74]

元老西園寺は清浦内閣の維持と政界再編を期待しており、事実、政友本党の床次竹二郎は西園寺のもとに政友会復帰への意思を伝えていた。西園寺の企図を挫いたのは清浦奎吾首相その人であった。選挙管理内閣として首相となった清浦は選挙の公正な実施を済ませて退陣と選挙結果による政権交代を希望したのであった。

首相が辞めてしまえば元老は次の首相を選ばなければならない。憲政会を排除して再び政友会内閣に続く道を模索するか。現下の政治的混乱を考えればそれはできる相談ではないだろう。西園寺は第一党の党首加藤高明を首相に指名した。西園寺にとっては不本意な指名であった。

第二次憲政擁護運動については、尾崎行雄が「大義名分は表看板にすぎない」と低い評価を与えている。[*75] これは彼が政治の中心からすでに脱落していたことを示していると言うべきであろう。もう一つの第一五回総選挙の長期的影響として、政友会の一党優位体制のもとで内包されていた地域内の対立が政友会の分裂で再び顕在化し、政友会、民政党の二大政党下での地方支持構造へと連なっていったことが指摘されている[*76]。また政友系候補が政友会と政友本党を選べず様子見の無所属議員も誕生していた。地方から見てどちらが政友会の本流であるかはいまだ見えなかった。

日本政治史家の三谷太一郎は、「大正デモクラシー」という場合の「デモクラシー」は英語ではなく米語であるという印象的な指摘で、この時期の日本の民主化が第一次世界大戦後の覇権国家である米国の影響を強く受けていたと論じた[*77]。このことは半分正しく、半分は過大評価であるように思われる。すなわち、一方では、日本が立憲君主制であり、改革の動きが第一次世界大戦よりもかなり前からであったことを思えば、英国をモデルとした立憲政治の発展の果ての民主化であったことは否めない。この時期の民主化の担い手も加藤高明に顕著であるようにモデルは英国であった。それは急激な民主化ではなかったのである。他方で、米国で社会運動を学んだ市川房枝が帰国後に日本の政党政治相手に違和感なく活動できたことは、一九二〇年代の日本の政党政治が米国的であったことを意味しよう。それは政治の大衆化である。

このことと関連してさらに二つの点を指摘すれば、第一に、一九二〇年代半ばの日本の民主化は、英国型の改革、自由主義的改革としては遅れてきた改革であったということである。二〇世紀初頭には果たされていても良かった改革が遅れたことで、社会主義やそれを敵視する国家主義が同時に広がり、改革は早々に時代遅れとみなされることになった。さらに自由主義的改革が遅れたことは労働運動内の穏健派や社会民主主義者にとってより深刻ではなかっただろうか。そして第二に、第一次世界大戦後の日本の民主化は米国化の側面があったとしても、それは日本の内発的な民主化であった。第一次世界大戦終結直後とは異なり、排日移民法への反発も含めて、日本社会の米国への評価は大きく低下していた。米国への憧れに基づいて、あるいは米国を直接のモデルとして民主化したわけではなく、政治の大衆化という第一次世界大戦後の世界大の動きに棹さしていたのであった。

最初の本格的政党内閣と言われた原敬内閣は帰結点ではなく出発点であり、政党内閣制に始まる議院内閣制、婦人参政権へと続く男子普通選挙制、そしてそれらを支える政党条件（党組織）が急速に整備されていった様子がうかがえる。これこそが護憲三派内閣の衝撃であり、二大政党化の衝撃へと続く原内閣の衝撃であった。[*78] 横田千之助は「最早や過渡的政治家は原敬氏を以て終末を告げた」と述べた。[*79] 内に政党政治、外に国際協調、経済的には資本主義という一九二〇年代秩序はこうして形成された。しかし、首相選定はなおもその時々の元老の判断に依存していた。西園寺が政党への評価を下げていたなか、「護憲三派」内閣の施政が問われる。

第三章
二つの加藤高明内閣と政党内閣制の成立
――男子普選体制下での三党鼎立　一九二四―二七年

本章は、一九二四年に第二次憲政擁護運動の結果として三派連立の加藤高明内閣が成立してから一九二七年の田中義一内閣成立までを扱う。総選挙後の加藤高明の指名は元老として最後に残された西園寺公望にとって不本意なものであった。ところが、加藤内閣が総辞職すると西園寺は再び加藤を指名する。社会にも非政党内閣論があった中、西園寺は憲政会を統治政党として認め、政権を担当しうる政党を複数、手にしたのである。このことが西園寺の政治指導も変えていく。それは元老の否定と政党政治のルールに基づく、首相選定の自動化であった。こうして非制度的とはいえ最後で最大の障害が取り除かれたことで、次代の帝国統治の基幹として政党内閣制が成立する。

一　「護憲三派」内閣の成立と男子普通選挙制の実現

(1)「護憲三派」連立内閣の成立と日本政治の再編

連立内閣の成立

一九二四年六月の加藤高明内閣の成立から一九三二年五月の犬養毅内閣成立まで、政党内閣が連続した。歴史学では「政党内閣期」という言葉で長らく分析されてきた。政党内閣期というのは政党政治の確立を意味するのだろうか。偶然か必然かを問わず、政党内閣が続きさえすれば政党内閣期であり、それは年表を見れば分かる話である。しかし、政治史の方法によって政治過程を紐解けば、先の加藤高明という選択は緊急避難であった。さらに首相選定は未だに元老が行っていた。西園寺は政党評価を下げており、再び中間内閣もありえると述べた。元老の政治指導を否定して成立した加藤内閣が何をするか。立憲同志会期に業績評価によってひとたび否定された憲政会のセカンド・テストが重要である。

「苦節十年」を経て首相となった加藤高明は実は二度首相に選ばれている。著者が研究を始めた一九九〇年代にはあまり意識すらされていなかった。最初にこの点に注意を向けたのは憲政会を研究していた日本政治外交史家の北岡伸一ではなかっただろうか。すなわち、同じく加藤が首相であっても、「護憲三派」連立内閣と憲政会単独内閣には大きな違いがあるという理解である。近年の研究では、第一次加藤高明内閣の「護憲三派」内閣のもう一つの側面が注目されている。

加藤高明

すなわち「護憲」かどうかではなく、「三派」であったことの意味である。

フランスの駐日大使ポール・クローデル（一八六八―一九五五）は第二次憲政擁護運動を、これは革命寸前ではないと観察していた。それは正しかったにせよ、第二次憲政擁護運動は大きな政治危機であり、危機は克服されなければならなかった。そのための第一の取り組みは指導者の選定であった。一九二四年六月七日に清浦内閣が総辞職し、西園寺は選挙結果を尊重して、第一党の党首加藤高明を首相に奏薦した。これを受けて九日、摂政から加藤に組閣の大命が降下した。選挙結果によって政権交代が起こり、次期首相が決まったのはこれが戦前唯一の例である。加藤の伝記では「剛堂」という号よろしく威風堂々であったと描かれているが、牧野伸顕宮内大臣の観察では、「非常に感激」「マッチを摺《す》る際手も振るえる程」であったという。

危機克服のための第二の取り組みは組閣である。少数第一党の憲政会が単独内閣を組織するのか、運動の枠組みを維持するのか。護憲三派の協力が維持されるかどうかは政治を観察する者の大きな関心事であった。組閣の大命を受けた加藤に、平田東助内大臣は「時局収拾の為め三派協調の必要なること」を忠告し、これを受けて加藤は二、三日の猶予を乞うた。[*1] 加藤はその足で政友会の高橋是清、革新倶楽部の犬養毅を相次いで訪ね、協力と入閣を求めた。

一〇日の政友会緊急幹部会は、「一党の総裁が平大臣として入閣することは出来ぬ」と議論百出し、結局総裁一任となった。同日夜、高橋は犬養と会見し、「護憲三派の力により時局の安

政党内閣制成立期の内閣

首相（回数）	成立年月	支持勢力
加藤高明	1924（大正 13）年 6 月	憲政会・政友会・革新倶楽部
加藤高明（2）	1925（大正 14）年 8 月	憲政会
若槻礼次郎	1926（大正 15）年 1 月	憲政会

定を図るは殿下〔＝摂政〕の思召《おぼしめし》に副《そ》ふ所以である。更《さ》らに三派協調によつて政党内閣制を確立し、護憲運動の目的たる衆議院の改造、貴族院改革、行政財政の根本改善、世道《せどう》人心の更始《こうし》一新等刻下《こっか》〔＝目下〕の緊急問題を解決すべきである」と意見が一致した。二人は直ちに加藤邸を訪れて三党首会議を行い、加藤の要請に応じて入閣し、連立内閣とすることを決めた。[*2] 加藤について側近若槻礼次郎の回想では、今回の組閣は三派連合の勝利によるが、もし高橋と犬養に協力姿勢が見られなければ単独内閣でもよいと考えていた。

一一日、加藤は再び参内して大命を拝受し、閣僚名簿を奉呈した。憲政会から三名、政友会から二名、革新倶楽部から一名が入閣し、三党首そろい踏みの三派連立内閣が組織された。こうして護憲三派内閣は成立した。田健治郎元農相は、「大命降下後、未だ二日に満たず、其の決定の迅速、近年見ざる所、嘉《よみ》す〔＝たたえる〕べき也」と速やかな組閣に感動した。牧野宮内大臣も高橋、犬養の入閣に、「政界の堕落せる積弊を幾分一洗したる感」があり、外国にもいささか誇らしい思いがした。[*3]

ここでの鍵は爵位を子息に譲って総選挙に出馬し、見事当選を果たした政友会総裁高橋是清の農商務大臣としての入閣であった。高橋はすでに首相を経験し、政友会は一九〇〇年の結党以来、伝統ある大政党であった。高橋と親交の深い深井英五が八月七日付けで米国の金融家シフの義兄に宛てた手紙が的確である。「国民の関心は、首相経験者であり第一党を率いたこともある高橋氏が、選挙によって最大政党の党首となり組閣の大命が下った加藤高明子爵の内閣で、下位の職に就くかどうかということに絞られました」。高橋は喜んで入閣し、その理由を「自分たちが考えた政治の原則を実行するためには強い内閣が必要である」と語ったのだという。[*4] 摂政も「高橋は能く出でたり」との言葉を牧野宮内大臣にかけて喜んだ。[*5]

そして危機克服のための第三の取り組みが、党外閣僚であった。外相に幣原喜重郎、陸相に宇垣一成、海相に財部彪の入閣を得た。いずれもそれぞれの組織での本流である。他に貴族院からも一名を加えた。

第二次憲政擁護運動時には政党の質の問題を理由に憲政常道の実現を必ずしも期待できないと冷ややかな分析をしていた政治学者の吉野作造も、「加藤内閣は成立早々馬鹿に人気がいゝ」と社会の歓迎ムードを記している。[*6] 吉野は東京帝大でのほぼ同時進行の政治史講義でも、「英国の如く選挙の結果により政権の授受行はると云が憲政の常道なり、日本にても今次の内閣はややそれに近し」と評価した。[*7] 吉野はさらにその先を見ており、無産政党を支持する。ジャーナリストの馬場恒吾（一八七五―一九五六）も憲政会や革新倶楽部からの出馬を勧められたが、無産政党に共感を寄せていた。[*8] 時代の雰囲気をうかがわせる。

政友会、憲政会の自由主義政党も政権について喜んでいるわけにもいかず、一層の大衆政治化に適応すべくさらに変化していく。憲政会には、新聞記者から政界に転じた中野正剛が革新倶楽部を脱党して入った。また、政友会は、一九二四年六月二四日、総選挙後の特別議会の召集を翌日に控えた議員総会で初めて副総裁を置いた。[*9]

野党政友本党も時代の流れの中にある。六月になって床次竹二郎が政友本党の総裁に就任した。床次は一八六七年、薩摩藩士の息子として鹿児島に生まれた。帝国大学法科大学政治学科を卒業、大蔵省に入省後、内務省に転じ、第一次西園寺内閣で原敬内相の下で地方局長を務め、見出された。その後、第一次山本内閣では鉄道院総裁を務め、立憲政友会に入党、衆議院議員となった。原内閣で内相兼鉄道院総裁、内務省に社会局を設置した。七月一三日に床次と会った関西財界の平生《ひらお》釟三郎《はちさぶろう》（一八六六―一九四五）は、政友本党が唯一の反対党となったことで「加藤内閣が政党の初陣として廟堂《びょうどう》に立ちし以上、この連合内閣が倒るるに際しては必ず政友本党の頭首たる床次氏に内閣組織の台命《たいめい》あるべく、氏を推薦する順序となりたるを以て床次氏が総理大臣たることは時の問題にして必然なる事は誤りなきこととなりたる」と日記に記した。[*10] 社会から見て政治は大きく動いていたのであった。

傷ついた関係性の再構築

一九二四年の憲政危機は三つの関係性の再調整を求めるものであった。それらはどのように解決されたのだろうか。第一に、政治と社会の関係の再編、なかでも政治参加をめぐる政治と社会の関係の再編が求められていた。民主主義的な政治参加拡大要求には量的拡大を意味する男子普通選挙制の要求（普選運動）と、質的拡大を意味する政党内閣制の要求（護憲運動）があった。いずれも対応の遅れが憲政危機につながっていた。加藤内閣は量的拡大について、男子普通選挙制の導入で応じた。質的拡大の点で首相選定自体は内閣が何かできるものではないため、政党内閣制を補助する制度となる改革として、政務次官制度の導入と中選挙区制の導入を行った。中選挙区制は三派が大負けしない制度として、当時の日本の状況の中で複数政党制を支えるものと考えられた[*11]。吉野作造らが期待した社会民主主義政党の伸張、すなわち議会主義を通して労働者など社会的弱者の権利や境遇を改善していくことはこれからの課題であったし、市川房枝らが運動を始めていた女性参政権実現の問題は残ったが、当面の課題はひとまず解決し、次なる変化への土台が築かれた。

第二に、衆議院と貴族院の関係の再編であった。議会制には再均衡が必要であった。明治憲法は衆議院の予算先議権は認めるものの両院は基本的に対等であった。したがって、予算案でも法律案でも衆議院とは別に貴族院の支持調達が必要であった。原敬は両院縦断政策をとり、貴族院最大会派の研究会が政友会を恒常的に支持することに期待した。これは貴族院の政党化を促すもので、原は両院関係の新しい出発点となると期待を寄せた。ところが政友会が混乱したこともあって、研究会は政友会のジュニア・パートナーからイコール・パートナーを目指す動きを見せ、第二次護憲運動で強い批判を受けた。それは両院関係への批判を超えた特権階級批判にも及びうるものであった。社会主義との関係とも重なり合いながら、高橋が爵位を息子に譲って衆院選に出馬した意義は大きい。大地主や大工場主は社会的存在であることを求められた。

政友会が政友本党との大分裂を経て貴族院の権限縮小を説くことに熱心であったのに対して、憲政会は実質的な第二院化を求めていた。貴族院の中でも研究会への批判が昂《こう》じ、副議長で次代のホープと見られていた近衛文麿は貴族院「万年御用党」論を説いた。それは解散のない貴族院は時の政府となるべく協調していくのが本来の立場であり、政治に対しては常に消極的な態度で臨み、積極的に政治の原動力となることを慎むべきという主張であった（村井㊤220）。護憲三派内閣では後述するように貴族院令改正が行われ、微温的改革に止まったと言われるが、貴族院が第二院として行動する限り不充分な改革ではなかった。

第三に、政党と元老の関係の再編である。元老は憲法上の存在ではなく、自ら内閣を組織するわけでもない。天皇の助言者として、いわば調整弁としての働きが認められていた。一九二四年の憲政危機では二つの点で元老の政治指導は拒否された。事実上ただ一人残されていた元老西園寺は選挙を通した政友会の再建と情意投合路線上の安定を求めたが、政友会がそれを拒否して第二次憲政擁護運動に参加した。また、選挙結果が出た段階で西園寺は清浦内閣が居座ることで政党の離合集散を期待したが、清浦首相に拒否された。加藤高明「護憲三派」内閣は元老の指導の否定の上に成立した初めての内閣と言うべきであった。

とはいえ、元老がそこにいる以上、関係の再編が求められる。政府は西園寺を否定せず、西園寺も政府を支持した。それは単なる利害の一致ではなかった。第一に、危機解消という共通目標を持っていた。第二に、課題を共有する中での意思疎通が図られていった。

そして第三に、西園寺の考える元老の質的変化があった。元老のあり方をめぐる議論は首相選定方式の議論ともつながっている。西園寺は第二次護憲運動直後、憲政会だけでなく政党全般への評価を下げ、再び中間内閣を選定することもありえると考えていた。他方で、一九二四年七月に松方正義が亡くなり、いよいよ元老が西園寺一人となる中で、従来複数の元老が話し合いで決めてきた首相選定方式の改変は必至であった。政党内閣主義が社会で違和感なく受け止められるようになる中、機能性、正統性、制度的安定性の実現という課題があり、大きく五つの選択肢があった。すなわち、①新たに元老をつくることによる「元老協議方式」の再編、②退任する首相が次期首相を指名する「首相指名方式」、③天皇の最高諮問機関と位置づけられる枢密院の役割に期待する「枢密院諮問方式」、④元老ではないが枢密院議長や首相経験者など何らかの資格者による選定となる「重臣協議方式」、そして⑤天皇の常時補弼を行う内大臣が指名するという「内大臣指名方式」である。一例として内大臣指名方式について言えば、第一次憲政擁護運動で桂太郎内大臣が首相に復帰したことが批判され、第二次憲政擁護運動でも平田東助内大臣が清浦首相の辞意を翻意させたことが批判されたように、宮中府中の別という規範は社会に共有されている。いずれの選択肢も一長一短があり、日々の政治過程の中で選択されていく(村井㊤211)。

八月下旬、元老西園寺と平田東助内大臣が選んだのは、内大臣を新たに選定に加える「元老・内大臣協議方式」であった。しかし、これは「元老協議方式」の正統性がそもそも揺らいでいた中で、この時点では未完成の、あくまで当面の制度改革と言うべきであった。そして西園寺と平田は、最後の元老として選定は行うが、内閣の政策には基本的に関与しない元老像を確認した。

平田は、山県系官僚として政友会の伸張を図る原敬とせめぎ合ってきた。その彼も、政党内閣制を制度としては高く評価し、他方で実際に運用する政党には低い評価を与えざるをえなかった。それは西園寺も同様であった。

(2)「護憲三派」大連立内閣は何をしたか——画期となる第五〇議会

男子普通選挙法と貴族院改革

憲政会と政友会と革新倶楽部からなる加藤高明「護憲三派」大連立内閣は何をしたのか。夏の臨時議会と冬の通常議会で第一次世界大戦後の多くの課題が解決されていく。護憲三派内閣の政策には、政権交代によって政策転換が図られたものと、政権交代によっても継承された政策があった。前者には、衆議院議員選挙法改正と貴族院令改正、後者には、幣原外交、日ソ国交樹立、宇垣軍縮、治安維持法があった。

一九二四年六月二八日に総選挙後の第四九議会が開かれ、七月一日、加藤は首相就任後初の施政方針演説を行った。しかし、議員の関心は日米関係にあった。加藤首相、幣原喜重郎外相、浜口雄幸蔵相の演説が終わると、議事日程変更の緊急動議が出され、米国新移民法、いわゆる排日移民法に関する決議案が議論された。憲政会の望月小太郎、政友本党の川原茂輔《もすけ》、政友会の東武《あずまたけし》ほか二名がこもごも賛成演説を行った。米国新移民法の中には日本国民への差別的条項がある。これは国際間の正義公平の原則に違反するだけでなく日米両国七〇年間の親交を阻害するものではないか。健全なる米国国民の許さないものではないか。遺憾ではないかなど不満や憤懣が議員の口をついて出た。しかし政府は冷静で、幣原外相は決議案の内容は先の加藤首相と幣原外相の演説と趣旨は変わらないと簡単に答えた。加藤首相は演説でこの問題は遺憾であるが合理的に対処すると語っていた。米国排日実施反対決議案は貴衆両院で満場一致で成立した。

またこの臨時議会では小作調停法が通過した。一九二〇年代に入る頃から小作争議は激増し大きな社会問題となっていた。他に貴族院制度の改革に関する決議案が成立したが、多くは年末からの通常議会に託された。

そして迎えた第五〇議会は一九二四年一二月から一九二五年三月まで開かれた。加藤内閣は男子普通選挙制の導入にまず取り組んだ。同時代とその後の研究では納税資格の有無、すなわち貧困層の参政を重視して「普通選挙法」と呼ばれ、二一世紀に入って女性参政権を意識することで「男子普通選挙法」という呼び方も増えてきたが、そのような名前の法律は実はない。法律名や条約名は概して長いこともあり、特徴を捉えた名前で呼ばれる。正確には従来の衆議院議員選挙法の改正であり、納税資格三円以上という条件を撤廃したことが大きな特徴であった。その意味では一九二五年衆議院議員選挙法が適切だが、男子普通選挙法が現時点で最も良く内容を表しているのではないだろうか。

この度の衆議院議員選挙法の改正には三つのポイントがあった。第一に納税資格が撤廃され、いわゆる男子普通選挙制が導入された。第二に選挙区制が、原内閣によって導入された小選挙区制から、日本特有の制度として戦後の一時期を除き一九九三（平成五）年まで長く日本政治を支えていく中選挙区制が導入された。一つの選挙区から複数の当選者を出す。そして第三に選挙運動について新たな規制を導入した。例えば戸別訪問は禁止されることになった。

田健治郎は従来普通選挙に反対してきた政友会の様子を、「三派連合成るに及び、政友会却って強硬普選論者と為る」と観察した。[*12] 中選挙区制の導入は第一党である憲政会が主導したものであった。[13]衆議院議員選挙法改正案は三月二五日に貴族院を通過した。従来いわゆる「普通選挙」の導入に注目が集まっていたが、近年の研究では「護憲三派」内閣の政治力学と中選挙区制の導入に注目が集まる。

政務次官制度についても六月一七日の閣議で導入が決定され、手続きが進められた。また行政整理も政権の中心的な課題の一つで、行財政整理の中で一九二四年七月二九日には行政財政整理委員会が設置され、翌一九二五年五月には行政調査会が設置された。[14]行政調査会は憲政会首班内閣が途切れるまで続く。

他方、政友会が強く主張していたのが貴族院改革であった。貴族院令の改正には、貴族院の議決と枢密院での審議が必要であった。有爵議員定数の微減、多額納税議員の互選人の拡大、そして注目されることとして帝国学士院から四名の互選議員を新設するなどが行われた。[15]

「分析」とは、理解のために細かな要素に分けていくことをいう。日本政治史でも、陸海軍の研究、天皇・宮中の研究、貴族院の研究、枢密院の研究、外交の研究、そして政党の研究など、それぞれに優れた研究があり、すぐに名の浮かぶ研究者がいる。個々に分けて検討することで明らかになる知見は多い。しかしそれは全体の中の部分である。一世代前の日本政治史研究者はまずヨーロッパ政治史を学び、その後、日本政治の実証に進むことが奨励されたという。ヨーロッパ中心主義と言われればそれまでだが、政治の傾向性を理解した上で日本に問いかける姿勢である。現在それをやれば政治史研究者同士で求められる実証度に到達しないだろう。しかし、政治が大きなシステムであることは変わらない。多様な研究者の協働を通じて政治史が問題にするのは政治権力である。それは時代を超えて天皇にあるわけでもなければ元老や軍にあるわけでもない。一九二五年当時、政治権力はますます政党を通した国民に向かっていた。政党内閣制の成立は政党だけの話ではない。危機の後の多産であった第五〇議会は三月三一日に閉会した。

治安維持法と日ソ国交樹立

長く歴史学の語りの通例では、一九二五年に「普通選挙法」と、「稀代の悪法」ともいわれる治安維持法をセットで導入したことで大正デモクラシーは終わったとして、いわば政友会、政友本党、憲政会など「既成政党」の保守性が印象づけられる。そもそも大正は一九二六年一二月二五日までなので、都合が良い区切りと考えられてきた時期区分の問題もあるだろう。

このような定型の語りに対して四つの点に注意する必要がある。第一に、法案は枢密院を通さなければならないという当時の立憲制度上の問題である。衆議院を基礎とする政党の総裁が首相となっても、すべてが政党の、すなわち衆議院の意のままに行えるわけではない。帝国議会は衆議院と貴族院からなり、さらに官制の改革や条約の批准など重要な国務を諮る枢密院がある。

第二に、あらためて治安維持法は何とセットだったかという点である。ロシア革命後の時代の日本で、恒産（＝定職）を持たない男性労働者が広く選挙権を得る普選法に労働運動の過激化という点で懸念を持つ者がいたことは事実である。しかしそれは間接的な結びつきで、より直接的であったのはすでに英国やイタリアで進んでいた革命後のソ連との国交樹立の動きであった。一九二二年に成立したソビエト社会主義共和国連邦（ソ連）との間で日ソ国交開始のための交渉が持たれていた。後藤新平とヨッフェとの会談など数次の予備交渉の後、清浦奎吾内閣下の一九二四年五月一五日、中国の北京で駐華日本公使芳澤謙吉《よしざわけんきち》と駐華ソビエト大使カラハンとの間で正式に交渉が開始され、一九二五年一月二〇日に日ソ基本条約に調印、二月二五日に批准された。隣国と国交を結ぶことそれ自体が望ましく、北樺太石油石炭利権協約、森林利権協約、漁業協約など利益は大きかったが、政治体制の異なる両国の間で条約第五条には宣伝禁止を謳い、国内では治安維持法を制定したのであった。

そして第三に治安維持法が「稀代の悪法」となるのはいつからかという問題である。国体の変革や私有財産制度否認を目的とする結社や運動を取り締まる治安維持法は運用も含めて変容していく。一九二五年に成立した同法は一九二八年に最高刑が死刑となり、一九四一年の全面改正で対象が大きく拡大した。そして第四に、近年では、各政党が治安立法には消極的で、三派連立内閣であればこそ通ったという側面が注目されている。[*16] 後から振り返るとこうしておけば良かったという点は歴史への問いかけとして重要である。他方でそれはその時代の文脈において意味を持っていた。

宇垣軍縮

一九二二年の山梨軍縮後もさらに一層の軍部縮小が求められる中、宇垣一成陸相は護憲三派内閣による第五〇議会で軍縮案を成立させた。宇垣軍縮である。二一個師団の内、四個師団を廃止する一方、経費節減分を装備近代化にあて、余剰となった現役将校は一九二五年四月一日以降、全国中等学校以上の学校に配属して教練《きょうれん》（＝軍事的な教育と訓練）を行わせることになった。[*17] また一九二六年七月からは市町村に青年訓練所も設けられた。大学での軍事教練は早稲田大学をはじめ強い反対運動を惹起《じゃっき》し、軍国化の例として批判される一方、この制度は徴兵制度の在営期間短縮と結びついていた。軍事教練合格者は在営年限を一カ年とし、幹部候補生志願の資格が得られた。また青年訓練所でも四年間四〇〇時間の軍事教練で合格者の在営期間は一年半に短縮された。

財部彪海相の一九二五年一月二五日の日記には「河野《こうの》恒吉《つねきち》少将の『我国体擁護と国民の覚悟』なる朝日新聞紙上の論文を読む。頗る面白し」との記述がある。[*18] 河野恒吉（一八七四―一九五四）は山口県出身、陸軍幼年学校、士官学校、大学校を卒業、騎兵科で日露戦争に出征、第一次世界大戦では欧州に出張、一九二二年に予備役となり、朝日新聞の軍事記者となっていた。『朝日新聞』に同名記事は見当たらなかったが、一九二五年一二月刊行の書籍『陸海軍は党せず』では、先の中等学校以上での軍事教練への批判に反論しながら、「世論に惑わず政治に拘《かか》わらず」という軍人勅諭も引用して軍が政争に対して不偏不党であるべきことを説いて、「軍隊は労働者の敵なり」という議論を批判した。「若し我《わが》邦に於ても普選制度設定の今日、労働者階級が政治的訓練を積み、政党として健全なる発達をなし、真に国民の輿望《よぼう》を荷《にな》うて、帝国議会に於ける第一党たり得ば、大命は其首領又は同党と提携して国政を爕理《しょうり》（＝調和させて治めること）し得るものに降るであらう。而して不祥ながら、其政府の治下に於て若し軍隊の出動を要する場合あれば、

宇垣一成

軍隊は矢張其政府の国務大臣の奏請により、大権発動となりて、出動すべきは論ずる迄もない」と説いた[*19]。

また河野は約一年前、一九二四年一月一三日には清浦内閣組閣時の貴族院研究会の動きを批判し、ドイツの大戦中の内政を解説して、「独逸《ドイツ》貴族等の国体擁護は実は国体を通じての自己擁護である」と述べ、普通選挙が国体擁護に反するという主張が間違っていること、議会も含めて皇室に累《るい》を及ぼすような悪政を有力に監視し阻止し同時に「国体擁護の責任を広く国民の頭上に分たんとするものである」と述べている[*20]。このような論者の記事を財部は評価したのであった。

新たな憲政に向けて

震災後の東京、横浜は新しくなっていく。第二次山本内閣の後藤内相が構想した復興院は多数党政友会によって廃止され、内閣も退陣したが、次の清浦内閣は発災時加藤友三郎内閣の内相水野錬太郎を内相兼復興院総裁とし、復興院廃止後には内務省外局に復興局を設置し、事業は東京市、横浜市によって継承されていた。第一次加藤高明内閣成立で内相を務めたのは憲政会の重鎮若槻礼次郎であった。復興策の継承は治安維持法と同じく連立内閣の政治的影響であった。

護憲三派内閣の成立と男子普通選挙制の導入は日本政治を活性化させた。政党の離合集散も活性化をもたらした面がある。沖縄県は政友会が一党優位状況を謳歌していた時期に国政参加したこともあって、長らく政友会系が政界を圧倒していた。政友会分裂時には、挙県一致、五人の代議士はすべて政友本党に移った。その沖縄で護憲三派の時代になって憲政会の支部ができた[*21]。

より構造的な影響として、第一に、社会民主主義政党の相次ぐ誕生がある。無産政党と呼ばれた。男子普通選挙制の実現によって無産政党が政党システムに包摂され、大いに伸びていくことが予想された。

第二に、女性参政権獲得運動の活発化である。一九二四年一二月一三日、政党内閣下で男子普選法の成立が見込まれる第五〇議会直前、久布《くぶ》白落実《しろおちみ》、市川房枝らは婦人参政権獲得期成同盟会を組織した。彼女たちは婦人参政権（国政参加）、婦人公民権（地方参政）、婦人結社権（政党加入）をめざし、総称して婦人三権と言われた。従来、歴史学では治安維持法に注目が集まってきたが、それ以前に治安警察法による規制世界があったのであり、女性の政治演説会への参加も新婦人協会の活動で認められたばかりであった。

すでにない新婦人協会の活動に疲れて米国に渡っていた市川であったが、関東大震災後の日本に帰り、当初、設立されたばかりのＩＬＯ東京支局に勤めた。いずれ婦人運動に戻るつもりでいたので、当初、二足のわらじを履きながら婦人参政権獲得期成同盟会の企てに加わった。女性記者であり、関東大震災後の地域活動を行っていた東京連合婦人会で活動していた金子しげりからの誘いでもあった。総務理事となった基督《キリスト》教婦人矯風会の久布白落実は、従前、廃娼運動に力を注いできた。しかし、大阪飛田遊郭地の廃止運動に失敗したことで政治力の重要さを痛感した。会は翌二五年、婦選獲得同盟に改称される。婦選獲得同盟の運動の特徴は、第一に議会活動中心であること、第二に党派的中立性を維持し、共同運動を重視すること、そして第三に国際的な婦人運動のネットワークに積極的に参加する国際性であった。

新しい憲政は帝国統治にも変容を迫る。台湾総督を務めた田健治郎は、台湾総督更迭後の人事について、「整理に非ずして攪乱《かくらん》」「党派政治の害毒、亦甚だしき哉《かな》」と述べている。[*22]

二 「護憲」後の「護憲」内閣――三派連合の解消と高橋、犬養の引退

(1)第五〇議会後の「護憲三派」内閣

「護憲」後の日本政治――「護憲三派」リーダーの引退① 高橋是清

第五〇議会は政治史上大きな意義があった。すなわち、第二次憲政擁護運動で問われ、法律などで解決できる問題には概ね答えが出た。そこで「護憲」内閣は「護憲」後の課題と向き合うことになる。それは日本政治の新たな局面でもあった。第一に、与党三派にとって連立内閣を組み続ける必要はなくなる。政友会の小川平吉は「三派連立内閣成立の使命は政党内閣制の確立を以て尽きたりともいふべく、特に普選法、治安維持法は通過し貴族院の改革も行はれたる以上は憲政の常態に復する至当とすべし」と書いた(村井㊤224)。そして第二に、首相選定者も比較的自由に選定できるようになるのである。

主要課題の解決は政党間競争の面でも新たな始まりとなった。憲政会では機関誌『憲政』が準機関誌『憲政公論』に統合され、一九二五年四月、『憲政公論』五巻四号が刊行された。[*23] 憲政会

は原敬内閣下で男子普通選挙に踏み出して以来、社会の追い風を受けていた。そのテーマを失ってどう過ごしていくのか。そもそも加藤や若槻など主流派は男子普選には消極的で小泉又次郎など非主流派の主張を受け容《い》れたものであった。したがって、男子普選が実現したことで何かが大きく変わったわけではない。大きく変わったとすれば、外交を専門外交官の幣原喜重郎に委ねたことで、大戦後外交への適応を確かなものとしたことであろう。外交に経験の深い加藤が幣原に委ねて静観したことは評価されるが、顕著であったのは、かつて西園寺の薫陶を受けた若槻礼次郎の役割であった。

時を同じくして「護憲三派」のリーダーが相次いで政治の表舞台を降りていく。第一に政友会の総裁交代であった。一九二五年四月一三日、高橋是清は総裁を引退し、党外から原内閣で陸相を務めた田中義一を新総裁に迎えた。田中は山県、桂、寺内と続く長州陸軍閥の本流である。その彼が、軍服を脱いですでにある政友会に入ったのであった。

小川平吉

高橋は「護憲」の課題に決着が付いた段階で政界を引退する心積もりであった。四月三日、高橋は加藤首相に政友会の総裁交代の方針を告げた。急な申し出に加藤は強く慰留したが、高橋の意思は揺るがなかった。高橋の総裁引退の話は政友会内では一九二五年の正月休みに熱海会議と言われる会議で決まったが、前年一一月頃には田中が次期総裁に内定していたとも言われる。さらに議会中の二月四日に高橋総裁の新路線を支えてきた法相横田千之助が急死した。享年五四。三派内閣にとっても政友会にとっても予想もしなかった大きな喪失であった。ワシントン会議の筆頭随員を務め将来を嘱望されていた。高橋は原前総裁兇変後の首相指名で政友会総裁にも就いたが、もともと長く務める意思はなく、野田卯太郎や横田に早く良い人を見つけるよう指示していた。なかなか適任者が見つからない中で「一時は横田にやれ」と言っていたという。[*24]

加藤は翌四月四日朝再び高橋を訪問し、総裁は辞めても大臣として留任して欲しいと求めた。しかし高橋はこれも断った。そして高橋は正式に田中に総裁引き受けを依頼した。一〇日、高橋が政友会総裁を辞任し、田中が総裁となった。同乗する機会のあった財部彪海相が聞いたところでは、西園寺は高橋の閣僚辞任が内閣の交代につながらないよう危惧していたという。[*25] 政友会内ではこの機に田中新総裁の下で政友本党との合同を実現しようとする動きもあったが、高橋は加藤からの厚い信任に応えて三派の結束を固く主張し、激論にまでなったのだという。[*26] 加藤首相は田中新総裁にも入閣を求めた。田中は政友会が内閣を引き続き支持することを約したが、入閣は断った。結局加藤が妥協し、政友会は新たに野田卯太郎、岡崎邦輔を商工相、農相に入れた。

高橋は次の総選挙には出馬せず、政界を引退する。高橋の財政家としての高い評価と裏腹に、政党政治家としての評価は極端に低い。原から引き継いだ内閣は改造問題で短命に終わり、政友会は真っ二つに分裂して選挙では憲政会に敗北した。高橋自身、総裁はまったく意外のことであり、「政党総裁抔《など》は到底適せず」と自ら語っている。[*27] しかし、すでに見たとおり高橋内閣が短命に終わったのは高橋自身の失敗もあるにせよ、首相選定上の問題と外交路線が交差したためであった。日本政治を幕末以来の一五〇年史として見るとき、一九二〇年代半ばの彼の党指導は高く評価されるべきである。政友会にとっても変革の契機となり、日本政治を変えた。現在の日本の民主主義の水源を尋《と》め行けば、関東大震災後の高橋のリーダーシップにつながっているのではないだろうか。

「護憲三派」リーダーの引退② 犬養毅

表舞台を去った「護憲三派」リーダーの二人目が犬養毅である。高橋総裁辞任の報が伝わると、犬養も高橋を訪れ、しばらく総裁に留任することを求めていた。これは革新倶楽部の政友会への合流の話が進んでいたためであった。犬養は高橋に「君が内閣にいるから自分もいるのだ。君がいなくなると自分もいられない」と述べていた。高橋は三派協調の要石であった。加藤と犬養は話が合わず、「私と加藤、私と犬養とは極めて仲がよいので、私は二人の間に立ってよく話し合って調和していた」のであった。高橋は犬養の申し出にも応じなかった。[*28]

そして五月一一日、政友会、革新倶楽部、中正倶楽部の三者が合同した。このときの三派合同覚書では、「政治の局に当りて経りんを行はんとせば則ち民意に立脚し政党にい信《倚》〔＝信頼して頼る〕せざるべからず」と語られ、「政党内閣制の確立により政権推移の基準を定め又選挙権の拡張によつて憲政運用の機軸を正しこゝに国民多年の要望を達成せり」という。[*29] 革新倶楽部の犬養は、少数党の役割に見切りをつける一方、文化的には自由党の系譜である政友会を評価した。犬養は「政友会にして其名を存するとも其組織を改め政策を協定して実質上新党たる精神を以て立つならバ之ニ参加して政治の進歩を謀るハ実際論としてハ相当の理拠あるもの」と後援者に書簡を送っている（村井㊤225）。中正倶楽部は一九二四年の総選挙で当選した無所属議員団であった。この合同で政友会は政友本党を抜いて第二党となった。革新倶楽部の中では秋田清が合同を主導したが、長く政友会と選挙で戦ってきた面々もあり、会内の不満は強かった。[*30] 革新倶楽部と中正倶楽部の中で尾崎行雄など合同に反対する者は一人一党的な新正倶楽部を組織した。

犬養も政界引退を希望し、逓相の職と議員を辞職した。犬養の政治歴はすでに長い。犬養に付き従ってきた者に政友会という行き場を与えた上で、自身は側近の古島一雄とともに青年教育にあたりたいと考えていた。しかし犬養の郷里は隠退を許さず補欠選挙で再び彼を国政に送った。古島もまた総選挙に出馬することになり、落選すると貴族院議員に勅撰される。加藤首相は後任の逓相に憲政会の安達謙蔵を選んだ。こうして護憲三派内閣は二派連立内閣となった。

田中義一新総裁が党機関誌の『政友』に「更生の立憲政友会」という講演記録を掲載している。[*31] 政友会は犬養が率いた革新倶楽部の産業立国論を党の主要政策として引き継いだ。この時期、政友会の総裁と憲政会の総裁が相次いでその後の政治について語っていることは興味深い。

(2) 加藤高明の再指名と辞表返却

連立の破綻

政友会は総裁が替わり第二党となってもしばらくは連立内閣を支えていた。中には小泉策太郎のように加藤と田中で首相指名を繰り返すという桂園時代さながらの政権構想を語っていた者もあった（村井㊤225）。しかし、このような意見は党内に容れられず、政友会は七月頃には野党化して政府を批判して政権獲得を目指す決意を固めた。一八日、田中新総裁は松本剛吉を呼んで元老西園寺に「加藤首相と連立協調廃棄の決心」を伝言するよう求めた。[*32]西園寺は感想は述べず、ただこのことを加藤首相に伝えるよう求めた。

他方、第三党となった政友本党は動揺していた。政友会と革新倶楽部の合同で、政党システムは憲政会、政友会、政友本党の三党鼎立状態となり、過半数すなわち五〇％＋一議席をめぐるゲームが始まっていた。床次は政本提携論を急いだが、年齢からまず田中が政権を担うという報道を懸念していたという。[*33]他にも連立内閣が倒れたときは政友本党内閣が成立することが「政党純理論」であり、他方、もし元老が「中間内閣」を組織する場合には野党である政友本党との提携や連立の相談があるだろうと機会をうかがっていた（村井㊤226）。

一九二五年七月三一日、第一次加藤内閣は閣内不統一で総辞職した。浜口蔵相が案出した税制整理案に政友会閣僚が反対したためで、審議拒否の一方、辞表の提出も拒んだ。この時の税制整理案は、酒税と相続税を上げ、その他の減税が多く低所得層に有利な内容であった。[*34]これに対して政友会は地租委譲を主張していた。加藤内閣の総辞職にあわせて、急遽、政友会と政友本党は提携を発表した。これは下問の勅使よりも先に西園寺公望の耳に入れておきたいという意図のためであった。このことは政友会と政友本党の提携を進めた者たちが、首相選定上、衆議院での多数派が重視されると考えたものだと言えよう。両党をあわせると二四八議席になる。

再び加藤高明という選択

ところが大命は再び加藤高明に降下した。選んだのは西園寺公望であった。このことの意味は大きい。なお首相選定時に元老を支える内大臣は、同年三月三〇日、健康上の理由から平田東助に代わって牧野伸顕宮内大臣が就任していた。宮内大臣の後任には一木喜徳郎《いちききとくろう》（一八六七―一九四四）枢密院副議長が任命された。平田は四月一四日に七六歳で亡くなっている。

首相選定は、平田内大臣期に奏上された「元老・内大臣協議方式」に則り、元老である西園寺と牧野内大臣の話し合いで行われた。宮中官僚による記録が残っている。西園寺は加藤再選の論理として三つの点を指摘した。①憲政会の政策が未だ世論の支持を失っていない。②依然、憲政会が政党中最多数党である。③憲政会の態度は「立憲的」であり、世論の支持がある。多数という点で西園寺は二会派の総計に意味を見いださず、単独政党としての多数を評価したのであった。牧野内大臣は、「政党の世の中ゆゑ反対党の床次が順かも知れませぬが」と発言していた。また、大命再降下の形をとるか、内閣改造の形をとるかで議論があったが、「当節柄《とうせつがら》政党論の激しき時ゆゑ」総辞職後の大命降下としたのだという。[*35] 第二次憲政擁護運動以来の社会の政党内閣論の隆盛はなお意識されていたが、牧野は、西園寺の加藤という判断に「一般に御尤《ごもっと》もの御聖断と拝するを疑はず」と日記に書き記した。天皇の行為としての首相選定が国民から疑問を持たれないことを意識していたと言えよう。[*36]

元老と内大臣の協議と言っても両者は対等ではない。また西園寺の説明に違和感はない。しかし歴史的な視点から見たときにその発言の特異さが浮かび上がる。すなわち、西園寺の憲政会評が逆転しているのである。その理由は、加藤高明の穏健な政治姿勢と幣原外交であった。西園寺は幣原外交について、「今日の場合誰がやりても皆同じ事で、此以上には何も出来ぬ」と述べていたが、次第に「先《ま》づ近頃になき出来の良い外務大臣なり」と高い評価を口にするようになった。憲政会の外交方針の転換は原内閣下で進行したが、それが西園寺に承認されたのは実際に政権を担当してからであった。そして、西園寺は加藤について後に「今では加藤ほどの押《おさ》えの力を持つたものもない、党員などをもよく押えたようだった」と語っている（村井㊤229）。これによって西園寺の中で憲政会が第二の統治政党となったのであった。先の大命再降下か改造かという点についても、「改造にせよ其他の方法にせよ、兎に角此の内閣を持続せしむることが最も必要であると思ふ」と語っている。

この時、西園寺は比較的自由な立場から後継首相を選定できる立場にあった。男子普選と貴族院改革といった大きな政策課題には決着が付き、政友会を選ぶこともできれば、「中間内閣」を支持する政党もいた。その中で筋道を立てて憲政会を再び選んだのであった。宇垣陸相は、「今後の政治は陰謀や術策では行かぬ。至誠と理解と勇断とが政治的運用の原動力にならねばならぬ」という自覚が元老などにあったのか、無意識の結果だったのかは分からないが、政変後の輿論は歓迎しているようであると観察していた（村井㊤230）。

牧野伸顕

元老の役割についての興味深い観察が『中央公論』一九二五年八月号に掲載されている。安部磯雄《いそお》（一八六五―一九四九）は、伝聞情報を元に、「出来得るならば我国の政治が恰《あたか》も機械の運転するが如く、所謂政権の授受の場合に於てもそれが何等の故障なく自動的に行はれることが望ましいといふことにあつたのであるが、それは西園寺公の本当の心持を云つたのだと推測される」と書いている（村井㊤247）。

約一カ月前の六月一一日、加藤首相は、米国の通信記者エドワード・ベルのインタビューで「太平洋におけるアメリカの軍艦、太平洋におけるイギリスの軍艦、太平洋における日本の軍艦、これらは太平洋における文明と平和の象徴であると考えている」と語った。加藤の国際政治観は英米日三国の協力が太平洋の安定を生むというものであった。

さらに、「日本はより民主的になってきているか」と問われると、「疑いなく。ことによると、我が国民は、前に進むに急ぎすぎているのかもしれない。日本には、英国で見られる様な、変化を嫌う保守主義がほとんどない。日本人は、何か良いと感じたら、『すぐにそれを採用しよう』と言う。〔中略〕私たちは今や普通選挙を持ち、どの様に機能するのかを見なければならない。危険があるにしても、私はそれほど大きな心配はしていない。前に進むに早過ぎる傾向があるとはいえ、我が国民は破壊主義者ではない。彼等は君主に忠誠であり、伝統に誇りを持ち、帝国が自由で平和な国家群のなかで役に立ち尊敬される地位を心に描いて情熱的にその身を捧げている」と答えた。

この記録は幣原外相へのインタビュー記録とともにバンクロフト駐日米国大使を通してケロッグ国務長官にも報告された。大使の関心は排日移民法成立後の傷ついた日米関係にあったようで、加藤の応答に「率直さと政治家にふさわしい精神が注目に値する」と特に注意を喚起している（村井㊤232）。他に加藤の国際政治観をうかがわせることとして、民間外交に努めた渋沢栄一をノーベル平和賞候補として推薦していたことが近年、明らかになっている。

なお、ベルはインタビュー集を本にまとめているが、その中ではバンクロフト大使もインタビューに応え、「日本はしばらくの間プロイセン精神（＝軍国主義）に惹かれたが、それが自らに適していないことに気づき、放棄してしまった。現在では、日本の熱望する対象や政治的社会的思潮は西洋民主主義諸国と同じ方向に向けられている」と語っている（村井㊤233）。

三　第二次加藤高明内閣――憲政会単独内閣の誕生と複数政党制

（1）第二次加藤高明内閣――憲政会単独内閣

少数党内閣の出発

加藤高明は辞表を奉呈していたが、大命再降下を受けて辞表も下げ渡された。そこで加藤は、一九二五年八月二日、憲政会単独内閣を組織した。第二次加藤内閣である。

野党化した政友会と政友本党は急ぎ提携を発表したが大命は憲政会に降った。田中政友会総裁と床次政友本党総裁は四日、あらためて提携を再確認したが、政治の公明を期すること、提携は中央で行うこと、野党の立場で個々の問題について協定していくことという一般論に止まった

（村井㊤242）。危ういのは政友本党であった。分裂時の高橋総裁が退いたこともあって政本合同論、すなわち復党論は勢いを増し、そのような動きに反発して、憲政会と連携しながら政権を目指す憲本（＝憲政会と政友本党）連盟論との間で党内は股割き状態となっていく。通常議会を間近に控えた一二月五日、床次は政友会と合同しないことを声明したが、これを受けて、中橋徳五郎や鳩山一郎らの合同派二二名は相次いで離党し、同交会を組織して翌一九二六年二月一一日に政友会に合同した。

政友会の新総裁田中義一は加藤内閣によって貴族院議員に勅撰された[*37]。政友会には田中との縁で水野錬太郎、鈴木喜三郎、山梨半造が相次いで入党していった。一九二五年九月、東京朝日新聞記者斎藤肆郎《しろう》は、『護憲に邁進して』を出版している。それは政友会からの第二次憲政擁護運動像である[*38]。山本悌二郎《ていじろう》は序文で「憲政会ハ又政党内閣制ノ確立ヲ期スルタメニ特権階級ヲシテ再ビ其ノ分限ヲ越ユルコトナカラシムベキ、貴族院改革ニ不徹底ノ態度ヲ示シタ」と述べている[*39]。新しい政策にも取り組む。一〇月一九日、西園寺は訪れた田健治郎に「政友会、近時弄する所の府県知事公選問題に対し、強く反対の意見」を述べたという[*40]。高橋総裁は政友会の伝統に反すると批判されたが、新総裁の下で昔日の政友会に戻れるわけではなく、より一層、大衆社会に適応していくのであった。

憲政会もまた一九二六年一月に組織を新しくし、中野正剛を遊説部長にすえるなど男子普通選挙実施への対応を進めていた[*41]。しかし、少数与党を率いた加藤首相は解散に訴えるよりも多数派工作によって議会の乗り切りを望んだ。加藤の意を受けて若槻礼次郎内相は議会の始まり頃に床次総裁を訪問し、床次の回想では「此議会さへ援《たす》けて呉《く》るれば後は君の方に行くべき様尽力を為すべし」と言ったのだという。しかし、これは阿吽《あうん》の呼吸の話であって、政友会の小川平吉が加藤首相に確認したところ、「明諾を与へざりし」と述べたのだという。この話を聞いた西園寺は加藤の話が真実だろうと断言した上で、原であれば約束ぐらいするかもしれないが「加藤は決して後の約束などする人に非ず、又たとへせりとも加藤倒るれば政友会在るに非ず乎、予といへる者もありて御上に意見を申上る事もあるに非ずや、一片の私約何かあらん」と笑って取り合わなかった（村井㊤244）。

政治的課題から経済的課題へ——課題の変化と向き合って

一二月二五日、第五一帝国議会が召集された。三党の議席数は、憲政会、政友会、政友本党の順に、一六五議席、一六一議席、八七議席になっていた。加藤高明首相は、休会明けの一九二六年一月二一日の施政方針演説で中国政策について内政不干渉の主義を厳守すると共に、「支那に於ける帝国の権利利益」を保全するという既存の外交路線を維持すると述べる一方、内政について、「国民参政の権利は既に大に拡張せられ、其地方自治に参与する権利も亦次いで拡張せらるるに於きましては、国民の政治生活の基礎は此に安定したものと云ふべきであります」と前置きした上で、次に力を注ぐべき課題として「国民の経済的社会的生活の充実安定を図る」と述べた（村井㊤246）。こうして、国政における男子普通選挙制に続いて地方政治での男子普通選挙制導入に尽力することで政治生活の基礎が安定すると考える加藤憲政会は、次に経済社会生活の安定に尽力する意思

財部彪

を示したのであった。

　こうして三党制の変化によって、凋落した政友本党の支持を得た方が過半数を得る状況になっていた。一九二六年一月五日に財部海相が憲政会有力者の仙石貢と話し、一月六日に財部が政友本党の床次と話して連立内閣を持ちかけている。[*42]なお軍部大臣は桂太郎の昔から政党内閣の議会工作の調停役として活動することがあり、財部の動きが特に珍しいわけではない。憲政会幹部の若槻は、約一年後、「加藤内閣のとき憲本の間に霊犀《れいさい》相通じ居たる〔＝意思が通じ合っている〕ものあり」と財部に回顧談をしている。[*43]

(2) 加藤の急死と次期首相――「護憲三派」リーダーの引退③ 加藤高明

　一九二四年のリーダーであった高橋是清、犬養毅が相次いで政治の表舞台を降りる中、加藤高明のその時は急に訪れた。加藤首相は、先の施政方針演説の翌二二日に議場で体調を崩した。見た目にも体調の悪い加藤首相を幣原外相と浜口蔵相が説得して自宅静養させ、二六日には、二週間は登院できそうにないと見られたことから若槻内相が首相臨時代理についた。当人も含め加藤の復帰は当然視されていたが、二八日、加藤の容態は急変し、首相在任のまま急死した。議会開会中の首相の急死は初めてのことであった。

首相が死去した以上、西園寺は次の首相を決めなければならない。元老西園寺と牧野内大臣の意見の交換で次の首相には若槻礼次郎が選ばれた。西園寺と牧野の間で直接の会談も必要なかった。若槻は一八六六年松江藩士奥村仙三郎の次男に生まれ叔父若槻敬の養子となった。帝国大学法科大学を卒業後、大蔵省に入った。第一次西園寺公望内閣の阪谷芳郎《さかたによしろう》蔵相の下で次官を務め、西園寺首相の満州視察に随行、ロンドン、パリに特派財政委員として駐在経験もある。第二次桂太郎内閣が成立すると再び桂太郎蔵相の下で次官に就任した。桂内閣退陣とともに貴族院議員に勅撰され、ヨーロッパ視察に随行するも明治天皇崩御で帰国することになり、第三次桂内閣で蔵相を務めた。桂新党構想に参画し、立憲同志会、憲政会と加藤総裁を支えてきた。

一九二六年一月二九日に若槻に大命降下し、翌三〇日、全閣僚留任のまま新内閣が発足した。なお第二次憲政擁護運動時に注目を集めた三浦梧楼は前日一月二八日に死去していた。若槻内閣成立への世間の反応として、政治学者の吉野作造は「憲政常道の当然の成行として喜ぶべきものである」と高く評価した。牧野内大臣も、今回は訪問客も比較的少なく、一因として「政情の簡単明瞭なるが為めなるべく、大に安心」したと書き記した。牧野から見て新聞の論調も「反対の声更に無かりき」という状況であった（村井㊤248）。

高橋内閣の成立は首相歿後に同一政党から後継首相が選ばれたとはいえ元老の選択であった。この時は政党で決めた後継総裁に大命が降下した。これは政党内閣制の成立と言えるだろうか。しかし、事実は「元老・内大臣協議方式」で現職首相の急死に対応したもので、大命降下前の元老への下問では、総裁就任前の首相指名であった。この時点で政党内閣制が成立していたかもしれないが、資料的には断定できない。選定後、西園寺は「兎に角若槻で行けるものやら何《ど》うかは分らぬが、議会丈は高橋より勝しならん」と述べており、議会開会中を理由とする考えは牧野内大臣など宮中官僚にも共有されていた（村井㊤249）。

四　若槻礼次郎継続内閣と与野党間での政権交代
――来るべき政党内閣制

(1)引き続く少数与党内閣の課題と西園寺の宮中指導

引き継いだ少数与党政権

若槻は護憲三派内閣で内閣の要職である内相を務めたが、最初の議会で、「私ハズット以前カラ政党内閣ノ制ヲ主張シテ居ル者デアリマス、立憲政治ガ行レテ居レバ、政党ニ依ッテ自カラ民意ガ現レテ来ルノデアルカラ、内閣ハ政党内閣ニナルノガ宜シカラウト私ハ常ニ信ジテ居ル者デアリマス」と答弁していた。*44

若槻内閣の課題はまず議会途中での政権交代の影響を最小限に抑えることであろう。少数与党内閣を率いる若槻は政友本党との連立を希望し、党幹部の仙石貢を通して交渉していた。*45 それは加藤内閣の時の憲本両党の結びつきを引き継ぐもので、憲政会と政友本党の合同論とも紙一重の議論である。しかし、憲政会内にも反対があり、政友本党も反対にまとまることでこの話は流れた。また「若槻内閣に床次を内相に云云のとき、西園寺公之に反対なりし」というように、元老の声も入ってきていた。[*46]

憲政会では、不満の中でたびたび会合を持っていた党の長老、加藤政之助、藤沢幾之《いくの》輔《すけ》、大津淳一郎、望月小太郎、小《こ》寺謙吉《でらけんきち》の五顧問が、四月に連名で若槻首相に意見書を出し、長老の優遇や地方団体の尊重、党人起用などを求めた。[*47] 一年後、若槻は加藤、藤沢、大津を貴族院議員に勅撰した。若槻はそのことで生じる衆議院議員補欠選挙の結果を心配していたという。[*48] それは日本政治が衆議院の議席数を軸に動いていたことを示している。

若槻が加藤から引き継いだ第五一回議会は多難であった。一九二六年一月には、田中義一陸軍機密費問題、松島遊郭疑獄事件が相次いで問題化した。他方、二月には治安警察法改正、労働争議調停法、男子普選実施にともなう地方制度改正の諸法律が成立し、他方で労働組合法案は審議未了となった。労働組合法案には反対デモもあった。六月二六日に男子普選に伴い市制町村制の改正が施行され、等級選挙がなくなった。七月には朴烈怪写真事件が始まる。

後藤新平

男子普通選挙制の実施は目前に迫っていた。護憲三派のリーダーたちが相次いで表舞台を去る中で、後藤新平が再び政治の表舞台にあらわれる。第五一議会閉会直後の一九二六年四月一日の『東京朝日新聞』紙面で、後藤新平の新政治運動が大きく報じられた。[*49] 後藤は各所で演説し、グラッドストンやセオドア・ローズベルト、ウッドロー・ウィルソンの名をあげて政治革新運動を始めることを説いた。当初、普通選挙を前提とする新たな政党の立ち上げとも目されたが、教化運動として「政治の倫理化」を求める「普選準備運動」に展開していく。それは選挙廓清《かくせい》を一つの目的として、各地に普選準備会の組織と運動を求めるものであった。その綱目には「近時議会ノ行動国民ノ信望ヲ失スルモノ多ク、勢ノ赴ク処、或ハ議会否認ノ思想ヲ激成センコトヲ憂イ、政治倫理化ノ運動ニヨリテ時弊ヲ矯正シ以テ立憲政治ヲ擁護セント欲スルニアリ」と問題意識が示されている。[*50]

西園寺の宮中指導と宮中の成長

『中央公論』一九二六年九月号に吉野作造が「西園寺公の元老無用論」を寄せた。西園寺が政党内閣主義の立場から元老を自ら無用化していると論じたのである。吉野は冒頭、一九二六年八月一日の『大阪朝日新聞』の記事に注目し、牧野内大臣や一木喜徳郎宮内大臣ら宮中官僚とのやりとりに示された西園寺の意向を紹介している。西園寺の意向とは、従来、首相選定時には元老が下問に答えてきたが、本来は内大臣が答えるべきものであるという。本書でいう「内大臣指名方式」である。西園寺はいくつかの他の方法に触れて、山本権兵衛や清浦奎吾などを新たに準元老に加え「元老協議方式」を再編する方法や、内大臣、宮内大臣、枢密院議長、貴衆両院議長を選定者に加える「重臣協議方式」について、ともに「必要を認めない」と明確に否定した。

しかし、内大臣が首相を指名すると宮中の政治関与が批判されないだろうか。西園寺は、「政党の発展も段々健全になり、超然内閣の出現を必要とする理由も薄らいだ今日、内閣組織の推移は今後自ら帰着する所ありて、所謂御下問の奉答も形式にとどまり、おそらくその実質に触ることはなくなるだろう」との見通しを示し、「今日は最早元老が内閣組織の実質に干渉すべき時節ではない。内大臣が自ら理の帰着する所を考えて決定するに面倒はなく、又そうすることに格別の故障もない筈《はず》である」と答えたのだという。*51

九月三日、日本で初めての男子普通選挙制度に基づく選挙が浜松市会議員選挙として行われた。それは翌年二月に行われると見られていた初の男子普選総選挙のモデル・ケースとして捉えられた。『憲政公論』『政友』でも観察記録、関連記事が掲載されている。また、一九二六年一〇月に横山勝太郎監修、樋口秀雄校訂で『憲政会史』が刊行され、岡崎久次郎の「第二護憲運動秘史」を付載した。復刻版の改題を書いた歴史学者の山本四郎によれば、巻頭に加藤高明の黒枠入りの写真があることから同年初めに死去した加藤に捧げられたものではないかという。*52 第二次加藤高明内閣成立までを描く同書はもとより男子普選を意識したものであろう。

一〇月一四日、西園寺は摂政に拝謁し、個人の意見として将来の首相選定方式について奏上した。これは「西園寺も老衰致《いたし》、且つ将来の事も心配仕《つかまつ》る次第に付」という長期的視点からの提案であった。西園寺は「今後政変等の場合には内大臣にも御下問、又西園寺なき後《の》ちは内大臣へ主として御下問、若し同人に於て参考の為め相談、意見を求め度《たき》場合には勅許を願ひ目的の人へ協議致す事と仕度《つかまつりたし》」というものであった。牧野は成案について事前の相談を受けることなく、このことを二八日に聞かされた。牧野は「実に重大なる事を承《うけたま》はるなり、然し已に言上済みとの事なれば此際は唯謹んで拝承するの外なき次第なり」と答えるしかなかった（村井㊤264）。

西園寺の上奏を前に、宮中では将来の首相選定について検討を始めていた。九月四日には、河井弥八（一八七七―一九六〇）侍従次長が指示によって牧野内大臣を訪れ、「政変の場合、組閣者推薦方法の件」で話し合っていた。河井は、花井卓蔵《たくぞう》貴族院議員や政治学者の小野塚喜平次、外交官出身の珍田捨巳侍従長にも話を聞いていた。宮中官僚内での検討がまとめられたものとして、牧野のもとに「内閣ノ首班ヲ諮問セラルル機関ニ就キテ」と題する資料が残されている。問題の発端は第二次護憲運動で問題になったように元老が内閣組織の大命降下の議に与《あずか》ることに物議があり、近頃益々その声が大きくなっている。そこで、諮問機関について検討しておく必要があるという。

英国の政党政治に基づく首相指名、フランスの大統領による上下両院議長への諮問の例がまず紹介されるも、日本には日本独特の思想と事情があるという。そこで、検討される第一案が枢密院議長と内大臣への諮問、第二案が新たに首相選定のための特別な常設機関を設けるというもので、第三案には首相選定を枢密顧問官の権限とするというものもあった。しかしこれにも問題があり、「枢密院諮問方式」であるが、事実上、「元老協議方式」の再現を目指すものであった。

他方で、吉野が整理したところの「政党の発展もだんだん健全になり」という西園寺の観察は社会の観察とはほど遠かったと言うべきである。政党の政治権力が確立されるにしたがって、閣僚の選考にはますます厳しい目が注がれるようになる。閣内では、九月一三日に早速《はやみ》整爾《せいじ》蔵相が病死した。片岡直温商工相が転任し、新たに憲政会員の藤沢幾之輔を商工相として入閣させた。

これを田健治郎は「是の如き碌々《ろくろく》〔＝平凡〕の徒をして検安《とうあん》〔＝その場しのぎ〕の位置に当らしむ。蓋《けだ》し人材を少数党員に求むるの致す所、政党内閣制の一大欠典(点)也」と記した。[*53] 政党内から閣僚を選ぶため、適材が探せないというのである。

また、議会での討論が過激さを増すだけでなく、選挙の意義が高まることにともなって選挙をめぐる争いも激しさを増した。先に後藤新平の政治倫理化運動に触れたように、票の売買など選挙不正の問題は以前から指摘されていたことで、有権者が激増することでさらに悪化するのではないかと危惧されていた。

倫理は選挙に関わるものも関わらないものもある。そこに政党をめぐるスキャンダルが相次いでいた。第一党憲政会内の収賄事件で若槻首相も裁判所に呼ばれる事態となった松島遊郭疑獄事件、第二党政友会の総裁田中義一の機密費事件、そして「国体」が問題化された朴烈怪写真事件などである。松島遊廓疑獄事件は大阪の松島遊廓の移転をめぐる汚職事件で三党に波及し、若槻首相も尋問を受けた。また、朴烈怪写真事件とは無政府主義者の朝鮮人朴烈が関東大震災時に大正天皇暗殺を計画していたと検挙され、死刑判決後、無期に減刑されたが取調室で愛人の金子文子と写った写真が流出し、政治攻撃に使われたものであった。

第一次若槻内閣下でも引き続き非政党内閣論は唱えられていた。それは四つの特徴を持っていた。第一にそれ自体が政党政治の進展を受けてのものであった。政党間での政権交代という確立されつつあるとみられた政治慣行によれば、次期首相は第二党である政友会の総裁田中義一となるはずであった。ところが、彼自らに陸軍機密費事件という疑獄があった。このような問題がある人物を、政党の党首であるという理由で選んでよいのだろうか。第二の特徴は、政党政治の進展を受け入れた上で、なお政党政治の欠陥を誰が補っていくべきかという議論であった点である。「普選をやるには中間内閣に限る」という議論はなおもあった（村井㊤252）。そして第三の特徴として、背景に「政党政治の暗黒時代」という政党政治への幻滅があり、首相に人を選べば中間内閣でも世の中は受け入れるのではないかとみる者もあった。そして第四の特徴として首相選定者に新たに加えられた牧野内大臣が男子普選を実施するには中間内閣が良いのではという意見に賛同し、一一月一日段階で、西園寺は牧野に「若し内閣更迭でもある時は或は田中の反対を云ふかも知れぬ」と感じていた。牧野は政党間の争いが醜聞の暴き合いとなっていることを「内外人心に与ふる影響少からず。憂慮限りなし」と考えていた。牧野や宮中官僚には政党が皇室をないがしろにすることで民衆的騒擾が起こるという保守的な憲法学者上杉慎吉《しんきち》（一八七八—一九二九）の議論に心動かされている様子もあった。上杉は「我が国の政党はもう末路であると思ひます」とも述べていた。西園寺は上杉の憲法論に批判的であった。

一一月一五日、河井弥八侍従次長は元老西園寺公望に宮中への助言を求めるために興津坐《ざ》漁荘《ぎょそう》を訪れた。西園寺は朴烈怪写真事件を重視せず、「此頃ノ憂国者ニハ余程偽物多シ。大問題ニモアラヌモノヲ捉エテ妄《みだ》リニ皇室ノ尊厳ヲ語リ、皇室ヲカサニ着テ政府ノ倒壊ヲ策スルモノスラアリ。而カモ彼等ハ時局ヲ収拾スルノ実力ヲ有セズ。決シテ彼等ニ誤ラルル勿《なか》レ」と注意した。そもそも「国粋論者ハ動《やや》モスレバ狭キ見解ニ拘泥シテ他ヲ見ズ、固陋《ころう》〔＝視野が狭く頑なである〕甚シク却リテ有害ナリ。我ガ国ノ文明ハ決シテ左様ノモノニ非ザルナリ。外国ノ思想文物ノ消化応用ノ跡ヲ見ルベシ」と述べた。

さらに若槻首相も関連している松島遊廓疑獄事件について「元来政治家ノ清節ナルモノハ甚《ハナハダ》疑ハシ」と突き放した上で、倒閣運動の側面を疑った。西園寺が憂慮するのは若き摂政が政争の渦中に巻き込まれることであった。「摂政殿下ハ親《みずか》ラ政務ヲ御指揮アラセラルベカラズ。各種官職ニ在ル者ヲシテ、如何ニシテ其全知全能ヲ竭《つく》サシムベキモノカヲ御考案アラセラルベシ」と考えていた。西園寺は宮中官僚に内閣との密な打合せを求め、政治のことは政界内で解決されるべきことを訴えた。すなわち、「解散ニ依リテ万事ヲ解決スルノ外ナシ。但シ松島事件ガ意外ノ点マデ進展シ、議会召集前、政府倒壊ニ至ラバ、一大英断ヲ以テ政党ノ集散離合ヲ行ウ者ノ出ヅルノ外ナカルベシ。政党ニ立脚セザル中間内閣、若《もし》クハ総選挙ノ為ノミニスル超然内閣組織ノ如キハ断然不可ナリ。後者ハ違憲ナリ」と述べたのであった*54（村井㊤257―258）。

西園寺は若き頃に小党分立の中で頻繁な内閣交代を繰り返したフランス第三共和政という反面教師を持ち、信頼できる複数政党を得たことで、政党政治を通した政治体制の脱個人化を推し進めたのであった。近衛文麿が政友会の小川平吉に語ったところでは、西園寺は「中間内閣の運動には困る云々、政権の授受に面倒なきやう予の眼の玉の黒き中に定めたきものなり云々」と述べていたという。また、「今度もし解散になったとすれば、政友会も支離滅裂になって、或は再び立つ能はざるに至るかも知れないが、少くとも質に於いては改善されるだらうし、政友本党は二分して、与党が多数を占めるに違ひない。政権は必ず多数党に行くに決まつてゐるから、怪しげな中間内閣の、累を皇室に及ぼすが如き憂ひも一掃されるわけだ」と述べた（村井㊤261）。

一二月一〇日、若槻首相は大正天皇との別れを予感しつつ葉山の御用邸に伺候《しこう》し、帰宅後、財部海相にも翌日の伺候を勧めたようである。その時の会話で若槻は財部に、加藤内閣では政友本党と意思が通じ合っており、若槻もそのつもりだったが、「床次に行かずして田中に行く虞あり、勇退を許さゞりき」と語っている。[*55] 先に加藤の使者として若槻が床次を訪問するくだりがあったが、若槻は野党政友本党が政権を引き継ぐことを望ましく考えていたものの、首相選定上の不確実性から勇退にも踏み出せなかったのであった。また、「元老の優詔《ゆうしょう》御拡がる事なからん」とも語った。新帝誕生に際しても元老が補充されることはないという見通しを持っていたのであった。大正天皇の「御容体」はラジオを通じて一二月一四日から亡くなるまで、広く報じられた。[*56]

(2)諒闇中の政争中止――若槻の選択

大正天皇崩御

一二月二四日、第五二帝国議会が召集されたが、翌二五日、大正天皇が崩御した。即日、昭和天皇が践祚した。元号は「昭和」に決定した。若槻は新元号の意味について、「内は君民一致の親睦を極め外は列国協同の平和を致す」と説明している。さらに、「協和万邦」とは単なる平和政策ではなく、天子が内を和睦させ外に及ぼすことで万邦を導くものであるという。「昭和は正義と親情とを内外に徹底せしむべき厳粛にして、且つ偉大なる決意を象徴するもの」であった。[*57]
内相代理として総選挙の準備にあたっていた安達謙蔵は早速西園寺の意向を叩いた。西園寺は

「議会解散差し支えなし」と答えた。「御諒闇（＝天皇の服喪期間）は宮中に関することにて、国家の政治運用には何等関係なし、此の際人心を一新し国論を一定するには解散の断行当然なり」と若槻首相への伝言を求めた。[*58] 大晦日に官邸で安達内相に会った財部海相は、解散に向けて安達の鼻息が荒かったと日記に記している。[*59]

一九二七年一月一二日に、首相官邸で閣僚幹部懇談会が開かれ、党大会の最終準備が行われた。一五日には憲政会院外団大会が上野精養軒で開かれ、翌一六日に同じく上野精養軒で開催された憲政会第一一回大会は諒闇中ながらも我が党内閣の春を謳歌するものであったという。一七日には加藤高明の追悼法会を芝増上寺で行っている。『憲政公論』昭和新政号（一九二七年二月号）は党大会の様子を伝えるとともに、坂本真琴《まこと》（一八九九―一九五四）による「婦人参政運動寓話」も掲載されている。坂本は男子普選を前に婦人参政権が完全に取り残されていることを指摘し、運動の大衆化を訴えるとともに、「婦人の政治結社加入禁止、と云ふ条文が昭和の今日、日本の法律中に尚包含されておる事を、私達は認めなくてはならない事を、どんなに恥づかしくさへ感じる事だらふ」と説いた。[*60] 坂本は平塚らいてうが始めた『青鞜』運動に参加、新婦人協会の治安警察法五条改正問題に尽力し、婦人参政同盟や婦人参政権獲得期成同盟会で婦人三権、すなわち婦人参政権、婦人公民権、婦人結社権の実現に尽くした。他方、党機関誌を見る限り、憲政会はジュネーブ海軍軍縮会議に向かう海軍補助艦問題に注目していた。

安達謙蔵

三党首妥協

議会再開冒頭の一月二〇日、政友会と政友本党は松島事件と朴烈問題を理由に内閣不信任案の提出を決めた。両党の議席を合わせれば可決され、政府は解散するものと見られた。ところが、若槻首相は三日間の停会を選んだ。この日の閣議で若槻は不信任案提出時の対応について首相一任を求めていた。江木翼法相、岡田良平文相は解散を主張したが、首相一任が決まった。そして若槻は田中政友会総裁、床次政友本党総裁と三党首会談を行い、不信任案は撤回された。これには前日に首相一任を支持した財部海相も驚き、貴族院研究会と政友本党の協力によるものと直感した。*61 若槻首相は二一日、官邸に憲政会院内外総務、顧問を招致して説明した。二二日には総務会と両院議員懇親会が開かれ、党内の強硬派をなだめて党の結束を求めた。

松本剛吉は、年末休会中の一月一七日、田健治郎に、三党首妥協の画策が貴族院の青木信光、水野直と図って準備されていることを告げている。*62 上記の展開はこのシナリオに沿ったものであり、妥協の過程で、五月、六月頃には内閣総辞職との暗示があったという。*63

三党首妥協は若槻首相の独断であり、憲政会幹部も若槻の判断に驚いた。憲政会総務の斎藤隆夫は一月七日の新聞に「在野党にして政府を信任せずば速《すみやか》に不信任案を提出せよ。政府にして国論に問はんと欲せば直に解散せよ。〔中略〕陰謀や党略を排して、正々堂々として憲政の常道に向つて邁進する」と述べていた。また浜口雄幸も一月一九日に若槻に書簡を送って、「技巧的ニ政局を緩和せむとする各種之運動」を相手にすることなく、「出来得る丈《だ》け早き機会ニ於て既定之方針を御決行相成候事肝要」と脇目も振らずに解散に進むことを求めていた。安達謙蔵も同様で、三党首妥協に驚いて詰め寄った安達に、若槻はそれならば総辞職しかないと逆に開き直ったのだという（村井㊤265）。

若槻はなぜ三党首会談による妥協を選んだのか。自身の弁では解散をして選挙に勝つ自信がなかった、選挙資金を集めることも困難であるということであった。他方で震災手形関連法案など政友本党との間で政策合意の可能性があった。「改正法ニ依ル第一回総選挙予想調査」によれば、四六六議席の内、憲政会は二二議席上乗せして一八八議席、政友会は一五議席減じて一四七議席と予想されている。[64] 過半数は二三三議席を獲得しなければならない。この予想通りであれば結局、議会内で多数派工作を行うか、再解散しかない。

一月二九日、西園寺は原田熊雄《くまお》（一八八八—一九四六）に三党首会談による解散回避ついて、「必ず政権は多数党に行く」「中間内閣も従《したが》て出来ず」「国家の前途の為に今日の解散を私に望み居たる次第なれども」と残念な思いを吐露している。[65]

(3)「憲政常道」による政権交代——田中義一内閣の成立と「憲政常道」の確立

若槻内閣の総辞職

久布白落実率いる婦選獲得同盟は一九二七年一月から会報とは別に月刊雑誌『婦選』を出版した。二足のわらじを履いていた市川房枝は同月、ＩＬＯ東京支部での勤務を半日勤務へと制限し、運動の時間を増やした。暮れには辞職して運動に専念する。「働く婦人の問題も非常に重大だが、その労働条件を改善するためにも、早く私ども婦人が政治に参加する必要がある」と考え、「金子〔しげり〕氏と私がいままでより以上、運動に時間と精力を捧げればもっと運動を盛んにする自信はあった」と後に回顧している。これは政治制度が与える問題解決への希望であり、世間でよく言われた腐敗・堕落・無能の政党政治という見方とは遥かに遠い。

二月二三日、自由民権運動から地方政治家、実業家から国政に進出、高橋総裁を支え、政友会の副総裁も務めた野田卯太郎が死去した。若槻首相は先の三党首会談後も解散はできると語っていたが、機を逸した以上、院内での多数派工作が進んだ。二月二五日に憲本連盟ができた。三月七日、若槻首相は首相官邸で開いた議員懇親会席上で憲本連盟締結の意義を説明した。若槻首相は中国動乱に触れて日中共存の大策を国際正義の原則に適応させなければならないと説く。それは日本の重大な責務である。「外に此責務を遂行せんが為には、内に一層堅実なる政治の基礎を確立せねばならぬ。由来二大政党の対立は立憲政治上の一の理想であるが、我邦今日の如き数党対立の場合には、政見を同《おなじ》うする政党が提携若くは連盟して多数を制するより外に、其の主張を実現する手段はない」と説いていた。「克《よ》く大事を成す者は克く忍ぶ者であって徒らに勇躍して快を一時に取る者ではない」とも言う。*66

当然に政友会は反発した。三月一四日、衆議院予算委員会で片岡直温蔵相の東京渡辺銀行が休業したという失言によって金融恐慌が起こった。それでも憲政会と政友本党をあわせれば多数を占めているため議会を乗り切ることはできる。

三月二〇日、かねてより予定されていた憲政功労者大追悼会と銘打つ大きな法要が、東京芝増上寺で、雪の中、催された。発起人総代には憲政会総裁の若槻礼次郎首相、田中義一政友会総裁、床次竹二郎政友本党総裁、徳川家達貴族院議長、粕谷義三衆議院議長らが名を連ねた。憲政が敷かれて四〇年、男子普選法も成立し、国政での初の男子普選執行も時間の問題であった。

中国では孫文悲願の北伐による国家統一が、その病歿後、蔣介石の元で再開されていたが、三月二四日に南京事件が起こった。北伐軍の南京入城時に略奪暴行が起こり、英米両国の軍艦が砲撃を加えて甚大な被害につながった。この時、英国は日本に共同作戦を提案したが幣原外相はこれを拒否した。さらに四月三日には漢口事件が起こった。北伐の展開にともなって中国民衆による外国租界の武力回収が起こっており、漢口の日本租界内での衝突事件に停泊していた日本軍艦は陸戦隊を上陸させて沈静化させたが、今後も衝突が予想され、日本政府は居留民の引き揚げを決定した。このような政府の抑制的な対応は、国内から軟弱であるとの批判を受けた。

そこに起こったのが台湾銀行救済問題であった。政府は金融不安に速やかに対応するために枢密院に台湾銀行救済の緊急勅令を求めたが、枢密院は議会を開くことを求めて否決した。この時、無関係な幣原外交批判の発言もあった。これをうけて四月一七日、若槻内閣は総辞職を選んだ。

田中義一の首相指名

首相選定は元老西園寺と牧野内大臣による元老・内大臣協議方式で行われた。牧野内大臣は河井侍従次長に「憲政の常道に依り田中男《だん》に大命の降下あるを以て至当とする」という意見を持たせて京都に滞在していた西園寺のもとに派遣した。[*67] 西園寺も同意して送り返した。田中義一に組閣の大命がくだり、一九二七年四月二〇日、内閣が成立した。

政友会は総裁公選制度を導入したが田中は無投票であらためて総裁に選ばれていた（村井㊦55）。また、牧野が「憲政の常道」に言及した意味は大きい。これまでは少数野党の論理という面があったが、それが首相選定に入ったのであった。さらに第三党の意義を失わせ、二大政党化を促した。この時、西園寺は、個人としての田中を首相に指名したと書簡で使者を追わせている（村井㊤273―274）。田中内閣の成立で憲政会は政友本党とともに再び在野党となった。

本章の最後に、憲政会が「苦節十年」と呼ばれた苦境をいかに克服したのかを整理しておきたい。憲政会は一九一六年に第二次大隈内閣の与党立憲同志会ら三派が寺内内閣の成立を機に合同して結成されたもので、その時、三八〇議席中一九七議席の多数を占めていたにもかかわらず政権から排除され、その後、臨時外交調査委員会への参加を拒否し、選挙で第二党化した。結局、政権についたのは一九二四年のことだった。従来の研究では両大戦間期の政党政治が原敬で語られることが多かったこともあって、憲政会は原歿後の政友会の混乱の反射的利益として浮上したと考えられていた。本書の理解はそうではない。原内閣が成立したことで与野党間での政権交代を想定することができ、統治政党としての自覚を育むとともに若槻礼次郎の外交指導によってヴェルサイユ体制とともにワシントン会議への適応を静かに進めていった。しかしなお、憲政会内閣の成立への道は遠かった。

憲政会の政権到達には政治制度、政策、党組織にまたがる五つの障害が立ちはだかっていた。

第一の障害は、政党及び多数のもつ信頼性の問題であった。大隈は退陣に当たって次期首相に予定されていた寺内と政権授受交渉を行い、「議院ニ多数ヲ制シテ政務ヲ挙ゲルハ立憲国ノ常道」と多数を占める与党を引き継ぐように求めた。しかし、寺内は、「党議」を「輿論」とはみなさない、すなわち、衆議院での多数が国民の多数意見の反映と考えないと答えた。次に、第二の障害が、元老による個人中心的な首相選定であった。山県有朋は政党政治全般への警戒心が強く、直近の普通選挙制導入にも反対していた。他方、西園寺は外交を重視していた。ただしここまでは当時の政党一般が直面した問題であり、政友会にとっても同様であった。元老の中でも松方正義は憲政会内閣の成立に特段のアレルギーはなかったようである。

憲政会に特有の第三の障害が、第二次大隈内閣期の外交政策の失敗であった。参戦外交は元老との関係を傷つけ、対華二一カ条要求は外交上の大失敗であると考えられた。そして第四の障害は男子普通選挙制を掲げたことであった。そして第五の障害が、党の統一性の問題であった。憲政会は政友会の反対派が寄り集まってできたという面があった。さらに総裁派と非総裁派では、政策も志向も違った（村井㊤49—52）。

これらの障害はどのように克服されたのか。第一の点の克服には原の役割が大きかった。第二の点の克服には西園寺の考えが寄与した。その上で憲政会の政策上の問題であった第三の点は原内閣下で若槻礼次郎の党指導によって変化していたが、政府党が政権を通して党の方針を示しやすいのに対して、野党はそもそも党員それぞれの発言がどのように党を代表するのか見えにくい。憲政会外交への懸念は政友会の高橋総裁の党指導をも傷つけていたのであった。第四の男子普通選挙制への取り組みは山県有朋の死によって問題ではなくなった。山県の周囲や保守的な言論人でも普通選挙を支持する者もあるなかで山県の死は障害の解消を意味した。ただこれは憲政会にとってどれほど障害として働いたのか。外交不振の方が元老内でのイメージを決定的に悪くしていた。

第三の外交、第四の男子普選という政策上の問題も、第五の党組織の問題と結びついていた。すなわち、加藤指導部だけであればそこまでおかしなことをしないとしても党員によって過激化することが危惧されていたのであった。第三の外交も、第五の組織上の問題も加藤高明の穏健な政治指導が元老の信頼を獲得することになった。なお第四、第五の点は必ずしも憲政会の弱みとして働いただけではない。男子普選に指導部を導いたのは党内の多様性によってであったし、男子普選は当初の政権到達上の負債が資産へと変わっていったのであった。その意味で党内の多様性と求心力のバランスが大切であると言えよう。

こうして男子普通選挙制、政党内閣制からなる政治制度が新たに打ち立てられたが、その運用者であるべき政党は三党制、より正確には一と一と二分の一政党制のもとで模索と混乱の中にあった。しかし、第三党に政権担当の機会は与えられず、過半数政党のいない多党制下での混乱は半ば強制的に、選挙ではなく議会内再編によって二大政党制へと収斂《しゅうれん》していく。

第四章
昭和天皇と「憲政常道」下の二大政党内閣
――政友会と民政党の強さと脆さ　一九二七―三一年

本章は一九二七年の田中義一政友会内閣成立から一九三一年の浜口雄幸民政党内閣退陣までを扱う。政党勢力の多数が政党内閣制の確立を求めた第二次憲政擁護運動を契機として一九二七年には政党内閣制が成立していたが、政治的変革はそこで終わらない。政党内閣制が成立することで、政党内閣による立憲的な政府諸機関の一元的再統合、政党中心政治への道が開く。さらに三党鼎立の混乱を経て二大政党化することで、強い政党内閣を中心に、従来割拠性を謳歌していた諸機関は役割認識の再編を迫られたのであった。天皇ですらその流れから自由ではない。それは同時に、権力者となった政党への社会の期待が高まり評価が厳しさを増すことを意味した。そこに世界大恐慌が襲う。

一　田中政友会内閣と初の男子普選総選挙
――立憲民政党の誕生による二大政党化

(1)田中義一内閣の成立と立憲民政党の誕生――二大政党化

野党協力下での金融恐慌の後始末

一九二七（昭和二）年四月二〇日、田中義一内閣が成立した。政友会総裁による内閣で、先の憲政会内閣からは与野党間での政権交代となった。田中内閣は政党政治を強く意識した内閣であった。軍部大臣と法相以外の閣僚を政友会からとり、政党内閣としての純度が高かった。それは政治学者の升味準之輔が早くに指摘したとおりである。[*1] 加えて、政党政治の論理を政策に強く反映させようとし、在野時代に主張した政策の実行を心がけた。田中首相は「党と政府が十分な連絡をとり、党の政策断行に躊躇せぬところに我党内閣の強味がある」と述べていた。[*2] 田中はまた、「輿論政治の時代」にあっては、政党の発達によって政治の進歩を図らなければならないと述べている（村井㊦29）。

政権発足早々まず対応を求められたのが、先の若槻礼次郎内閣が退陣する理由となった金融危機であった。田中は蔵相に首相経験者で党の長老である高橋是清を求めた。高橋は要請に応え、蔵相として早速緊急勅令によるモラトリアム（＝取り付け騒ぎを抑えるための支払猶予令）を実施した。そして五月四日から九日まで臨時議会を召集し、関連法案を提出した。内閣は少数与党であり、憲政会の中には政友会内閣への強い反発があった。しかし、若槻憲政会総裁は金融危機は国家的課題であると政府に全面協力したのであった。ドイツ・ワイマール共和国では金融危機を授権法、すなわち政府への全権委任を可能にする法の執行によって乗り切った。もとより危機の性質は同じではないが、日本では野党総裁が政府に協力したことで帝国議会内、すなわち政党政治でこの危機を乗り切ったのである。危機克服にめどをつけた高橋は六月二日、蔵相を辞任し、同じく政友会の三土忠造《みつちちゅうぞう》（一八七一―一九四八）に引き継いだ。

一方、同じ臨時議会の衆議院で、憲政会提出の枢密院弾劾《だんがい》決議案が可決された。政党内閣制を基盤として、大日本帝国憲法下での他機関との関係性の再編、新たな政治慣例を作り出していく作業が続いていく。

田中内閣の成立間もない五月四日、大阪毎日新聞主幹の高石真五郎《しんごろう》は「憲政の常道」と題する講演を行っている。「憲政の常道と云ふ言葉は唯今非常に流行致しまして政界に於ては或党は他党に対して憲政の常道に反して居ると称し、又他の党は敵党に対して憲政の常道に反して居ると云ふ」と述べ、「良い徴候」と評価した。また、「立憲政治と云ふものは議会を中心とする政治である。是は世界共通の定義であつて間違ひなき所である」と国を超えた普遍性を強調した。同時期、政治学者の吉野作造も「所謂大権内閣対政党内閣の馬鹿々々しき論争も今は昔の笑ひ草となり、表面の形式を何と繕つても、今日最早政党を背景とすることなくして内閣に立ち得

田中義一

る機会は絶対になくなつたと謂《いっ》てもいゝ」と論じた（村井㊦21―22）。

立憲民政党の誕生

臨時議会後、憲政会、政友本党、新正倶楽部は新党結成に向けて本格的に動き出していく。[*3]憲政会は、枢密院弾劾決議案を臨時議会に提出したように、先の総辞職の後、枢密院を強く批判していた。四月二二日に憲政会本部で開かれた代議士会で若槻総裁は台湾銀行救済問題と内閣総辞職の経緯を語った。[*4]そして党機関誌『憲政公論』は社説で枢密院の重大責任を指摘して「顧問官は引責辞職せよ」と論じた。特に伊東巳代治を名指しして「憲政の逆賊」と述べている。[*5]この七巻五号が『憲政公論』の最終号となる。翌二三日には三派の懇親会で新党創立が申し合わされ、その後、政友本党総裁の床次竹二郎と憲政会総務の安達謙蔵、浜口雄幸が行き来して、臨時議会前に両党による新党倶楽部の結成にこぎ着けた。[*6]その間、政友本党からは脱党者があり、憲政会では浜口が新党への参加を躊躇する者の説得に当たった。

臨時議会閉会後の五月一〇日、新党倶楽部は議員総会を開き、あわせて町田忠治《ちゆうじ》（一八六三―一九四六）を座長に新党創立準備委員会を開いた。[*7]また政綱を決定する上でまず檄文《げきぶん》調の新党創立趣意書を発表することにし、中野正剛に一任した。[*8]新党は中野の声を党の声としたのであった。[*9]中野は新聞記者出身で犬養毅に傾倒していた。一九二〇年の総選挙で初当選し、無所属倶楽部をつくったが、一九二二年に革新倶楽部が組織されるとこれに加わった。この時、主として中野が

政党内閣制成立後の内閣①

首相	成立年月	支持勢力
田中義一	1927（昭和 2）年 4 月	政友会
浜口雄幸	1929（昭和 4）年 7 月	民政党

書いた創立宣言は、政党の宣言として初めて口語文を用いて話題となったという。[10] 中野は一九二四年五月の総選挙で再選すると革新倶楽部を脱党し、憲政会に入った。犬養に当てた決別の手紙では、日本の政界では、自由・改進両党の流れが互いに消長しながら進むほかに第三党の存在の余地はないと論じた。[11]

五月一三日の新党創立準備常務委員会で新党の党名が立憲民政党と決定され、一四日、趣意書とともに発表された。[12] これらは創立大会で最終決定される。憲政会では断続的に最高幹部会や幹部会が開かれてきたが、一六日の幹部会で安達総務は新党樹立時の「新興勢力の糾合については主として地方青年を目標とするつもりである」と述べた。[13] これが新参の中野に大仕事を任せた理由であろう。二六日に政綱と党則が決定する。

中野正剛

問題は党首であった。若槻は、再び野党となると、金のできない総裁であるという意識と、人心の一新が必要という思いから、総裁退任を希望していた。新党結成に向けた流れの中で、若槻は浜口の説得に努めた。[14] 浜口は憲政会からも政友本党からも支持があったが、健康を理由になかなか本人が引き受けなかった。それでも幣原を総裁に迎えようという一派まで党内にあると報じられる中で、ついに説得を受け入れた。[15]

五月二八日、憲政会院外団による最後の院外団大会が開かれ、「政界を革新し民衆の希望を政治の上に実現するため挙団一致新党に参加しその目的を達せんことを期す」と決議された。[16] 政友本党でも同日院外団大会が開かれ新党参加が決議された。翌二九日には憲政会院外団と政友本党院外団が非政友院外団として合流大会を開いた。

三一日、憲政会は東京會舘で最後の臨時党大会を開いた。憲政会は結党一一年で幕を下ろした。代議士の斎藤隆夫は不満であり、「十有余年の歴史終る。是れ全く若槻総裁無能に原因す」と日記に記した。[*17] 政友本党は六月一日午前に最後の党大会を開いた。床次は政友本党の解党を、「時論は小党の分立に満足せず、又新選挙法の実施に直面して」と説明した。[*18]

こうして迎えた六月一日の立憲民政党結党式は上野精養軒で行われた。新党の誕生である。ここに新しい指導者である浜口雄幸を総裁に政党内閣制と男子普選体制に対応した新たな政党、立憲民政党が誕生した。結党式では党則、宣言、政綱が決定されたが、中野の手になる創立趣意書は一部文言の修正を経て宣言となった。[*19] 冒頭、「世界の進運は年々速度を加へ、環境の変化は絶えず幾多の新問題を提供する〔。〕我国は憲政を布きて四十年、過去を顧み現状に即し、今や普通選挙の実施と共に国民的一大飛躍をなして、外は世界の進運に寄与し、内は国勢の変局に善処せねばならぬ」と新党を必要とする時代状況を説いた。「吾人が新政党の創立を提唱するは正に政治を基礎として秩序ある局面展開を実現せんが為めである」。

立憲民政党という名称については、「国体の清華に鑑み、一君万民の大儀を体し、国民の総意により て責任政治の徹底を期する」と述べ、「吾人は普通選挙により全国民の要求を帝国議会に集中し君主統治の下に政治上に徹底せる議会中心主義を確立せんことを要望する」と党の性格を明らかにした。この点は政綱では「国民の総意を帝国議会に反映し天皇統治の下議会中心政治を徹底せしむべし」と表現されている。趣意書ではさらに、外交では「国際正義を高調する」、内政では「社会共存の原則を樹立して階級闘争の禍根を除く」と大方針を示し、「役員公選の原則を確立」したと強調した。立憲民政党は「今や普選の実施を前にして政局転換の基準は確定せられた」と述べるように政党内閣制を前提として、「野に在りて権威を発揮すると共に、朝に立ちて国務を担任するの重大責務を有する」と自己規定した。[*20]

続いて行われた総裁選挙では投票の省略が提起され、満場一致で浜口に決した。浜口は「我が立憲民政党の如く、率直に大胆に進歩的色彩を表明したる大政党は、未だ類例を見ない」と挨拶し、「普通選挙を前にし、政局転換の基準は確立せられて居る」と述べて、「今日野党として堂々と声明した所は、他日必ず廟堂に立ちて之を実行せねばならぬ」と訴えた。[*21] 総裁を憲政会から出したので幹事長には政友本党出身者をあてるなど、人事では両派の融和方針が表れている。

こうして憲政会、政友会、政友本党の三党鼎立状況で混乱を重ねた政党制は二大政党制に整理され、両党の競合は、男子普通選挙制を前提に、「憲政常道」という政権をめぐる争いとなった。

八月になると、立憲民政党遊説部は、宣言、政綱と、浜口新総裁、若槻前憲政会総裁、床次前政友本党総裁の演説をまとめて『立憲民政党の本領』と題する小冊子を作成した。これは中野正剛が中心になってまとめたものであるようで、当初、註釈を加えて世の了解を仰ぐことを考えたが、「宣言政綱の文字は包容する所大に含蓄する所深く迚も代表的説明をなすことは却々《なかなか》難事である」ので演説速記を掲載して参考資料としたという。[*22]

社会民衆党中央執行委員長の安部磯雄は、『中央公論』に「立憲民政党の政綱を評す」と題する論考を寄せ、新党の誕生を好意的に評した。[*23] 安部はキリスト教人道主義の立場から日本の社会主義政治運動の草分けの一人で、吉野作造らと同党結成に尽力し、早稲田大学教授を辞めて参加していた。他方、革新倶楽部の政友会合流に加わらなかった尾崎行雄は、民政党にも参加しなかった。また政友本党の有力者であった元田肇は民政党に合流せず、この機会に政友会に戻った。

政友会の革新と無産政党に吹く風

政友会と民政党は当時「既成政党」と言われ、無産政党との対比で論じられた。両党も相互の競争とともに無産政党との競争を強く意識していた。その中であらためて注目しておきたいのは革新倶楽部の存在である。革新倶楽部は従来歴史学では主張の新規性で注目され、いわば明治憲法の前の私擬憲法のように、日本でもこんなことを言う人がいたという評価を受けた。しかし、より本質的な意義は少数党が大政党に与えた影響、すなわち革新倶楽部が政友会と民政党に与えた影響で、新しい政策課題にナッジ（nudge：そっと押す）した点ではないだろうか。政友会は革新倶楽部の産業立国論を看板政策として取り入れ、後に犬養毅は総裁となる。民政党は、三木武吉のような党内の新興世代を背景に党発足時のカラーを革新倶楽部出身の中野正剛に委ねたのであった。民政党は第一次世界大戦後の新たな大衆民主政の時代を担う新たな政党であった。しかし、政党の変化は民政党の誕生だけではなかった。政友会でも総裁公選制が導入され、女性団体との結びつきは歴史のある政友会の方が強いほどであった。政友会もまた選挙を念頭に社会の変化に適応していく。戦後最初の女性代議士となる石本シヅエ、後の加藤シヅエが行っていた産児調節運動を、政友会は田中総裁の反対にもかかわらず擁護する決定を下した。*24

戦後といえば、田中義一内閣で、後の首相吉田茂は外務次官を務めた。吉田については政治史学者の猪木政道と歴史家のジョン・W・ダワーが浩瀚《こうかん》な評伝を記したが、ダワーは吉田の性格を論じて、「議会政治に興味を示したこともな」く、「国政を職業としておこなうには、世論一般、とくに政党は不快な障害だと明言している」とその官僚的性格を強調した。*25 しかし、これは吉田が身を置いた戦前の政治環境が政党政治であったことを軽視している。三谷太一郎が昭和天皇について「昭和天皇の政治的生涯は、政党内閣（原・高橋両政友会内閣）の下で、しかもワシントン海軍軍縮会議とほぼ時を同じくして始まったのであるが、そのことは昭和天皇の政治的生涯を貫く立場や信条の形成にとって、最も重要な条件となった」と指摘したように、*26 一九二〇年代の政党政治が残した刻印は大きい。吉田の不満は政党政治全盛期の不満であった。

先に民政党を評した安部磯雄は婦人雑誌で、「新しい政党が力を得るまではなかなかむずかしいものでありますが、これからは二大政党の樹立といふ事は動かせぬ事実となりました」と述べ、

もし無産党から四〇人の当選者が出ればキャスティングボートを握ることで「二大政党のいづれかを動かす事が出来る」。そうなると「公娼廃止解決の前途は遠くありません。普通選挙が二三回経たならば議会に於て此問題の目的を達する事が出来る事と信じます。故に政治問題にたづさはる事は間接に此運動を助くる事となり得ると信じます」と書いた。*27

安部磯雄

安部は公娼廃止問題に言及したが、久布白落実や市川房枝ら婦選獲得同盟が実現を期した婦人三権とは、地方参政の婦人公民権、国政参加の婦人参政権、そして政党加入などの婦人結社権であった。「一人一役」、つまり各婦人団体がそれぞれの関心と得意分野で女性のために活動することが望ましいと考えていた市川は、様々な婦人団体と連携しながら参政権獲得に向けて努力した。彼女たちの間で「婦選は鍵なり」という言葉が掲げられる。既述のように、市川は米国で運動を学んだ米国デモクラシー型運動家であり、運動の形態も目的に応じて刷新していく。彼女たちの活動は保守派からも無産派からも二重に距離があり、戦時中の日本主義全盛期にも戦前・戦後の労働運動高揚期にも非難されることになる。

歴史家のフレドリック・ディキンソンは、第一次世界大戦後に「平和国家」日本の原点を見る。米国の金融家トーマス・ラモント（一八七〇―一九四八）は一九二七年一〇月に訪日し、帰国後「アメリカやイギリスの視点から見ればデモクラシーは不完全かも知れませんが、選挙権の大幅な拡張があり、一般にもっとも保守的な人達でさえ、この拡張を平静と確信によって受けとめています。自由な心証の証拠は至るところにあります」と述べた。また、ラモントは田中、浜口、若槻といった与野党の指導的政治家との対話から、対外政策について「米国への友情と中国との和解」という二つの原則を感じ取ったのだという（村井㊦31）。

（2）初の男子普通選挙――府県会選挙と総選挙

初の男子普選府県会選挙

一九二七年八月二〇日、枢密顧問官田健治郎の秘書を務め、時に西園寺の情報係としても使われていた松本剛吉は田中首相によって貴族院勅撰議員に選ばれた。田中に礼状を出した田ですら「人以て異数《いすう》と為す」(=異例の待遇と受け取られた)と記す人事であった。[*28]

男子普通選挙制が地方にも取り入れられ、一九二六年九月三日には初の普選として浜松市会議員選挙が行われた。一九二七年二月にも最初の男子普選総選挙が実施される見込みであったが、若槻首相が三党首妥協を選んだことで衆議院は解散されず、一九二七年九月から一〇月の府県会議員選挙が先行することになった。

田中は、「今回の選挙に依り現在の我政界は二大政党の分野に在る事一見明白であります。而して立憲政治の妙用を発揮する為めには、政党内閣制の依らざる可からず、又其政党の分野は大体に於て二大政党の対立ならざるべからずとの我党従来の主張が茲に実現せられたるは誠に喜ばしき次第であります」と述べた。[*29]

野党民政党の総裁浜口雄幸も認識を共有していた。一一月二二日、浜口は党関西大会の席上、「憲政布かれて殆んど四十年、従来政機の転換は概ね世人の意表に出で、国民をして政党内閣制の確立果して何《いず》れの日に在るやを嘆ぜしめたのである。然るに最近に到り二大政党対立の勢成り、政党内閣交立の原則も略々《ほぼ》確定し、国民は茲に始めて公明なる政治の実現を期待し、憲政有終の美を翹望《ぎょうぼう》(=強く待ち望む)するに至つた」と演説した(村井㊦22)。それは特別重要な時期であった。政党内閣制運用の始めに、もし政府当局者の態度と施策がよくなく、誠意と能力を疑われれば、議会政治の信用を失墜し、何が起こるかも予測できない。浜口は「実に今日は我国民の能力が果して政党内閣制の運用に堪ゆるや否やの試験を受けつゝある最も大切なる場合であつて、政治家の責任極めて重大なり」と注意を喚起した（村井㊤24）。

通常議会が再開された一九二八年一月二一日、民政党は田中内閣不信任決議案を日程変更して上程する動議を出し、衆議院で可決された。しかし、政府はこれを認めず、速やかに衆議院を解散した。憲法学者の美濃部達吉《みのべたつきち》（一八七三―一九四八）は、田中内閣が政府だけ施政方針演説をおこなって野党の政府弾劾演説を許さなかったことを「立憲政治の精神を蹂躙《じゅうりん》するの甚しきもの」と批判した。[*30] 政党内閣は議会に基礎を置く点で存在が立憲的であるというに止まらず、合憲性を超えてあるべき立憲的な振る舞いが期待された。田健治郎は「近時、漸く政党内閣の観を呈し、政友会と民政党、交互政局に当ると雖も、共に過半の勢力を占む能はず」という状況の中で「選挙界、未曽有の活機を呈するや、必ならん」と注視した。[*31]「政府、今回総選挙に対し、頗る干渉を為し、之れが為め各地演説会場、聴衆と警官の間、一場の紛擾《ふんじょう》を招くもの頗る多し。政党内閣の弊、遂に免るべからざるか、歎《なげ》くべき也」とも記している。[*32] それは政友会内閣の特徴か、選挙結果に権力が左右されるためであろうか。政党内閣下で改善の取り組みも進む。なお田の息子の昌《あきら》は民政党から立候補した。

初の男子普選総選挙と選挙ポスター

衆議院解散直後の一月二八日、宮城《きゅうじょう》にて歌会始《うたかいはじめ》が行われた。従来は歌御会始《うたごかいはじめ》と呼ばれ、江戸時代を通してほぼ毎年開催されてきた伝統行事で、一九二六年に皇室儀制令が制定されて歌会始と呼ばれることになった。しかし大正天皇崩御で前年には行われず、一九二八年が歌会始の名称で催される初回となり、その後現在まで続く。[*33]この年の御題は「山色新」であった。昭和天皇は「山やまの色はあらたにみゆれとも我まつりことといかにかあるらむ」と詠んだ。新しい政治への意気込みが伝わってくる。[*34]

二月二〇日に最初の男子普通選挙制に基づく第一六回衆議院議員総選挙が実施された。前日一九日の日記で関屋貞三郎《ていざぶろう》宮内次官が「戸別訪問なき為め明日の総選挙にも拘らず市内平穏」と記しているのは興味深い。[*35]初の男子普選制による総選挙は、中選挙区制の採用、立候補届出制と供託金制度の導入、選挙費用の制限、そして戸別訪問の禁止など、選挙区や選挙運動でも初めてのことが多かった。有権者総数は先の一九二四年の第一五回総選挙が三三四万三六七三であったのに対して、一二五三万八一九六と四倍弱に増えた。[*36]その中で、選挙管理機関、すなわち内務省とその出先機関である道府県も、政党も、候補者も、選挙ポスターを多用した。ラジオを通じた啓蒙活動も行われた。[*37]雇い主には従業員が投票に行きやすいよう配慮を求める注意もした。立憲政治は選挙を土台に行われる。民間でも新聞社はもとより、すでに触れた後藤新平の普選準備会も選挙啓蒙運動を行い、総選挙後に解散している。東京連合婦人会も婦人自身には選挙権がない中で選挙違反防止と棄権防止のために活動していた。[*38]

政友会と民政党はポスターを使って相互に批判合戦を繰り広げた。政治学者玉井清は、政友会候補者には田中総裁のポスターへの登用に積極的でない面があったと推定していて興味深い。[*39]元軍人の政党総裁は有権者に届けたいイメージにそぐわないと考えていたということである。選挙ポスターの活況は政治がいかに大衆に向けられていたかをうかがわせるに十分であるが、あまりに貼られすぎて美観を損ねるものであったという。

先の総裁高橋是清はこの総選挙に出馬せず、一期務めた衆議院議員を引退した。それは日露戦争の外債募集から帰国した一九〇五年一月に勅撰されて以来の、貴族院議員時代とあわせれば二三年間に及ぶ議員生活からの引退であった。なお高橋から急遽子爵家を嗣《つ》いだ長男の是賢は実業界で活躍していたが、一九三二年七月一〇日の伯子男爵互選議員改選時に子爵議員に選ばれ、研究会に所属して敗戦後に貴族院が廃止されるまで議員を務めた。[*40]

二大政党の競争は熾烈で、婦選獲得運動に努めていた市川房枝は、民政党本部の玄関で「政府のスパイ排斥のため無断で階上に上るべからず」という大きな張り紙を見たという。市川ら婦選獲得同盟は、この度の選挙では、婦人参政権に賛成する議員を多数当選させるため、協力的な候補者の応援に努めた。市川の記録では、応援弁士を派遣した候補者は、社会民衆党（五名）、民政党、政友会、日本農民党（二名ずつ）、労働農民党、日本労農党、実業同志会（一名ずつ）であった。[*41]市川は普段協力関係にある吉野作造から「驚《おどろき》入った暴挙」と批判の手紙を受け取った。「今日の政界に在て何を助け何を抑るべきかは実に切迫の大問題」で「仮りに私が貴方様方の地位に在るなら既成政党の人は例外なく御助けしません。日本の政治の正しき発達の為にもですが、婦選の目的を達する為にも然する事が適当と考へるから」であった（村井㊦33）。一九二七年一月に発刊された月刊雑誌『婦選』第一号で「既成政党乃至は金持《ブルジョア》政党」と区別される「無産《プロレタリア》政党」

について記事を書いた市川は、社会民主主義政党に親近感を抱いていたが、婦選獲得の実現に向けて広く協力者を求めた。また市川らは、選挙権を持たない第三者として、理想的な選挙に向けた啓蒙と監視にもあたっている。

選挙最終盤に世間を騒がすことが起こる。選挙を管理する鈴木喜三郎内相が総選挙当日「我憲法上内閣の組織は畏《おそれおお》くも大権発動に職由《しょくゆう》して〔＝もとづいて〕政党員数の多寡を以て直に内閣が生れると云ふが如き他外国の例と照比するを許されない」と議院内閣制を否定し、「議会中心政治など言ふ思想は民主々義の潮流に棹した英米流のものであつて我国体とは相容れない」と日本の立憲政治の固有性を強調した。[*42]

この時期の政党人の理解はこの程度なのだろうか。従来の研究では一九二〇年代の政党政治家が民主主義を理解しなかった証拠として言及されてきた。この声明が彼自身の思想を反映していることは確かだろう。しかし重要なのは、この発言が二大政党対立状況を前提に民政党を批判し、政友会への支持を求めるものであり、選挙結果が内閣交代につながりうることを強く意識したものであることであった。また、政党の行く末がなお定まらない段階で自らの将来を政党の未来に賭けた原敬や加藤高明や浜口雄幸らとは異なり、政党の権威と権力が高まる中で多様なエリートを糾合し始めていたことを指摘しなければならない。[*43] 司法官僚から転身した鈴木もその一人であった。そしてこの発言は総選挙後の議会で正しく問題化される。

初の男子普選総選挙の結果は、政友会二一七、民政党二一六、実業同志会四、革新党三に加えて無産政党から社会民衆党四、日本労農党一、労働農民党二議席であった。

政党内閣制成立後の課題――政党中心政治の迫力

一九二八年三月にジャーナリストの馬場恒吾は、法律的な形式論はどうであろうとも政治が事実において「大部分衆議院を中心として行はれ」、さらに「衆議院の政治が政党に依つて決定される事も亦明白なる事実」と観察した。清浦奎吾内閣退陣後は「日本にも政党内閣制が確立したかの如く見え」る。「政党の首領にあらざれば内閣総理大臣となる事が出来ず、従つて政権を握る機会を与へられざるものであるとの結論に達した形勢になつた」というのである（村井㊦54）。

政党内閣制の成立は一つの到達点であったが、改革過程の終わりを意味したわけではなかった。ある政治のあり方が成立していく中に四つの過程が想定される。第一に背景となる思想が成熟していき、第二にその思想が政治上に一つのあり方として表出し、そして第三に他の選択肢との間で選択され、制度化されていく。このような狭義の制度化過程を経て、第四に、成立したからこその新たな過程がある。成立した政治のあり方が他の諸制度に波紋を広げる中、数々の事件や政治的対抗を通じて強化されたり、脆弱化されたりしていく広義の制度化過程である。それは成立過程の裏返しではない。

明治憲法下の日本でこの問題は特に重要な意味を持っていた。政党内閣制は政党が根拠を置く衆議院と内閣をつなぐシステムである。しかし、明治立憲制では、内閣の優越も議会の優越も確立されていなかった。もし仮に、首相を中心に内閣が施政の全般を一元的に担う政治システムの下で政党内閣制が成立したとしたら、政党による施政の一元的支配は容易である。しかし、明治憲法下で内閣は、軍や貴族院、枢密院など他の憲法諸機関とともに統治の機能を分掌《ぶんしょう》しており、衆議院も同様であった。したがって、世論の支持を背景に、政党内閣制によって政権交代上の優越を確立した政党を中心に、明治憲法の多元的諸機関をいかに一元的に統合していくのか、という新たな課題と向き合うことになる。これを「政党中心政治」を目指す動きと捉えよう。「政党中心政治」の進展は、政党を中心とする政治が根づいていく過程であり、政党内閣制を補強していくものである。政党内閣制の成立とともに人材の政党への糾合が進み、男子普通選挙制の導入によって衆議院はより強固な基盤を得、中央のみならず地方議会においても二大政党への収斂が進んでいった。

西園寺もまた、このような動きを歓迎していた。彼は、政党間での単純な政権交代を心がけ、新たに元老をつくらず、元老歿後においては、政治的役割を限定されている内大臣が首相奏薦の役割を果たすことを望んだ。彼は首相選定の基準として「憲政常道」を意識し、結果のみならず、論理と方式両面から選定の自動化を促していった。そこでは、「憲政常道」論は、政権交代のルールとして、内大臣による単独奏薦という方式面からの必要性に裏づけられた。また、首相選定に際しての政治的判断を回避するという目的から、後継首相の機械的選定という政治的機能を担うことになった。

これに加えて西園寺は、政党の党首を首相とする内閣によって、他の国家諸機関が統合されることを期待し、その方向で政治的影響力を発揮した。そして、天皇や宮中が政治に関与することを諌め、極力、中立的なものとなるように指導した。

総じてこれらは、元老以後の国家像を模索するものであった。西園寺は、かねてより元老が内閣の施政に口を挟むことを嫌い、その克服を目指していた。なぜなら、従来の元老政治は国家統合を果たしてきた一方で、政治介入の弊害が目立っていたからである。そして元老級の人物が必ずしも現在の問題を深く理解しているわけではなく、結局、その部下の跳梁を許す結果になるなど、「将来の政治を瀆《けが》し、立憲政治の精神に反するやうな空気をつくる」ことを危惧したからである。[*44] 西園寺の政治指導は、単なる一政党への好悪や、短期的な政権をめぐる判断の結果ではなく、政治システムをめぐる判断であり、政党内閣制に基づく責任内閣（＝議会の多数の支持で成立し、その信任を失った場合に辞職する内閣）によって元老以後の国家統合を果たそうと考えるものだったのである。

しかし同時に、このような「政党中心政治」の進展は、三つの点で政党内閣制を揺るがしかねない問題をはらんでいた。第一に、「政党中心政治」の進展は政党内閣制という一つの制度の確立を意味するだけではなく、必然的にその自律化という問題を含んでいた。したがって、西園寺が政党の動きに呼応して政党内閣制の創設に関わった一人であり、首相選定になお大きな影響力を持つといっても、いつまでも個人の能力で管理できるようなものではない。第二に、「政党中心政治」の進展にともなって政治に対する政党の責任が高まり、期待と批判がますます強まるという効果があった。そして第三に、政党が政治の中心に位置づけられる中で、それぞれの機関は、政党政治といかなる補完関係を持つのかを自問しはじめる。[*45] それは憲法秩序の再編を意味し、こうした急激な再編は軋轢や弱者の反抗を生み出しかねない不安定な時期をもたらす。後の敗戦後の占領改革はこの二つの問い、すなわち民主主義の下で権力者は誰か、そして権力者には何ができるかを、占領権力によって外から強制的に解決し、大枠を新憲法に固定化することになる。

二　強い田中内閣と昭和天皇による倒閣
――政党中心政治への確信と反発

(1)与野党伯仲下での混乱と張作霖爆殺事件

与野党伯仲下の特別議会と済南事件の勃発

一九二八年四月二三日から五月七日まで、初の男子普選議会となる第五五特別議会が開かれた。与党政友会は衆議院で第一党ではあったものの過半数を占めておらず、与野党が拮抗する中で議会運営は混乱を極めた。二大政党化したにもかかわらず、かえって少数党の存在意義が高まることになった。政友会は三議席しかない実業同志会と政策協定を結んだ。さらに、野党議員の切り崩しにも奔走し、民政党から脱党者も出た。これに対抗して、民政党は議員を宿所に缶詰にする事態にまでなった。

宮中官僚の間では、再解散が奏請された場合の対応が問題となっていた。憲法学者の美濃部達吉は天皇の大権である解散権行使について、政治上の制限として、第一に、政治上の重要問題で衆議院と政府、貴族院と政府、もしくは衆議院と貴族院との間で意見衝突があること、第二に、政府は解散原因を明らかにして何について国民の判断を求めるのかを示すべきこと、第三に、同一原因での解散は一度であるべきことをあげつつも、法律上の理論としては政府の自由裁量であると説明していた。西園寺は四月六日の牧野内大臣との面会で、「再解散云々も全然同感なるが、〔昭和天皇の〕御言葉の結果が内閣の辞職となりては考へものなり」と注意した。これを聞いた牧野は、「此点は我々も心配したるところなるが、此手段〔＝昭和天皇の行為による政局打開〕を取らずして防止するを得ば固《もと》より最上」であるとして、しかるべき考慮を西園寺に依頼した（村井㊦35）。問題のある再解散の要請は認められないかもしれない。

議会が開会された二三日、田中首相は、無産党と民政党が協力して不信任案を出すこととなれば、事情によって停会を求めるかもしれないと内奏していた。牧野内大臣が停会後解散にまで進む可能性を説明したところ、昭和天皇は枢密院に諮詢してはどうかと述べた。

民政党は無産党と図ってまず鈴木喜三郎内相の選挙干渉を批判する内相弾劾決議案の提出にこぎ着けた。田中首相は原に学び高橋前総裁を反面教師として内閣の一蓮托生を唱えていたので、首相が鈴木に辞めてくれとは言えない。なかなか不信任案を否決できる見通しが立たず、停会して切り崩しに努めてもなお票が足りなかったため、二度目の停会となった。しかし、解散も総辞職も政友会内で歓迎されず、最終的に鈴木内相は自ら辞任することになった。翌日、選挙干渉弾劾決議案が修正可決された。

それでも危機は去らない。次に会期切れをにらみながら内閣不信任案が議論された。田中首相は牧野内大臣に、「反対党が依然無産党と語合《かたりあ》ひ不信任案を押し通す時」は成り行きによって解散すると覚悟を語っていた。牧野は「無産党の加勢が解散の理由となるや否や」は理解に苦しんだが聞き流した（村井㊦39）。昭和天皇と牧野内大臣の間では、予算案否決の場合は解散を認めるが、内閣不信任案による再解散は、この年二月の解散と同一原因になるため裁可しない考えであった。

このような悩ましくきわどい判断は表に出ることはなかった。最終的にわずか七名の小会派明政会がキャスティングボートを握り、会期切れとなったからである。明政会にとって悩ましい状況で、不信任案に賛成することは民政党内閣の誕生を手助けすることになり、反対すれば政府の延命に手を貸すと批判される。明政会はこのジレンマの中で会期切れを選び、解散は回避された。

こうして何とか特別議会を乗り切った田中内閣であったが、会期中の五月三日には済南事件が起こっている。中国での蔣介石率いる国民革命軍の北伐再開に、四月一九日、第二次山東出兵を決定していたが、軍が政争に利用されているのではないかという声が軍内でもあがっていた。その中で済南で日中両軍の衝突が起こってしまった。増援の必要があり、特別議会後の五月九日には第三次山東出兵に踏み切った。

特別議会後も続く混乱

特別議会後も政治の混乱は続き、昭和天皇や宮中官僚の不満も募った。まず、久原房之助《くはらふさのすけ》（一八六九―一九六五）入閣問題である。田中は、久原鉱業株式会社を起こした実業家で今回の総選挙で初当選した久原を、内閣改造によってそれまで自らが兼任していた外相に迎えようとしている

久原房之助

ようであった。このことに特別議会開会前の四月一八日、牧野内大臣のもとには英国大使館からの懸念が間接的に伝えられていた。久原はかつて英国商人との汽船購入をめぐる契約不履行問題で敗訴しており、その過程でも悪印象を残していた。「斯《か》様《よう》の過去を有する人物を外相に据へるは帝国の体面に係《かかわ》る」と考えられた。このことは田中首相に伝えられることになった。[*46]

そこで外相は諦め、鈴木が辞職した内相が候補にあがった。こちらも主要閣僚である。これには閣内からも反対の声が上がり、水野錬太郎文相が抗議の辞任を行うことになった。昭和天皇は強い懸念を抱き、その意を体して牧野内大臣が動いた。牧野が期待したのは西園寺の指導力であり、西園寺に田中を説得するよう求めた（村井㊦43）。結局、田中首相は望月圭介を内相に選び、五月二三日、久原を逓相として入閣させた。

ところがさらに問題が起こる。久原入閣に反対して辞職しようとした水野文相を、昭和天皇の御言葉によって留任させようとする水野文相優諚問題を引き起こした。そして貴族院各派がこの問題で政府への問責を表明する中、田中首相は天皇に進退伺いを出すという挙に出た。首相に辞任の意思がない以上、却下せざるを得なかったが、宮中官僚への批判すら招いた。

特別議会では先の共産党一斉検挙を受けて最高刑を死刑にするなどさらに取り締まりを強化する治安維持法改正案が出されていたが、審議未了廃案となり、枢密院の審議する緊急勅令によって成立した。

張作霖爆殺事件と不戦条約

そして六月四日には張作霖《ちょうさくりん》爆殺事件が起こった。中国満州を地盤とする軍閥指導者から中華民国政府の指導者となっていた張作霖は、国民革命軍の接近を受けて北京から奉天に引き上げようと列車に乗っていたところ、満鉄付属地内で起こった爆発によって死亡した。それは河本《こうもと》大作関東軍高級参謀によって計画、実行されたもので、満蒙《まんもう》（＝満州と内モンゴル、なかでも南満州東部内蒙古が日本の勢力範囲で、南満東蒙とも）政策での張作霖の協力を重視していた田中内閣の外交構想を破壊する行為であった。田中首相は日本軍人の仕業であるという報告を受けると、当初厳正な処分を考えていた。西園寺も、「一面には政友会のやうな力強い政党であればこそ思ひきつてかういふことができた、といふので、政党としても、また田中自身としても、立派に国軍の綱紀を維持せしめたといふことが非常にいゝ影響を与へるのではないか」と、田中を励まし、統合者としての政党に期待した。*47 このような厳正処分方針は牧野内大臣ら宮中官僚も賛同していた。田中は一二月二四日、昭和天皇に日本軍人の関与があったようであり、真相が明らかになった後には厳正に処分を行うと上奏した。しかし、小川平吉鉄道大臣や白川義則《よしのり》陸相、鈴木荘六《そうろく》参謀総長などの陸軍、そして政友会内から強い批判を受けて後退していく。

この間、野党は何をしていたのか。田中首相は、外交は党派を超えてあたるべきであると民政党に外交及思想問題調査会の設置を提案した。しかし、民政党では、かつて加藤高明憲政会総裁が臨時外交調査委員会に入らなかったように、政党内閣による責任政治を阻害するものと考えら

日本がかかわった主な国際条約②（1927–30年）

会議／条約	内　容	内閣と全権
ジュネーブ海軍軍縮会議（1927年6月）	日・米・英の補助艦の制限を協議（条約不成立）	田中義一内閣 斎藤実
不戦条約（1928年8月）	15カ国間で戦争放棄を合意	田中義一内閣 内田康哉
ロンドン海軍軍縮会議（1930年1月）	主力艦の制限と建造禁止を1936年まで延長。補助艦の制限	浜口雄幸内閣 若槻礼次郎 財部彪 松平恒雄 永井松三

れたこと、そしてその提起は八月一日に民政党幹部の一人、床次竹二郎が脱党したことによって党が混乱していたときであり、拒否した。

張作霖爆殺事件の処理が続く中、表立って大々的に行われたのが不戦条約をめぐる議会での論争であった。国際紛争を解決するための政策手段としての戦争、すなわち侵略戦争を禁じた不戦条約は、日本政治にとって第一次世界大戦後のウィルソン主義を受容するか否かに続いて、外交と民主主義の関係を考えさせる二度目の例となった。しかも、今回は共に共和国である米国とフランスが主導したことによって、国柄という伝統をめぐる議論となった。

田中内閣は第二次世界大戦後の歴史学でとかく評判が悪かったが、国際主義に背を向けていたわけではない。田中内閣は若槻内閣から引き継いで、前年一九二七年のジュネーブ海軍軍縮会議に尽力していた。ワシントン海軍軍縮条約とは異なりフランスとイタリアは参加せず、米国と英国と日本の三大海軍国による会議となったが、結局、米国と英国の対立が解けず条約には至らなかった。この時の首席全権は海軍の斎藤実（一八五八―一九三六）であった。

一九二八年の不戦条約会議には、第二次西園寺内閣、原内閣、高橋内閣と三代の政友会内閣で外相を務めた内田康哉枢密顧問官を全権として送り、八月に戦争放棄に関する条約に調印した。

民政党も国際協調外交を支持していた。民政党総務中村啓次郎は、「我等は不戦条約そのものに苦情はない」と条約内容への支持を明確にする一方、戦争放棄を「人民の名に於て」宣言するという部分で内閣を批判した（村井㊦49）。浜口総裁や貴族院議員の幣原喜重郎前外相の演説ではこの問題は全く触れられていない。浜口の関心は中国問題に集中していた。床次脱党で揺れる民政党は田中内閣の中国問題に危機感を抱き、「徹底的に倒閣運動に邁進」することになった。

外交問題を政争の具に使うことは望ましいことであろうか。浜口総裁は、九月一〇日の民政党臨時議員総会で、「我々は殊更に外交を政争の具に供したことはないと確信してゐる」と述べ、「既往《きおう》将来に亘《わた》り然るべきこと」で、数ある政策の中でも特に外交では慎重な注意を払い、交渉中の案件について国家に不利益と思えば意見を発表せず、意見を発表することが国家のためと考えれば断固として発表する。そして敵党であっても政府の処置が適当であれば賛成して国論の一致を図ると述べた。これは特に名指しまではしていないが幣原前外相から党の姿勢に注意があったようだが、中国問題についてであって、不戦条約については触れられていない。

ところが、九月一八日の党総務会では不戦条約について申し合わせが行われ、「吾人は不戦条約の内容には満腔《まんこう》の賛意を表するものにしてこれに対して毫《ごう》も疑義を挟むものに非ず」という第一項に続いて、第二項では「たゞ人民の名において厳粛に宣言すと称する一句は明白に国家意思宣言の主体を人民とするものにして帝国憲法の精神にもとり、大権を無視するものなり」と謳われた。さらに二五日の幹部会では大々的に倒閣運動を起こすことに意見が一致している。こうし

馬場恒吾

て民政党は「人民の名において」という文言で田中内閣を攻め立てた（村井㊦50―51）。

一〇月、時事新報記者の加藤正造《しょうぞう》は『政党の表裏』を出版し、冒頭、「憲政布かれてこゝに四十年、わが国の立憲制もどうやら政党内閣制が確立したようである。二大政党の対立か、小党の分立か、普選時代に於けるわが政党の分野は予断が出来ないけれども、何れにせよ政局を担当するものは政党であつて、今後、貴族院内閣や官僚内閣の出現するが如きことは恐らくないであろう。従って政党がます〳〵その勢ひを加へ、是非の議論を超越して巨姿を国民の前に現はすは、恰も現代経済組織に於ける百貨店と同様の観がある」と述べている。[*48] 加藤は政党内閣制について、「政党内閣制といふは一の政党内閣が倒壊した場合に他の反対党が代つて内閣を組織し、かくて二大政党が民意の帰趨に従ひ互に政権を授受してその間に超然内閣や貴族院内閣の介在を許さない趣旨である」と述べている。[*49] 国民政党である政友会、民政党の将来、そして階級政党である無産政党の将来はどうなるだろうか。加藤は新しい選挙法が中立（＝無所属）候補を減らす政党中心のものであることを指摘した上で、二大政党の将来を観察し、無産政党については「無産階級の弱みは団結にある」とも述べて幹部の努力を求めている。[*50]

また、一二月に社会民衆党の叢書「民衆政治講座」の一冊として『議会制度改革論』を著した馬場恒吾は、今日になって西園寺が、内閣は政党の間に相互に授受されるべきものであって、その間に元老が口を挟む必要はないという意見になってきたことは、政治の進歩を願うものにとって喜ぶべきことであるという。しかし、憲政常道は二大政党間での政権交代に尽きるかというと、「元老の手に依つて、政権を飛んでもない所に持つて往かれるよりはましである」が、憲政常道論の本質的な趣旨は、「選挙に依つて具体的に表示せられる所の、国民の意志に依つて政権が動くと云ふ事である」と、一層の変化を求めた（村井㊦54―55）。

（2）昭和天皇による弾劾――二つの立憲君主像の相克

衆議院・貴族院・枢密院と政党間競争

貴族院でも衆議院を中心とする政党内閣制の成立が意識される。近衛文麿は、「以前私の父（＝貴族院議長も務めた近衛篤麿）などの時代は、まだ時の政府が民意に立脚した政府でなく、いわゆる藩閥政府、官僚政府であったから、これに対して国民的政府を樹立するため戦いを挑むのはよかったが、今日では大体民意の上に置かれた政府だから、貴族院がこれに楯をつくのはよろしくない」と新聞紙上に新たな貴族院のあり方を語っていた（村井㊦56）。

近衛文麿

第五六議会は一二月二四日に召集され、二八日から年末休会に入り、一九二九年一月二二日から三月二五日まで開かれた。先の第五五議会では衆議院での第一党と第二党の差は七議席しかなかったが、第五六議会では五〇議席に広がっていた。

田中首相は、一月二二日、通常議会の再開に際して浜口民政党総裁、床次新党倶楽部首領に会見を申し入れ、「外交ノ某重大事件」について、政府は慎重考慮中であるため議会での質問がないことを望むと述べた。その際、「爆破事件」と言ったのだという（村井㊦52）。浜口はこの申し入れを断った。さらに民政党は二月五日に内閣不信任案を提出し、少数野党とも共同歩調を目指したが一〇日に六四票差で否決された。衆議院では、数の力で野党が何かできる状況にはなかった。三月五日には、治安維持法改正緊急勅令の事後承諾案が衆議院で可決された。

とはいえ野党にできることはある。三月九日には床次が政友会と共同提出した、選挙区制を中選挙区制から小選挙区制に戻す案の説明に立ったが、民政党の議事遷延策をきっかけとする議場の大混乱で立ち往生した。また、一一日には民政党の斎藤隆夫が三時間にわたって演説を行い、議事を妨害した。フィリバスターである。

院外では不幸な暴力事件も起こった。三月五日、無産党議員で京都二区選出の代議士山本宣治《せんじ》が右翼によって刺殺されたのであった。

貴族院では、近衛が中心となって、解散のない貴族院での内閣不信任案と言うべき、内閣総理大臣の措置に関する決議案が提出され、二月二二日、一七二対一四九で可決された。しかし、田中首相は辞めなかった。貴族院の攻勢を受けても、衆議院で多数を占めている以上、田中内閣は政権維持という点で強力であった。

会期中の三月五日、政界の情報通として活動した松本剛吉が病死している。[*51] 床次脱党には松本の画策があり、田のもとに情報が流れた。田のもとには田中内閣の倒壊予想とその場合の新たな官僚内閣構想が折々に持ち込まれていた。彼が残した史料は後の評価も左右してきたと言えよう。心の奥底で政党政治に否定的な西園寺像は、松本の西園寺像であったと言ってよい。他方で彼が仕えた田の息子昌は民政党代議士となった。また同三月、震災復興の一環として首相官邸が竣工した。二〇〇二年四月に新首相官邸に機能が移るまで長く日本政治の中心舞台となる。

衆議院でも貴族院でも倒れなかった田中内閣にとって次なる関門は枢密院であった。枢密院での審議は条約の批准を決する場であるとともに、帝国議会閉会後も民政党の不戦条約批判を持続させた。

枢密院では外交官出身の石井菊次郎（一八六六―一九四五）が条約文中の「人民の名において」宣言する、との文言が違憲であると論じるなど批判も強かった。一九二九年五月七日、全権として不戦条約に調印した内田康哉は西園寺と会談した。内田も枢密顧問官に選ばれていた。西園寺は、不戦条約について、どう考えても国体や憲法に違反するとは思えない、「デモクラシー云々ノ説ニハ自分等ハ巴里《パリ》会議ノ折ノ責任者ニシテ、現ニ其考ニテ会議ヲ取運《とりはこ》ヒ来レリ」と述べた。たとえ内閣が代わっても困難な問題で、内田は「民政党ガ局ニ当ルトスレハ行掛上《ゆきがかり》一層困難ヲ感スベク、本問題ノ解決ハ矢張リ現内閣デ処分スルコト最モ便利ニシテ且《かつ》当然ノ責務ナリ」と述べた。[*52]

政府はこの点が日本に適用されないと了解する宣言書をつけることで何とか解決をはかる。このような議論に、西園寺の情報係でもあった若い貴族政治家原田熊雄は、元朝鮮総督でジュネーブ海軍軍縮会議で全権を務めた斎藤実に枢密院の横暴を告げて、斎藤のような経歴の人が何とかできないかと話したところ、斎藤は「近来元老ガ余リ静カ過キルト称シ、其ノ奮起ヲ望ム旨」を語ったのだという。[*53]

六月二六日に枢密院で不戦条約は批准された。枢密院も田中内閣を退陣に追い込むことはなかった。内田は自ら署名した条約に政府が宣言書を付したことに反対する意味で枢密顧問官を辞職した。

昭和天皇と政党内閣——二つの立憲君主像

田中内閣は衆議院、貴族院、枢密院を乗り切ったが、昭和天皇の叱責を受けて自ら総辞職を選ぶ。昭和天皇は第二次世界大戦後に当時を振り返って「若気の至り」と述べたが、同時代資料からは論理的でよく準備された行動であったことが浮かび上がる。

昭和天皇による田中首相の弾劾には三つの背景があった。第一に、昭和天皇は田中内閣の中国政策を憂慮しており、牧野内大臣ら宮中官僚も思いを共有していた。第二に、昭和天皇は田中首相に対する否定的評価も宮中官僚と共有していた。田中首相は張作霖爆殺事件について、当初厳正な処分を行う意思を上奏していたが、陸軍や与党からの反対を受けて、四月三日には陸軍部内での処理に済ます方針を牧野に伝えた。牧野は、田中が総理の資格を全然欠如しているだけでなく、「恐れながら上を軽んじ奉るもの」と感じた（村井㊦60）。

そして第三に新たな政党内閣制の時代、さらには政党中心政治に向かう時代に天皇の果たすべき役割像が問われていた。牧野ら宮中官僚は貴族院での事実上の首相問責決議案の可決に注目しており、「政府は常識あらば引退するが本当」と考えたが、政府は総辞職しなかった。第五六議会で主要法案が審議未了廃案となったことでどうするかと注視していたが、政府の大失敗とみられるにもかかわらず、田中は案そのものにもともと無理があったと、からっとしたもので、もちろん辞めない。そこで天皇の「厳然たる御態度」による政局転換が論じられるようになる。なお、一月一六日に珍田捨巳侍従長が死去し、海軍出身の鈴木貫太郎（一八六七―一九四八）が侍従長に就いた（村井㊦61）。

三月二八日、済南事件の処理について日中間の合意を得、五月に日本軍は撤兵を済ませた。そして六月三日、蔣介石による国民政府を承認した。

田中内閣では、最高刑を死刑とするなど治安維持法の厳罰化を進めたが、三月一五日、四月一六日と相次いで共産主義者の全国一斉検挙を実施した。また、陸軍内でも陸軍士官学校一四期から二五期までの四〇人ほどが集まって一夕会《いっせきかい》が結成された。彼らは陸軍人事を刷新し、満蒙問題解決に重点を置くことを申し合わせた。

鈴木貫太郎

済南事件の片がつき、政府承認が済むことで、政府は張作霖爆殺事件の後始末と向き合うことになり、昭和天皇と宮中官僚は田中首相の弾劾に向けて一歩ずつ歩みを進めていた。五月六日、牧野は西園寺を訪れ、「責任を取るか云々の御反問を以て首相に御答へ」になりたいという昭和天皇の意向について話し合った。牧野の見たところ西園寺もことの重大さを理解したようで、西園寺は「果して右様の事実実現して御下問を拝する場合に於ては、御差止めを御願ひする理由は無之様思考す」と述べ、「但し為めに政変等の起る事も予想せらる、ところ、此れは政治上有り勝ちの事にして左程心配の事にあらざるべきも、大元帥陛下と軍隊の関係上、内閣引責後本件を如何に処置すべきや、此点は実に重大事柄なるを以て聖徳に累の及ばざる様善後の処置を予じめ考慮し置くべき必要あるべし」と続けた（村井㊦62）。これは牧野の記録である。にもかかわらずそこには西園寺語とも言うべきものがあらわれている。牧野は西園寺が総論に賛成した上で実行時の注意を与えたと受け止めた。しかし、西園寺が総論で賛成しながらすぐに実行上の難しさをあげる場合には総論でも反対なのである。

西園寺は田中に面会して注意を与え、田中は牧野に、陸軍部内に事件に関係したものはおらず警備責任で処理するという陸相に、上奏との関係で注意したと述べた。しかし、牧野には姑息にしか見えない。また西園寺が賛成したと思っているので準備を進めていく。牧野は鈴木侍従長に事件の処置振りは別問題で、前後の内奏が異なる場合は聖明を蔽《おお》う（＝天皇の判断を曇らせる）ことになり、側近として看過できないという。昭和天皇のお考えはごもっともであると昭和天皇に伝えられることになった。昭和天皇は統治に誠実で、先の再解散の裁可でも、不本意であっても消極的で寛容な対応をするよう助言してきたのが牧野内大臣であった。今回は元老の了解を得ていると考えているので止めるものはない。田中は西園寺の注意で問題の所在を理解し、昭和天皇が事件もみ消しに加担しなくて済むよう内閣の責任で処分を発表することを考えた。しかし、牧野には「小役人の提議」にしか見えなかった。

六月二五日、翌日に枢密院会議で不戦条約の通過の見込みが立ったことから、その次の二七日に張作霖爆殺事件の処分を奏聞《そうもん》する内報が田中首相から伝えられた。そこで牧野は決行を前提として、内閣総辞職となれば後継首相を奏薦しなければならない西園寺にも状況を伝えた。

ところが西園寺は「御言葉の点に付明治天皇御時代より未だ嘗《かつ》て其例なく、総理大臣の進退に直接関係すべし」と明確に反対した。牧野は「余りの意外に茫然自失」し、驚愕を禁じ得なかった。すでに昭和天皇にも伝えたことであるので牧野は必死に西園寺に再考を求めたが、ついに同意は得られなかった。

牧野は、識者が異口同音に現状維持を批判しており、特に張作霖爆殺事件では「聖明を蔽」うことが度々で、「党弊（＝政党ゆえの弊害）深甚《しんじん》の現状」では国民は天皇への信頼を頼りにしている。したがって明治時代とは比べられず、天皇による不信任表明もやむを得ない。それは皇室に累を及ぼすどころか「健全な国論」に感謝されるだろう、と考えていた。田中首相があらためて処分について昭和天皇の許諾を得るのではなく、上聞に達する（＝申し上げて耳に入る）だけと聞いた牧野は、「総《す》べてが見得過ぎたる弥縫、作り事」と受け止めたが、田中の方針を伝え聞いた西園寺は「非常に安堵」し、「陛下の御行動により内閣を左右することとなるは恐懼《きょうく》に堪へず」として政府の責任で処置することを評価した（村井㊦64―66）。

翌一九二九年六月二七日、昭和天皇による弾劾は決行された。戦後の回想では、田中に対し、辞めてはどうかとまで言ったのだという。

昭和天皇（裕仁）

昭和天皇の叱責を受けた田中首相は、先に書面で報告していた白川陸相の説明が悪かったのかと考えた。そこで白川陸相が鈴木侍従長にたずねたところ、陸軍の問題ではなく首相の態度の豹変やずさんさに「叡慮の一端」が漏れたものであるという。これを聞いた田中は辞意を固め、閣議で説明した。小川鉄相は君主に過ちがある場合にはそれを正すのが宰相の責任であると自重を求めた。再び参内した田中は、「昨日の上奏は前の上奏と矛盾せり、それのみならず他にも矛盾の事少なからず」という昭和天皇の意向を鈴木侍従長から聞かされ、直接弁明したいという希望も「陛下は御説明は聴《きこ》し召されずとの思召なり」と拒絶された。これを聞いて田中は総辞職を決めた。また、白川陸相が奏上した処分方針が裁可を得たことを聞いた小川も、昭和天皇の批判が内閣の処分方針にではなく、首相の適格性に向けられていると理解し、総辞職しかないと覚悟を決めた。

田中から辞意を聞いた西園寺は「然らば最早致方もなし」と残念に思った（村井㊦67）。時は過ぎたのであった。宮中の陰謀であると抗議する小川に西園寺は、「世の中に議会中心主義を標榜する者あるが、其の反対に今回は君権神聖論を主張するものあり。曰く、田中内閣の如く議会には金銭の力に依て多数を制し、悪政を連続して底止《ていし》するなくんば、国家の前途は寒心に堪へざるなり、宜しく之を倒すべしと。焉《いずく》んぞ知らん〔＝どうしてわかるだろうか〕、悪政なりと断ずるは何を以て標準とするや、何人が之を決定するや、危険なることなり」と述べた。田中の辞意を聞いて、良いことをしたという喜色に満ちていた宮中官僚とは好対照であった（村井㊦68）。

田中内閣は七月二日に総辞職した。昭和天皇は西園寺に下問し、あわせて牧野内大臣にも下問した。「元老・内大臣協議」方式に則った首相選定である。西園寺は田中の上奏で調停のための下問があるかと上京していたので、直接宮中官僚と意見交換し、反対党民政党の浜口雄幸総裁を指名することで一致した。牧野も浜口を奏薦した。昭和天皇は浜口に組閣の大命を降下し、浜口はその日のうちに組閣を完了した。牧野は、政変にも社会は「比較的平穏」と観察し、「世論も其帰着点に付ては大勢上已に期待するところあるが如し」と記した（村井㊦70）。

田中内閣は政党政治を強く意識した内閣であったが、結果的に成果には乏しかったと言うべきであろうか。田中内閣は初の男子普選総選挙で僅勝に止まり、二大政党伯仲議会は困難を極めた。また、外交でも、山東出兵にともなう済南事件の発生、さらには張作霖爆殺事件が起こるに至って張作霖との協力による大陸政策は完全に行き詰まり、国民党政府の統一を承認するに至った。その後民政党の床次竹二郎が新党を結成したことで二大政党間の伯仲状態は解消されたが、このような内政上の問題と外交上の行き詰まりは、昭和天皇の叱責による総辞職という未曽有の事態を引き起こした。

政党内閣制の成立は遅れてきた改革であった。したがって反自由主義的政党政治言説として権威主義的な批判と社会主義的な批判が合流し、挟撃されることになる。伝統に基づく権威主義体制はまだ十分に枯れておらず、社会主義はロシア革命によって前途の希望に燃えていた。しかし、危機は伝統社会（権威主義体制）とも未来社会（社会主義体制）とも異なるところからやってくる。なお、張作霖爆殺事件でも後の満州事変のように分離独立に向けた陰謀があったが、田中は陸軍を指揮してこれをよく抑えることができた。

明治憲法下の天皇は絶対君主であろうか、立憲君主であろうか、昭和天皇はどうだったか、長らく歴史学が議論してきたことであり、田中内閣総辞職は大きな論点であった。昭和天皇崩御後に関連資料が相次いで公刊され、現在では行動の詳細がずいぶんと分かるようになっている。昭和天皇と宮中官僚は伝統社会を愛惜して反民主主義的、反政党政治的だったのだろうか。そうではない。昭和天皇と宮中官僚、そして元老西園寺の行動を考える上で、英国をモデルとする立憲君主像、すなわち政党政治に適合的な立憲君主像が、当時二種類あったことが重要である。

それは、西園寺が理想とする、「君臨すれども統治せず」という格言を文字通り実行する全権委任型の立憲君主像と、昭和天皇と宮中官僚が信奉し、実際に英国で実現していた、政党政治を補完する立憲君主像であった。昭和天皇にとってそれは一九二一年の訪欧時に英国でジョージ五世から親しく、またケンブリッジ大学などで学ぶ機会を得たことであった。昭和天皇は浜口内閣をつくるために田中内閣を弾劾したわけではない。しかし、次の内閣が予想できない状況で弾劾に踏み出せただろうか。政党内閣制が前提となっている。

三　浜口民政党内閣と第二回男子普選総選挙——権力の再生

(1) 政党内閣制の自浄作用

浜口内閣の成立と元老西園寺の尽力

一九二九年七月二日、田中義一内閣が総辞職すると、即日、浜口雄幸民政党総裁に組閣の大命が降下し、その日のうちに内閣成立にまで進んだ。政党内閣制は自浄作用を内在化したシステムであり、行き詰まった政権課題を代案によって克服し、解決につながる新生面を開くことに政権交代の意義があった。元老西園寺と牧野内大臣が昭和天皇から下問を受けると、反対党である民政党の総裁を指名したことはすでに述べた。

浜口は原敬以来の衆議院に議席を持つ首相、いわゆる「平民宰相」であった。首相就任時五九歳で明治生まれの初めての首相でもあった。組閣の様子は海相となる財部彪の日記に詳しい。午後一時に参内して大命降下を受けた浜口は午後三時には財部に往訪を求め、今夜にも親任式をあげたいと伝えた。[*54] 財部が浜口邸を出たのが四時過ぎ、五時には返事が欲しいと求められ、五時半には応諾した。六時には閣僚名簿を奉呈し、親任式は夜九時から行われた。閣僚名簿を受け取った昭和天皇は、特に牧野内大臣を呼んで「良い顔触れなり」と満足の意を伝えた(村井㊦90)。

浜口内閣は首相の他、幣原喜重郎外相(貴族院、以下「貴」)、安達謙蔵内相(衆議院、以下「衆」)、井上準之助蔵相(貴)、宇垣一成陸相(陸軍)、財部海相(海軍)、渡邊千冬《ちふゆ》法相(貴)、小橋一太《こばしいちた》文相(衆)、町田忠治農相(衆)、俵孫一《たわらまごいち》商相(衆)、小泉又次郎逓相(衆)、江木翼鉄相(貴)、松田源治拓相(衆)と、閣僚に四人の貴族院議員を含む。井上蔵相は民政党に入党し、党務の中心を担うようになっていく。他に渡邉は研究会、江木翼(一八七三—一九三二)は民政党指導者で、幣原は党の外交の顔であった。また軍部大臣の宇垣と財部は先の憲政会内閣でも務めていた。宇

井上準之助

垣はこの頃、「政党政治の世の中では国民は宰相を選択し宰相は国民を指導すると云ふ様な形になる。勿論宰相の任命は大権に属すれども其大権の発動は国民多数を代表する政党の中の人物に対して行はるるを常とする」と日記に記していた（村井㊦27）。

浜口は与野党間での政権交代による政治的復原機能を強く意識していた。政党内閣の政策や信頼性に問題があっても、政権交代を通じて適宜改善されることで政党政治の枠内でバランスが回復し、問題が解決される。その機能がうまく働かず、「若し国民が政党政治を信ぜぬことになれば、憲政は再び逆転せざるを得ない」と国民が政党政治から離反し、かえって民意が制度的に及ばない官僚内閣が再現されることを危惧していたからである[*55]。

浜口は、政党内閣としての純度よりも、党内外のバランスに配慮しつつ、全体として首相のリーダーシップによる能力主義を追究した。なかでも金解禁を控えて重要な蔵相に、党内からではなく井上準之助をあてたことは注目を集めた。日本は一九世紀末、国際経済に参加すべく金本位制、すなわち通貨の価値が金の保有量によって決まる仕組みを確立していたが、第一次世界大戦中に諸外国が金の流出を抑えるためにこれを停止すると、それにならって金輸出を禁じた。大戦後に各国が復帰する中で日本も金輸出の解禁が長らく懸案となっていたが、為替相場が安定しなかったため見送られていた。これは、戦後の反動不況以来、関東大震災、金融恐慌などへの対策で紙幣を増発しており、インフレと円の価値の下落が続いていたためである。金解禁と金本位制への復帰のために政府は、財政においては緊縮を図る必要があった。浜口内閣は緊縮政策を採り、ついに金解禁を実施した。

浜口は、外交面でも田中内閣からの軌道修正を行った。山東出兵のような介入的な中国政策の転換を進めるとともにロンドン海軍軍縮会議を成功に導いた。

馬場恒吾は、この度の内閣交代を評して、西園寺が、「聡明な世界的立場に立つて、日本の地位を進める」ことと、「最後のご奉公として、立憲政治の完全な発達」を期すことの二点を希望し、「政権の授受」が「誰れの眼にも不自然でなく、政党相互の間に行はれる習慣」を作ることで、「憲法で規定されざる機関」である元老の推薦を「只形式的のもの」にし、元老そのものを不要にしようとしていると肯定的に評価した。[*56]

こうして総辞職から組閣までを一日で駆け抜けたことには、政友会内閣が退陣すれば民政党総裁に大命降下されると予見できたこと以上の準備があったようである。西園寺に近い竹越与三郎《たけこしよさぶろう》（一八六五―一九五〇）によれば、この日、西園寺は奏薦のため宮中に参内した後に記念写真を撮影し、署名して竹越に贈ったのだという。[*57] それは竹越の労を慰するためだったと考えられる。浜口に「深厚なる同情を持って居った」竹越は、「多少の微力を尽くし内閣成立の前後、濱口君に対して二三の注文をつけた」という。[*58] 西園寺の依頼で事前に浜口に組閣準備を促したのではないか。そうであれば西園寺の強い意気込みがうかがえる。そのような西園寺の姿勢は、政友会幹部小川平吉の記録にも、枢密院議長倉富勇三郎の日記にも残されている。倉富は「西園寺公は今後元老を設けず政機の移転は自然に行わるる様の考なる様に聞き居る」と記し、小川は「政権授受の基準は公が多年苦心せし所にして一歩も之を誤るの虞なき」と記したのである。[*59]

他方、床次竹二郎は六月二九日、田健治郎に「若し後継内閣、民政党に帰せんか、議会解散民心益《ます》す動揺の虞《おそ》れ有り」と西園寺と牧野内大臣に自らを推薦してくれるよう求めていた。田は、政友会内閣後に反対党ではなく政友会系の内閣を成立させたことに擬したか、加藤友三郎内閣成立時の再現を願うものと理解したが、「時勢の変遷」から至難と感じた。そして新聞で「略《ほ》ぼ民政党総裁浜口雄幸推挙に内定」と伝えられると、牧野への働きかけも行わなかった。田は松本剛吉との関係からも周囲で非政党内閣をめぐる発言が行き来していたが、組閣当日七月二日の日記には、「所謂憲政の常道に従ひ、在野党主領《しゆりよう》浜口民政党総裁を推挙するや、疑ひを容《い》るゝべからず」と記していた。その一方で田は、台湾総督を務めた経験から「内閣更迭が植民地に波及するの弊」を「国家の為め憂ふるべき」とも記した。[*60] 民政党を離れ、政友会にも合流しないで潮見をしていた床次の一党は、遂に無条件で政友会に合流した。西園寺は床次の政友会復党を喜び、こうして第三党勢力は再び失われた。

浜口内閣の復元努力

浜口内閣は七月九日、閣議で声明書を決定し、政府が実行する当面の政策を一〇大政策として発表した。それは野党時代に訴えていた政策をまとめたものであった。第一に政治の公明、第二に民心の一新、第三に綱紀の粛正、第四に中国外交の刷新、第五に軍備縮小の完成、第六に財政の整理緊縮、第七に国債総額の逓減、第八に金解禁の断行、第九に社会政策の確立、そして第一〇がその他の政策であった（村井㊦92）。

不戦条約の寄託（＝批准をこの場合は米国政府に通知し管理を委任すること）は民政党内閣になってからになった。七月一五日、全権として調印した内田康哉は西園寺を訪問した。内田は、同条約が汎国際的、博愛的で、もっとも「我国体ニ適応スル永久的性質ヲ有スル」と考えていたため、反対していた政府宣言の発出を受けて枢密院を辞していた。西園寺も「自分等ガ巴里条約ヲ結ビタルモ、全ク民意ニ立脚シテナシタルコトニシテ、コレガ悪イトナレバ、自分等ノ為シタルコトモ非ナリシナリ」と賛同し、枢密院について「今日ノ儘ニテハ不可ナリ」と強い改革意欲を示した。[*61]

七月二九日、浜口内閣は先の田中内閣で帝国議会が協賛した当初予算を約五％減じた緊縮実行予算を発表した。金解禁に向けて財政緊縮の強い意思の表れであった。帝国憲法では第六四条で、予算について議会の「協賛」を経るよう求めている。浜口内閣の予算案に対して政友会は、「帝国議会の協賛権を無視し、憲法の精神を蹂躙する不当の処置である」と批判した。田中総裁は「今ヤ朝野両党ハ其主張スル所ノ政策政綱ヲ国民ノ前ニ闡明《せんめい》（＝明らかにすること）シ以テ其ノ是非ト取捨トヲ国民ノ自由批判ニ委スルノ時」であり、政府に精進を求めるとともに「陛下ノ在野党」として国民とともに政府の政策を注視する意向を述べた（村井㊦93）。

田中政友会内閣から浜口民政党内閣への政変直後に朝鮮総督が交代した。田中内閣下の六月に山梨半造朝鮮総督の腹心肥田理吉《ひだりきち》が疑獄事件で逮捕されており、山梨は九月に病気を理由に辞職した。一一月には山梨自身が取り調べを受け、一二月には起訴されたが裁判では無罪となっている。この頃、五私鉄疑獄事件や売勲事件など政治スキャンダルが相次いだが、山梨の疑獄事件は政党と軍の関係を考える上でも悪影響が大きかった。浜口内閣ではその間、八月一五日に海軍の斎藤実を朝鮮総督に再任する相談を、財部海相が仲立ちした。斎藤は朝鮮での参政権付与につい て成案を得たいと考え、浜口も「独り朝鮮と云はず内地に於ても進歩主義を以て進む積《つもり》なれば、固より子爵の建策は逐次相談して実行を期すべき」と述べたという。[*62]

浜口内閣は伊沢多喜男を始め政党政治の弊害を懸念する官僚政治家層を引きつけている。浜口は、「既成政党の腐敗堕落」を批判していた丸山鶴吉《つるきち》に、「泥田の中で、泥まみれになつている人を見つけたら、自分も泥田にはいつて行つて、相手の泥を落さなければ駄目だ」と政府内での協力を求め、警視総監に迎えた。[*63]

九月二九日、田中義一政友会総裁が狭心症で急逝した。内閣総辞職後も党総裁に止まり、活発に活動していた。このことは宮中官僚にとって憂慮の種であった。昭和天皇に辞職を促された田中が、政友会総裁の資格で再び昭和天皇から首相に指名されることはあるのだろうか。田中の死を聞いた牧野内大臣は、「将来再び政権を執るの日到来せずやとの懸念は蓋し心あるもの皆気遣ひたるところなりし。天の解決か」と日記に記した(村井㊦96)。「憲政常道」とは、当時首相選定者の一人から見てそれほどの規定力だったのである。

馬場恒吾は田中の死に「大正十三年清浦内閣の成立する迄は、総理大臣は元老の意志で推薦された。然るに清浦内閣が没落して以来の加藤高明内閣、若槻内閣、田中内閣の成立したのは、形式的には元老の推薦に依つてゞあるが、実質に於ては政党の総裁たるものがところてん式に内閣組織の任に押し出されるやうな形式になつた。それは憲政常道論に依る政治の一進歩である事に異論はないが、其所に一利一害が伴つた。政党の総裁になつて居れば総理大臣になれる。そして政党の総裁を選ぶのは政党であるが故に、之れを極端に云へば政党は総裁の地位を最も高く売り付けると云ふ事が出来る」と書いた。[*64]

一〇月一二日、政友会は元革新倶楽部の犬養毅を後継総裁に選んだ。第一次憲政擁護運動時のいわゆる「憲政の神様」である。こうして護憲三派指導者の一角犬養は再び政治の表舞台に戻ることになった。犬養は政友会の方針として「五化主義」を唱えた(村井㊦97)。第一が「政沢普遍化」〔=政治の恩恵が無産者にまで及ぶこと。社会政策の徹底を目指した造語〕、第二が産業合理化、第三が政務簡易化、第四が国防経済化、そして第五が政界清浄化であった。犬養は政友会元総裁である西園寺の元を挨拶に訪れ、党員を減じることがあっても、党弊を打破し、党を刷新していく決意を述べた。西園寺もまことに結構な決心であると激励した。

(2)第一七回総選挙——金解禁と国際軍縮への積極参加

金解禁と第一七回総選挙——強く正しく明るき政治を目指して

一九二九年一〇月一五日、浜口内閣は日本経済再建のための金解禁に向けて今度は官吏減俸を閣議決定し、翌一六日、昭和天皇に報告した。ところが官吏減俸は官吏からの強い批判を受けた。中でも司法部の反対は強く、新聞でも撤回論が紙面を賑わせた。これを心配したのが昭和天皇であった。特に上奏済みであることが政策の変更を阻害することを恐れた。鈴木侍従長を通して財部海相に伝言した。また昭和天皇は井上蔵相に「政変抔来《などきた》す如きは好ましからず」と忍耐を求めた。浜口首相は当初井上蔵相と減俸案の緩和について相談していたが、そこに訪れた財部海相、幣原外相とも相談して撤回を決意し、二二日の閣議で官吏減俸案を撤回した。これを聞いた牧野内大臣は「暗雲去り日光を望むの思ひせり」と日記に記した（村井㊦94）。

その二日後の米国時間一〇月二四日、ニューヨークのウォール街で株価の大暴落が起き、世界大恐慌へと展開していく。浜口内閣は当初、これを旧平価での金解禁にとって好材料とすらみていた。平価とは通貨の対外的な価値であり、当時の為替相場ではドル対円が一：二・一五程度であったが、内閣は旧平価の一：二・〇一程度で解禁することを考えていた。実質的な円の価値の切り上げであり、これはデフレや不況を誘引しかねないものであったが、これによって国内企業の淘汰を進め、国際競争力の向上を目指すべきという判断を踏まえていた。年を越えて一九三〇年一月一一日、浜口内閣は金解禁を実施した。

一月二一日、初めての通常議会を迎えた浜口首相は衆議院で施政方針演説を行い、犬養政友会総裁による反対討論の後、衆議院を解散した。*65 浜口は解散当日、「強ク正シク明ルキ政治、是レ余ノ信条也」と揮毫《きごう》し、選挙活動用とみられる小冊子『強く正しく明るき政治』の巻頭に掲げた。*66 党員を鼓舞する中で強さを強調しているが、ここでの強さは原の強さとは異なり、また田中への綱紀粛正批判も受けて、国民の信頼に基礎を置く公明な政治であればこその強さを主張した。

日本時間同日夜、英国ではロンドン海軍軍縮会議の開院式が英国王列席の下で開かれた。ワシントン会議で主力艦の軍縮について合意できたが、補助艦の建艦競争が取って代わることになった。そこでジュネーブで再び海軍軍縮が話し合われたが英米の対立でうまく行かなかった。今度は英米が事前のすりあわせを行った上で、再び軍縮会議が開かれたのであった。日本からの首席全権は若槻礼次郎、全権として海相の財部が補佐した。

日本からはラジオ中継のためJOAK（＝東京放送局）の技術者も駆けつけていた。試験放送はうまくいかなかったが、本番では断片的ではあるものの若槻全権の「日本国民の挙《こぞ》って共鳴するところであります」という言葉が届いた[*67]。放送の成功を受けてあらためて若槻全権が英国から直接日本国民に訴える機会として二月九日夜一一時四八分から九分間演説が中継され、北海道から台湾まで受信範囲に入った[*68]。憲法学者の佐々木惣一もこの放送を聞いた[*69]。平和のための短波放送であった。

二月二〇日に第一七回総選挙が実施された。鹿児島では、出馬した中村嘉壽の当選を求める新聞広告が、在外同胞によって出されている[*70]。日系移民は選挙権がなかったが、日系移民の境遇に理解のある議員を送り込むことは重要であった。投票結果は即日明らかになるわけではなく、数日かけて次第に大勢が判明していく。

昭和天皇は前回に続いて総選挙に高い関心を示した。翌二一日、翌々二二日と常侍官室（＝侍従ら天皇の側近が詰める部屋）を訪れては新聞で選挙結果を見たり、タイガー計算機を自ら操作して集計した[*71]。浜口首相から選挙結果の報告を聞いたのは二五日であった。

二大政党による政党内閣制の影響は選挙にも表れた。田中内閣下の一九二八年の第一六回総選

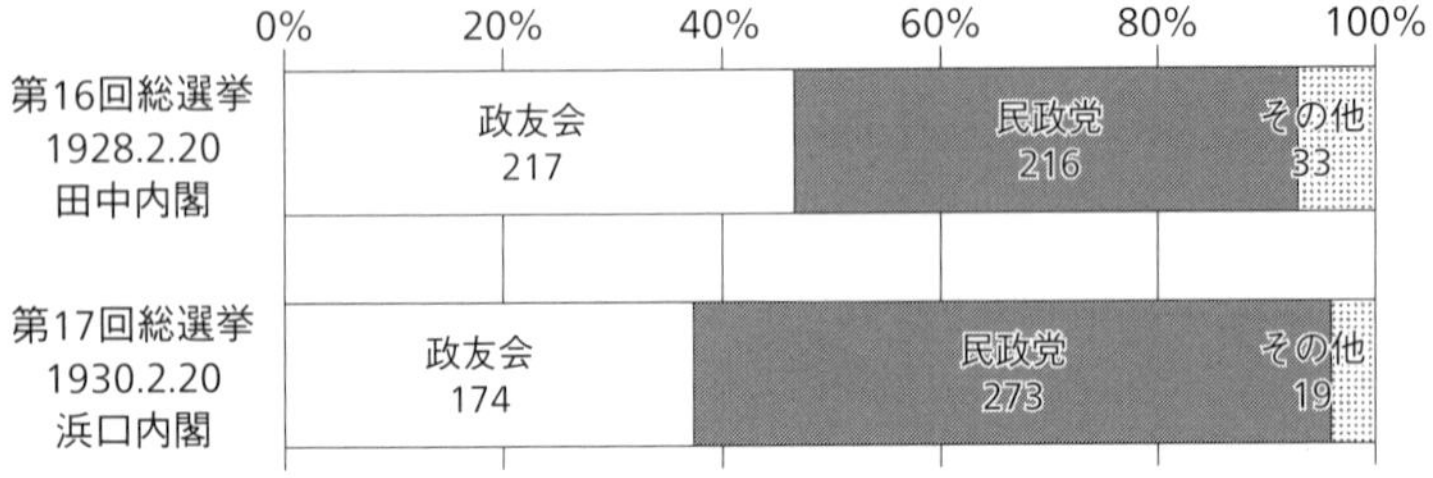

挙では、政友会と民政党は二一七議席と二一六議席と伯仲し、両党の得票率を併せると八六%を超え、議席率では九三%に及ぶほどであった。今回、浜口内閣下の一九三〇年の総選挙では、政友会と民政党はそれぞれ一七四議席と二七三議席を獲得し、得票率合計は九〇%を超え、議席率合計では九六%に迫った。

一九三〇年の総選挙の後、婦選獲得同盟は運動への支持が期待できる当選者に祝辞を送り、その礼状が残っている。政友会の犬養毅など、二大政党、無産政党を問わずある中で、民政党の杉浦武雄は「絶対多数を得た民政党は国民の期待に副うべくその政策の遂行に努力致さねばならぬと思ひます。従って僕達若き者の責任はかなり重いと思ひます」と印刷している。[*72]

ロンドン海軍軍縮会議

ロンドン海軍軍縮会議をめぐって原田熊雄が西園寺周辺の出来事を記録している。『松本剛吉政治日誌』にも偏りがあったが、原田の記録にも当然偏りがないはずはない。『西園寺公と政局』として敗戦後の一九五〇年に刊行されると、昭和天皇は「原田の本は少し見たが、情報屋といふ事で、木戸（平田〔昇、元侍従武官〕）も又元老西園寺も本当の事は矢張り少しはいはぬもの丶やうだ」と語っている。[*73] ロンドン海軍軍縮会議の開会に際して、米国のジャーナリスト、ウォルター・リップマンは、大国が海軍力の削減に同意する協定は、ウッドロー・ウィルソンの夢の正しさの「壮大なる立証」であると書いた。[*74] 帝国日本はウィルソンの夢の協働者だったのである。

先のジュネーブ海軍軍縮会議は日本の仲介努力にもかかわらず英米の対立で成功しなかった。その後、両国での政権交代と不戦条約調印で雰囲気が好転し、英米間で予備交渉が行われていた。そこで仮妥協案に到達したことでロンドン会議開催となった。田中内閣がすでに参加方針を閣議決定しており、浜口内閣はそれを引き継いだ。

日英米仏伊の五カ国が参加したロンドン海軍軍縮会議の英国首席全権は議長のマクドナルド首相、米国はスティムソン国務長官であった。日本の首席全権は若槻礼次郎元首相で、財部彪海相、松平恒雄駐英大使、永井松三《まつぞう》駐ベルギー大使が全権として支えた。他に安保《あぼ》清種《きよかず》が顧問、左近司《さこんじ》政三《せいぞう》が首席随員に加えられた。財部海相は、若槻全権の妻が海外に出たがらないとして夫人の帯同を求められると、これに応え、社交にも備えた。浜口首相が若槻元首相を首席全権に選んだのは、英米の全権と比肩しうる首相級の大物文官を求めてのことであった。この時日本は、交渉は政治家が行うという英米の民主的平和の枠組みに追走できるだけの条件が整っていたのである。その一方で、山梨勝之《かつの》進《しん》海軍次官が、米国同様超党派で全権を構成することを川崎卓吉《たくきち》法制局長官に意見したが、日本の政治は内閣の生命がかかる重大な国際問題に反対党の委員を含めるほど育っていないとして聞き入れなかった。

会議に臨む基本方針として、海軍は、補助艦の総括的対米七割、一万トン級の大型巡洋艦対米七割、潜水艦の現有量維持を三大原則として政府に認めさせた。中でも加藤寛治軍令部長と末次信正次長は強硬であった。二人は一九二二年のワシントン会議の随員でもあったが、六割で加藤友三郎海相に抑えられた遺恨があった。今回、海軍は世論対策も強化した。一一月二六日に総括的対米七割が全権宛訓令（＝政府から代表者への指示）に入ったのは初めてのことであった。西園寺は六割でも良いから日本が先頭に立って会議をまとめることが、日本が「国際平和の促進に誠意を以て努力する」ことを列国に認めさせ、将来の日本の国際的地位をますます高めると考えていた（村井㊦102―103）。

海路、米国を経由して英国に向かう日本全権団の出発に際して、若槻は「世界の平和を確立し、国民の負担を軽減し、軍備縮小の実現を期することは、帝国政府の伝統的政策である」と声明した。米国ではフーバー大統領と会見し、上院の議場を見学した。アーリントン墓地で献花し、ニューヨークではプラザホテルに泊まった。若槻は正直の外交を心がけたので総括的対米七割を柱とする三原則を米国でも披瀝《ひれき》していたが、六割のワシントン比率でまとめようとする米国側と困難な交渉が続いていた。

若槻は、幣原外相に極秘電報を送り、会議決裂の可能性を危惧し、その場合は対米七割以上の造艦をしない旨を声明して引き上げる覚悟を伝える一方、協定不成立が日本の国際的立場に与える影響を憂慮し、政府の決断を求めた。その後も松平全権とリード米全権との間で非公式に交渉が続けられたが思うような妥結には至らなかった。

そこで若槻全権はマクドナルドとスティムソンを相次いで訪れ、妥結への熱意を示した。その結果、リードによる修正案が示され、最終的に、大型巡洋艦が対米六割（日本側の当初要求は七割）、潜水艦が五万二七〇〇トンで均衡（同七万八〇〇〇トン）、総括的対米比率は六割九分七厘五毛（同七割）であったが、米国が大型巡洋艦の着工を遅らせることで一九三六年末の条約期限前の次期会議までは対米七割が維持される内容で妥結案ができた。若槻はこれ以上日本に有利になることはないと考え、三月一四日、財部海相も含めた四全権による話し合いのもと政府への最終的な請訓《せいくん》（＝本国へ指示を仰ぐこと）をした。若槻はこれを最後の請訓とする決意であった。

海軍側はリードとの非公式交渉を充分に知らされていなかったので「寝耳に水」であった。海軍省、軍令部はいずれももう一押ししたかったが、そのために決裂が見込まれた場合にどうするかといえば、海軍省は断念して丸呑みもやむを得ないとする一方、軍令部は決裂を求めた。ここで問題となっていたのは国防欠陥論であった。それは、対米七割を維持することで米軍が日本近海に軍を進めたときに撃退が可能で、したがって日本の中国政策にも米軍が口を挟むことはできないという、そもそもの考えである。軍令部の強硬姿勢を後押ししていたのは伏見宮博恭王と東郷平八郎元帥という海軍の二大長老であった。海軍側のまとめ役には山梨次官、堀悌吉《ていきち》軍務局長に加えて、岡田啓介（一八六八―一九五二）前海相があたった。軍事参議官となっていた岡田は衝突を避けてまとめたいと考えていた。前任の軍令部長であった鈴木貫太郎侍従長も調印

岡田啓介

が適当であると考えていた。

三月二五日には若槻全権から督促の電報が届いた。二七日に昭和天皇に拝謁した浜口首相は、「世界ノ平和ノ為メ早ク纏《まと》メル様努力セヨ」と励まされた（村井㊦106）。浜口は努力する旨を答え、鈴木侍従長とも懇談した。加藤軍令部長は三月三一日に反対上奏を決意したが、鈴木侍従長は、軍令部長と政府の上奏が異なる場合、天皇がいずれかを選ばなければならなくなることを心配して、加藤に政府上奏前の上奏を中止するよう勧告し、加藤も受け容れた。四月一日、浜口首相のもとを岡田参議官、加藤軍令部長、山梨次官が訪れ、決裂の決心がないと再交渉はできないと説く浜口に岡田は海軍側を代表して回訓（＝本国政府の回答）案の閣議提出を認める発言をした。加藤は用兵作戦上困ると述べただけであった。閣議では回訓案とともに不足兵力の補充に努めることが決定された。加藤軍令部長はこの日再び上奏を願い出ていたが鈴木侍従長の説得でさらに翌日に持ち越された。しかし、内容は、天皇に選択を迫るようなものではなかった。

四月一三日、昭和天皇は宮中午餐《ごさん》会で同席したティリー英国大使に「目下倫敦《ロンドン》ニ開催中ノ海軍々縮会議カ特ニ日英米三国ノ協調ニヨリ満足ナル結果ヲ期待シ得ル事態ニ至リタルハ此上モナク悦《よろこ》ハシク存シ居レリ。〔中略〕今後益々列国特ニ日英米ノ協力ニヨリ世界平和ノ増進セラレンコトヲ希望ス」と語りかけた（村井㊦106―107）。

二〇日、浜口内閣は条約調印に対する訓令を全権に打電した。これを受けて、ロンドン海軍軍縮条約は一九三〇年四月二二日に各国全権とともに調印された。

四　強い浜口内閣とテロ——世界大恐慌下での「憲政常道」の進展

(1)ロンドン海軍軍縮問題と政党政治

ロンドン海軍軍縮条約の批准過程——帝国議会、海軍内、枢密院

全権委員によって調印された条約は、批准されなければならない。条約締結権は憲法上天皇にあったが、天皇の支持は批准を意味せず、枢密院に諮詢されなければならない。また、帝国議会と海軍軍事参議官会議も控えていた。

まず、条約署名の翌一九三〇年四月二二日、第五八回議会が召集された。会期は二一日間で、五月一三日に閉会した。衆議院で民政党は過半数議席を占めていた。また、世界大恐慌の勃発で財政上の必要から軍縮の必要性がますます大きくなる中、「国防の経済化」を掲げる野党政友会も軍縮自体については肯定的であった。そこで、全権の妥協によって国防に欠陥が生じたのか、手続き問題として統帥権の干犯《かんぱん》があったのかが責めどころとなった。統帥権干犯問題では、内閣が軍令部との十分な了解の上で締結したかが論点となった。

構図は、先の不戦条約問題と同じである。野党民政党が不戦条約を支持しながら中国問題への懸念から政府を攻撃したように、野党政友会は軍縮を支持しながら不況克服という別の問題への懸念から攻撃した。その時、批判は憲法問題に抽象化され、社会を刺激する。政府は踏み込んだ

答弁を行わず、手続き的に問題はないの一点張りであった。それは政党内閣が議会を軽視するという批判を招いたが、次に述べる海軍部内での議論を意識してのことであった。

次に海軍部内での議論が進んだ。帰朝した財部海相に昭和天皇は、「御苦労であった。なお条約の批准のできるよう努力せよ」と述べた。また、財部は先にジュネーブ海軍軍縮会議の全権を務めた斎藤実朝鮮総督から「わけのわからない説にあまり耳を貸し過ぎて、この重大な問題を打ち壊すことのないように、そういう暴論は全然無視して邁進してくれ」という激励の手紙を受け取った（村井㊦109―110）。条約調印前には躊躇があった財部も調印後には強い決心のもとで条約を支持していた。軍事参議官会議では東郷平八郎元帥が説得の対象となった。しかし、東郷元帥の側近小笠原長生《ながなり》は「自分は政党のために死のうとは思いません。陛下のためにこそ死ぬ覚悟でいます」と聞く耳を持たず、財部海相は「今日、軍縮は国民の望みでありますのに」と嘆息した。海軍内の混乱は人事にも及び、条約を支持した山梨勝之進海軍次官と、反対した末次信正海軍軍令部次長がともに更迭され、加藤寛治軍令部長も辞表を提出した。七月二一日から二三日の三日間開かれた軍事参議官会議では、補充計画を併記しつつも全体として条約を肯定する奉答文となった。

そして枢密院である。七月二四日、ロンドン海軍軍縮条約は枢密院に諮詢された。審査委員九名は伊東巳代治を委員長とし、ほか金子堅太郎や田健治郎を入れたが、ジュネーブ海軍軍縮会議全権であった石井菊次郎は入らなかった。

九月一六日には政友会が臨時党大会を開き、犬養総裁が「ロンドン条約廃棄然るべし」と演説した。しかし、翌一七日、枢密院審査委員会は国防欠陥について充実の方法を立てるという希望条件をつけて条約の批准を支持する審査報告方針を承認した。枢密院内の条約反対勢力との連携を意識していた政友会から見れば、はしごを外された形となった。一〇月一日、条約は枢密院本会議で採決され、全会一致で原案可決、二日に批准された。これをうけて財部海相は辞任し、後任には安保清種が就任した。

審査委員の一人でもあった田健治郎は、この日の日記に、この問題が最重要問題であったため、世論ごうごう、反論の気勢がすこぶる強烈だったと記した。田のもとには反対、賛成の意見陳述や新聞記者が多数訪れている。そして田は野党政友会を「内閣危機既に迫るもの」と速了し、揚々乎として、取りて之れに代はらんとする画策を行ふ」と枢密院を使って自らの政権獲得を目指したことを批判し、他方、財部海相の辞職を「氏独り此の問題の犠牲」と同情した。[*75]

以上でロンドン海軍軍縮会議をめぐる政治過程は一つの輪を閉じるのであるが、ここには表に現れない影の殊勲があった。陸軍の静観である。政党による軍縮を国民の人気取りに過ぎないとみる陸軍内の不満は、政党内閣との連携を重視する宇垣一成陸相ら軍政指導者が抑えていたのであった。

選挙革正審議会と婦人公民権問題

浜口内閣は先の解散の直前、一九三〇年一月一八日に衆議院議員選挙革正審議会を設置していた。海軍の組織統治の失敗はその後の帝国日本の崩壊につながっていくが、それは政党政治への の不満が社会に広がっていたためでもあった。総選挙後、軍縮問題と並行する形で選挙制度改革が議論されていく。四月一二日に第一回総会が開かれ、浜口は冒頭、設置の理由を「我国政界の現状に鑑み之が浄化を図るの必要を感じ」、まず「選挙界の革正」が急務であるためと述べた[*76]。一九二六年一月に時の加藤高明首相が議場で倒れる前日に行った施政方針演説で「国民の政治生活の基礎は此に安定したものと云ふべきであります」と述べてからまだ四年しか経っていない（本書第三章三節）。

審議の対象となる選挙界の革正といっても多岐にわたる。選挙権・被選挙権、選挙費用・選挙運動、比例代表制の問題、さらには政治教育の普及も関わる。政治学者の小野塚喜平次、憲法学者の佐々木惣一も参加し、憲法学者の美濃部達吉は政治教育との関わりを説いた。美濃部は弊害として、第一に買収、第二に巨額の選挙費用、第三に官憲の干渉をあげた[*77]。買収にはブローカーの問題もある。また、高田早苗《たかた》貴族院議員は、憲政についての歴史的教育を主として進めるべきと発言した[*78]。制度に関する議論では比例代表制導入への関心が高いが、「婦人参政権、即ち性に関する選挙権の事柄」についても委員から言及があった[*79]。選挙法改正に関わる検討課題と立憲教育に関わる検討課題を分けて、それぞれ特別委員会で検討することにした。

四月発行の『民政』には、「我党の選挙革正調査要綱」が掲げられ、教員、宗教師とともに「婦人」の政党加入の自由が検討課題となっている[*80]。四月一七日には本部で有志代議士会が開かれ、婦人公民権問題を中心に議論した[*81]。

一九三〇年四月二二日に選挙後の特別議会が召集され、二三日から五月一四日まで開かれた。

その間の四月二七日、市川房枝ら婦選獲得同盟は他の婦人団体と協力して第一回全日本婦選大会を明治神宮外苑の日本青年館で開催した。市川は各政党に祝辞を求め、民政党からは加藤鯛一《ちょういち》情報部長が登壇して述べた。婦人公民権問題には、二大政党の柔軟な対応力がうかがえる。民政党有志が提出した婦人公民権案、すなわち市制、町村制、北海道会法改正案は五月一〇日に初めて衆議院を通過したが、貴族院で審議未了廃案となった。六月一日発行の『民政』では、政治学者高橋清吾の論説「婦人公民権案」が掲げられた。

一九三〇年六月、日本キリスト教婦人矯風会初代会頭を務めた矢島楫子《かじこ》が亡くなって満五年となったことを機に婦選獲得同盟の総務理事久布白落実は矢島を回想した。「最後に先生は、其病床に於て、其教子《おしえご》等が創立の役回りとなった会に入会せられた」のだという。それが婦選獲得同盟であり、「婦人参政権の運動は、会の内外を問はず、全三千万婦人と提携して為さねばならぬ」と議決された。久布白は言う。「先生の霊は今や始めて我が国の衆議院が、婦人の公民権を通過せしめたのを微笑をもつて迎へ居らる丶であろう。〔中略〕願《ねが》わくば全国の同志と共に精進先生の志を遂げやう」と。[*82]

こうして与党民政党は次の通常議会に向けて態度決定を求められることになる。九月二七日、民政党は選挙革正委員会を開き、婦人参政権について議論し、まず婦人公民権のみを与えることで一致した。[*83] 先の衆議院議員選挙革正審議会の議論も続いていたが、婦人参政権の問題は、選挙革正の議論からは独立して進められることになる。全国町村長会は一一月四日、婦人公民権付与に反対する声明を出した。

(2)浜口遭難と第五九議会の両義性——議会の混乱と未遂に終わった三月事件

浜口首相遭難と宮中第二の創造時代

一九三〇年一〇月二七日のロンドン海軍軍縮条約批准書寄託式のラジオ演説があり、二九日には、浜口内閣は中国政府からの要請に応じて一九一三年以来の「支那」という呼称をあらため、「中華民国」という呼称の使用を閣議決定した。

金解禁にともなう緊縮財政政策は折からの世界大恐慌とも相まって大不況を引き起こし、ロンドン海軍軍縮会議をめぐっては政治の混乱を招いた。浜口首相が狙撃されたのは、そのような折であった。一一月一四日、浜口首相は岡山県での陸軍特別大演習陪観《ばいかん》に向かう東京駅プラットフォーム上で、一人の青年、佐郷屋留雄《さごうやとめお》(一九〇八—七二)によって銃撃された。この事件が政党内閣制にとって悲劇的であったのは、犯人の佐郷屋が、政府を批判する政友会院外団主催の演説会やパンフレットなどを読んで内閣は更迭すべきだと考え、「若シ〔緊縮政策をとる〕浜口内閣倒壊セハ積極政策ヲ標榜スル政友会内閣之ニ代ルヘシ」と予測して凶行に及んだことであった。*84 この時期、一テロリストにまで、二大政党制を基礎とする政党内閣制への認識が浸透していたのである。

浜口狙撃を聞いた昭和天皇は「憲法政治妨害的行為」と心配の様子であった。また政友会は、島田俊雄総務を見舞いに送り、「反対党首領として特に敬意を表する為め」に、一二、一三日間の遊説日程の取り消し、演説中止を決めた(村井㊦120)。

浜口の負った傷は内閣交代につながるのか。浜口内閣は臨時首相に党外の幣原外相をあてた。浜口の負傷の状況について、西園寺には楽観的な見通しが伝えられていたようで、年末年明けからの通常議会に間に合うかもしれないと、ひとまず幣原が選ばれたことを喜んだ。西園寺が危惧したのは突然の出来事で党内が動揺することであった。西園寺は党の重鎮でもある江木鉄相に「表に出る機会が当然遠からずあるのであるから」と、政権を支える側に回るよう求めた。西園寺はまた、病気療養を理由に約半年間阿部信行を臨時代理に立てていた宇垣陸相の去就も気にしており、宇垣へ、政府のことで尽力を期待していると伝えさせた。そして、牧野から念のためと総辞職への準備を求める手紙が届くと、「万一浜口総理が再び立てない場合に、宇垣大将が一時民政党の総裁となり、内閣総理大臣となることが、或る程度まで必要ではないか」と伝えた（村井㊦120）。宇垣は一二月一〇日、臨時代理の任を解いて陸相に復帰した。

「昭和史」という世界観を前提にすれば、後は坂道を転げ落ちるばかりだろうか。先の大戦を自衛のための戦争か、アジア解放の正義の戦争であったと強弁しない限り、この下り坂史観は根強く、完全に間違っているとも言いがたい。それは男子普通選挙制の導入と治安維持法成立以後の下り坂であると説明される。しかし、この分かりやすい物語は、逆の強弁と同様、実証研究の進展と必ずしも整合しない。それは古い資料的根拠に基づく解釈だからである。

一九三〇年一〇月二八日、商工省に勤めていた木戸幸一（一八八九―一九七七）が近衛文麿の推薦を受けて、内大臣を支える内大臣秘書官長に就任した。西園寺の秘書的な活動をしていた原田熊雄は、京都帝国大学での同窓生として木戸と近衛と特別親しい関係にあった。浜口遭難後の一二月三日に木戸が西園寺を訪れると、西園寺は木戸に「宮内省の制度等も国の発展に伴ひ拡大せられたるも、之が時代に合致する様に落付かしむるには相当の努力を要すべく、今や第二の創造時代と見る」と話し、「社会の変遷に後《おく》れざる様考へる様に」と注意した。西園寺は江戸時代には皇室の威光が振るわなかったために威厳を維持するためにも数多くの儀式が必要であり、明治になってからも創業期の権威づけのために必要な面があったが、「皇威あまねき今日」では時勢につれて次第に簡略化していかないとかえって「皇室の尊厳を傷つける結果」となると恐れた。西園寺の孫公一《きんかず》の第二次世界大戦後の回想でも、西園寺は「権威づけのために儀式を増やしたり、天皇を神様扱いすることは、明治維新後新しい政府の基礎が固まるまでは仕方がない、それは論理的にはおかしいが政治的には必要だった、というところまでは認めていた。でも、憲法が発布されて内閣が政治をやるようになってからは、儀式はできるだけ簡略にしたほうがいいし、天皇を神棚に上げないほうがいい」と考えていたとされる。西園寺には英国の王政のようにしたいという思いがあり、「君臨すれども統治せず」という立場を守っていれば、「軍人に利用されることもないし、もっともっと大衆に近づくこともできる」と考えていたという（村井㊦122―123）。

一二月一一日、西園寺はかねてより昭和天皇から下問のあった、政変時の首相選定の問題について、鈴木侍従長を通して意見を奉答した。それは、内大臣が不在の場合への対応であり、そのような場合には宮内大臣に下問すべきとする内容であった。宮内大臣は内大臣以上に政治からは遠く、首相選定時に内大臣の政治的判断を求めていないことがうかがえる。天皇の下問に奉答する際、誰かの政治的判断ではなく、原則として二大政党間での政権交代を選定の基準とする「憲政常道」の定着が目指されていたのである。その際とくに西園寺は、下問先としてあらたに元老のような存在をつくることのないように配慮していた。

政党中心政治への第五九議会の両義性

浜口狙撃後に迎える第五九通常議会は一九三〇年一二月二四日に召集された。浜口首相の回復は間に合わず、幣原首相臨時代理で迎えることになった。与党民政党が過半数を超える二六五議席、政友会一七一議席、第一控室一八、無所属が三であった。この議会は政党政治の断末魔のようにみえて、民主主義の不足であるか、それとも過剰とみられたのか、政党中心政治への歩みがもたらす両義的な議会となった。

一月二三日、衆議院本会議で政友会の松岡洋右（一八八〇―一九四六）が満蒙問題を「生命線」と表現する。松岡は外交官出身で一九三〇年の総選挙で代議士となっていた。松岡の生命線論は次第に政友会の民政党内閣攻撃の力ある言葉として広がり、反駁する民政党代議士桜井兵五郎《ひょうごろう》も三月二〇日の衆議院本会議で満州が日本の生命線であることを肯定しつつ、交渉で進めていると議論している。満蒙は日本の生命線なのか、そうであると考えた場合に、満蒙に処する手段はどうあるべきか。

松岡洋右

与党が多数を占める議会であるにもかかわらず、議会運営は困難を極めていく。きっかけは二月三日に起こった幣原臨時首相代理の失言問題である。政友会は、そもそも政党内閣の首相代理が党人でないのはおかしいという、民主主義論からの批判を浴びせていた。政友会総務の鳩山一郎は「憲政運用に関する決議案」を提出し、一九二四年の清浦内閣を最後に「政党内閣主義、政党ノ総裁ニ非ラザレバ総理大臣トナルコトヲ得ズトスル此内閣制度ハ、我ガ憲法上ノ習律トナッ」たにもかかわらず、政党外の者が政党内閣で首相代理を務めることを「政党政治ノ上ニ一大逆転」を来すと批判した。民政党の多数によって決議案は否決されたが、幣原臨時首相代理は失言問題を起こしてしまう。予算委員会でロンドン海軍軍縮条約が国防を危うくするのではないかと質問されると、天皇の批准を理由にあげて反駁した。これが天皇に責任を帰する失言であると議場は大混乱に陥り、審議は止まり、流血の乱闘騒ぎに至った。[*85]収拾の過程で浜口はやむを得ず首相臨時代理を解いて登院することになったが、衰弱振りは甚だしく、見るも痛々しかった。また、大恐慌下で労働組合法案が衆議院を通過しながら貴族院で審議未了廃案となったように、この議会に上程されていた重要法案は、多数与党にもかかわらず、のきなみ廃案となった。これらは議会政治の機能不全ととらえられ、不信を招くものとみられた。

労働問題とともに注目を集めていたのが婦人公民権問題であった。野党政友会では一九三〇年一二月二〇日に所属代議士夫人を会員とする清和会（清和婦人会）が発足していた。[*86]これは婦選獲得同盟の塩原静が犬養総裁を訪れ、治安警察法によって女子が政党に加入できない中で、婦人三権（＝参政権・公民権・結社権）獲得に資する政党婦人部類似の組織を作ろうとしたものであった。犬養は革新倶楽部以来、問題には理解があった。他方、民政党はこの問題で政友会の後塵を拝してきたが、与党として政府法案の提出に至った。安達謙蔵内相の夫人雪子は婦人参政権は大賛成ですと雑誌記者に語ったという。[*87] 安達は第一次世界大戦後の欧米視察時に婦人参政権についても関係各所を訪問している。

年を越えて一九三一年一月一七日、一九二〇年の国際連盟発足と同時に組織され渋沢栄一を会長に国内の支援団体として活動していた連盟協会に、婦人部が設置され発会式が行われた。議会後の四月には、渋沢死去後に第二代会長に就任する石井菊次郎が、女性が参政権を得ることで政治が「清浄化する」と述べて、「近き将来に政治に参与することに」なると見通しを示して婦人部の意義を説いた。[*88]

市川房枝ら婦選獲得同盟は第二回全日本婦選大会を開催した。案内では「昨春の第五十八議会に於て、初めて、婦人公民権案が衆議院を通過したことは、皆様の御記憶に新な事だと存じます。爾来《じらい》、今日迄約半ヶ年を経過したに過ぎませんのに、此間に於ける婦選問題に対しての一般輿論の進展は勿論、直接実施の任にある政治家の態度も著しく積極的となり、目下開会中の第五十九議会に於ては、愈々《いよいよ》其の一部分の実現をみんとする形勢に迄立到りました」と述べている。[*89] 来賓メッセージで、民政党からは山道襄一《やまじじょういち》と末松偕一郎《かいいちろう》が名を連ねている。貴族院四名、政友二名、民政二名、尾崎行雄と大衆党一名から得た。

そして二月五日、政府は制限婦人公民権案を議会に提出した。「制限」とは男女の条件を分けることを指す。選挙権付与年齢は男子二〇歳、女子二五歳とされ、女子は府県を除外し市町村議会選挙のみ参加可能とされた。名誉職に当選したものは夫の同意が求められた。市川らは二月三日に安達内相と面会の約束をえて訪問した。この日、乱闘国会で帰宅が深夜となった安達は、「なかなか反対は根深いものです。あなたがたの方からいったら不満だらけだろうが、このたびはこれで我慢してください」と理解を求めたという。[*90] 市川らは、いったん制限婦人公民権案が成立してしまうと完全婦人公民権の実現、さらには婦人参政権の実現による国政参加が遅れると考え、完全案を目指して制限婦人公民権案に反対した。第五五議会で政府案と政友会案がともに審議され、政府案が衆議院を通過したが、貴族院で否決された。もとより、市川らの反対が理由ではない。婦選獲得同盟はもう一、二年で必ず通せると考えており、貴族院への働きかけを強めた。しかし、これが結果的に戦前の婦人参政権獲得運動の頂点となる。

なお婦人公民権を政友会と民政党が容認したのは女性の保守性を評価してであるという議論がある。[*91] それを証明することは難しい。選挙権などの重要法案は貴族院だけでなく枢密院も通さなければならない。そこでの支持を獲得する工夫、それ以上に反対を受けないための工夫が求められる。政友会、民政党にとっては婦人三権は自らの政治の基礎を広げるものであり、新有権者がいかに自党に一票を入れてくれるかを競っていた。市川らは社会主義者ではなかったが、社会民主主義の無産政党を支持していた。また、米国帰りの市川は動きやすいと言って早くからスカート姿で議会に押しかけ、たばこも吸っていた。こうして文化的な批判も受けたモガ集団だったが、政友会、民政党の政治家との連携に支障はなかった。一九二七年頃から府県での知事公選論が盛んに議論されるなど、自治の拡張が好感される社会であった。[*92]

さらに、五九議会では、議会政治への軍内の不信の表れとして、会期中にクーデタが計画され、未遂に終わっていた。三月事件である。これは当面表に出ない。警察を指揮する安達内相の下にはいろいろと情報が入っており、一九三一年最初の閣議で宇垣陸相に「近時現役将校中に政治を云々するもの多く之が為めに結社さへ結成せられありと云ふ真相如何」と問うたという。[*93]

三月事件は満州問題処理の準備として国内改造を志向する桜会急進派の橋本欣五郎《きんごろう》らと国家主義者の大川周明《しゅうめい》（一八八六―一九五七）が組み、少なくとも二宮治重《はるしげ》参謀次長、建川美次《たてかわよしつぐ》参謀本部第二部長、小磯国昭《くにあき》（一八八〇―一九五〇）軍務局長が賛同していた。橋本は幣原首相臨時代理の失言問題で「むらむらと議会撲滅の信念」が沸いたのだという（村井㊦130）。クーデタは労働法案が上程される三月二〇日頃の実行を期し、社会大衆党、全国大衆党、労農党の無産政党から動員してデモで議会を包囲し、政友会と民政党の本部、首相官邸を襲撃して騒乱を引き起こす。次に陸軍が非常出動して議会を保護する名目で交通を遮断、幣原に総辞職を迫って宇垣陸相が首相になるよう策動するというものであった。

宇垣がどこまで関わっていたのかも不明で、大川が同郷の小磯軍務局長の仲介で訪れ、民衆運動を起こして政党政治を攻撃する際に軍隊で鎮圧しないで欲しいと宇垣に求めたので断ると、「政党内閣はもう到底駄目ですから、一つ中間内閣で独裁政治にして、閣下が総理になられたらどうですか」と言ったのだという。計画そのものがずさんであるだけでなく、橋本に計画を持ちかけられた小磯の第一声は「世間は未だ橋本の云ふ如く議会に反感を有しておらず、東京を攪乱するも果して国民は吾人に賛成せず」だったという（村井㊦131）。

第二次若槻内閣の誕生

三月二七日に第五九議会が閉会し、翌二八日に閉院式が行われたが、浜口首相は体力の衰弱が著しく、欠席した。四月四日、浜口首相は再入院し、再び手術が行われたが、早期回復の見込みは厳しく、九日には三回目の手術となった[*94]。閣内には浜口の回復を待ちたい思いもあったが、行財政整理問題をかかえる井上蔵相を中心に「一旦総辞職の上、新党首による延長内閣の下に新政策を行」おうという考えが強くなり、内閣総辞職と総裁交代に向けて急ぎ準備が進められることになった[*95]。

井上蔵相が、原田熊雄や木戸幸一らに直接伝えたところでは、山本達雄や宇垣陸相らと相談したところ、早晩総辞職は免れないだろうこと、後継者については山本達雄が最も無難で、安達謙蔵になると宇垣陸相と幣原外相が閣外に去る懸念があるとのことであった。また、若槻も山本と並ぶ候補として名前が挙がっていた。原田に報告したのは西園寺に伝わることを期待したからであろう。伝え聞いた西園寺は、政府側の意見が分かれている中で介入することを好まず、閣僚の一致した意見を聞きたいという意向であった。また、同じくこの話を聞いた牧野内大臣のもとには幣原外相からも状況の報告があった。幣原は党外人であるにもかかわらず浜口から強いてと意見を求められたため若槻の名前をあげると非常に喜ばれ、全く同様の考えであると言われたのだという。さらに浜口は、「安達に付ては、後事を託する信頼なく、又宇垣に付ては最初は余程期待を懐《いだ》きたるも其後共に事を為したる経験に徴《ちょう》し物足らぬ感を起し、今日となりては此人を推す自信を持たざる」と語っていた[*96]。若槻は若槻で、政友本党から民政党に入った山本達雄が適任と考えて説得に努めたが、山本に総裁就任の意思はなかった。

このような与党の動きを見て、政友会でも臨時の幹部会を開いて意見交換したが、「総辞職迫れるも我党としては元老献替《けんたい》（＝可否の判断を補佐する）に誤りなきを信じ厳に策動がましき事を排する事」を決めた。

浜口の辞意を受けて、四月一三日、民政党は本部で大会に代わる両院議員と評議員との連合会を開き、若槻を後継総裁に推す経緯と浜口の辞任書が発表された。後継総裁選挙に際しては、動議により選挙を省略して前総裁指名となった。そこで会を休憩して頼母木桂吉筆頭総務と桜内幸《ゆき》雄《お》幹事長が帝大病院に浜口を訪問して、指名書を受け取った。再開された連合会では安達謙蔵内相が「男爵若槻礼次郎氏を推薦する」という浜口の指名書を朗読し、満場一致で承認された。[*97]

同日、党の連合会に先立って浜口内閣は総辞職を決め、首席大臣である宇垣一成陸相が閣僚を代表して辞表を捧呈した。昭和天皇は牧野内大臣を呼び、興津にいる西園寺に後継首相について下問した。

西園寺は後継首相に、民政党の後継総裁となった若槻礼次郎を奏薦した。西園寺は、奏薦に際して、三つの理由を挙げた。第一に、非政党内閣の可能性について、「中間内閣に就ては今日所謂政党内閣の成立せる時代に於てみだりに之を成立せしむるは却って政界を混乱に陥るるの虞あり。非常時に於て始めて実現せらるべきものと考ふ。尚、中間内閣の首班たるべき適当なる人物もなしと思ふ故、之は採らず」と否定した。[*98] 歴史学ではこの発言中の「非常時に於て」という部分から、西園寺が「中間内閣の可能性をいつも忘れてはいなかった」として、五・一五事件後スムーズに「中間内閣」に移行したと説明されたが、ここでの「非常時」というのはあくまでも仮定であって、西園寺はこの時「今日所謂政党内閣の成立せる時代」との認識を持っていたのである[*99]。これも田中首相弾劾時と同様、西園寺語と言うべきもので、適当な候補がいないからと言ってはいるものの本意はそうではなく、原則論で中間内閣に反対なのである。第二に、政友会は田中総裁以来の不評判から未だ「人心を得たり」とも認められず、金輸出再禁止や平価切り下げといった政友会の財政政策に懸念があることから、現内閣の経済政策が継続されることを期待した[*100]。財政経済面を重視したのは牧野内大臣の考えでもあった。第三に、民政党は「下院に多数を擁している[*101]。また「未だ其の政策は行詰れりと云ふにもあらず」、加えて浜口首相の辞職は病気が原因であるとはいえ、そのもともとは政治的意味を含む暗殺であり、「之が原因となり総辞職を為すが如きは、暗殺を奨励するが如き結果ともなり、由々敷こと」であるというものであった。こうして西園寺は、「今日の場合、民政党の総裁たる若槻男爵に組閣の大命降下あること最も可然《しかるべし》」と奉答した[*102]。

翌一四日朝、昭和天皇は牧野内大臣に西園寺の奉答内容を伝えるとともに意見を求めた。牧野も同意見であると答えると、昭和天皇は若槻を呼び、組閣の大命を下した。こうして浜口内閣から若槻内閣に政権は引き継がれた。若槻は早速組閣本部となる首相官邸に入り、閣僚名簿をとりまとめ、親任式が挙行された。民政党では秋の府県会議員選挙を前に、六月二八日に『若槻内閣』を刊行し、成立の経緯と、政権が目指すべき政策を示した。

「人格化されたルール」か

升味準之輔は政党内閣期の首相選定の慣習を「人格化されたルール」と述べた。結局は西園寺が決めていたということである。そうだろうか。それはたしかに憲法などに明文化されたものではないが、西園寺の内なるルールという話ではなく、新たな首相選定制度の構築と連動していた。また、田中・浜口両内閣期は波乱に揺れた四年間であったが、政権交代のあり方という点では、政党内閣制が着実に浸透していった四年間でもあった。田中政友会への不信も政党内閣制というシステムへの不信に直接結びついていたわけではなかった。首相選定者内では、西園寺はもとより宮中官僚も後継首相について政党以外の可能性を考えなかった。また、選ばれる政党側でも二大政党がかわるがわる政権に就くことが当然であると考えていた。

それは政党外の政治諸勢力、評論や世論においても同様であった。一九二八年に馬場恒吾は、「清浦内閣の没落以後は日本にも政党内閣制が確立したかの如く見える。護憲運動の時に唱へられた憲政常道論が勝を制して、政権は相対立する二大政党間に、交代に受授されると云ふ不文律が認められた形勢にある。それ故に政党が政界の主演者になつて、政党の首領にあらざれば内閣総理大臣となる事が出来ず、従つて政権を握る機会を与へられざるものであるとの結論に達した形勢になつた」と述べた[*103]。

この時期は戦前の二大政党がともに内閣を組織しながらがっぷり四つに組んで国家、国民、世界への貢献を競ったいわば戦前民主政治の花形期である。それは明治憲法下での民主化の限界だったのか、と問われれば、結果的に頂点となったかもしれないが、限界であったわけではないと答えたい。政党中心政治への取り組みはまだまだ可能性があった。事実、民主化もまだ続いていく。後述するが満州事変が起こされなければ婦人参政権は地方から国政へと着実に進み、政党政治はその裾野を大きく広げることになっただろう。

また、この時期は明治憲法下で特異な時期だったのだろうか。以前、政治学者の福元健太郎氏に誘われて政治史の計量分析に加えていただいたことがある。*104 戦前日本の内閣の存続にはどんな支持基盤が必要であったかを通時的に明らかにする試みで、分析の結論は、この時期の内閣は議会から超然としているという法律論的な位置づけとは異なり、内閣が帝国議会に実質的に責任を負う、事実上の議院内閣制であったというもので、とても興味深かった。また、軍部大臣（現役）武官制があるから内閣が倒壊しやすいと言われがちであるが、そのようなことはないことも示された。つまり、本書で扱っている時期は政党内閣制が成立していた「大正デモクラシー」の頂点とも見られる特別な時期である一方、内閣の生存が議会に左右される点、軍が内閣の死命を握っていない点で明治立憲制の平凡な姿でもあった。

一九三一年二月二四日、岩倉遣外使節団に記録係として随行し帰国後に『米欧回覧実記』をまとめた久米邦武《くにたけ》が、九三歳で歿した。最晩年の久米は、世界の平和を維持する上での日本の役割について楽観的な感想を述べていたという。*105

第五章

五・一五事件と政党内閣制の中断

――世界大恐慌下での弱者の反動　一九三一―三二年

本章は、一九三一年春にテロの傷が元で退陣した浜口雄幸内閣の後、第二次若槻礼次郎民政党内閣が成立してから、満州事変勃発を経て、一九三二年の五・一五事件で政友会内閣を率いた犬養毅首相が暗殺された後に海軍出身の斎藤実内閣が成立するまでを扱う。国際海軍軍縮に続く国際陸軍軍縮を控え、公民教育の新たな充実が図られていたが、内外で危機と政治暴力が続発し、政党内閣の連続は途絶えた。歴史の後知恵では、その後アジア太平洋戦争が始まり、敗戦するまで再び政党内閣は成立しない。「憲政常道」視された政党内閣制は失われたのか、史実をたどる。

一　第二次若槻礼次郎内閣
――世界大恐慌の深刻化と第一次世界大戦後政治の最盛期

(1)世界大恐慌下での国民の支持をめぐる競争

英国の先例と民政党の経済的平等政策

一九三一（昭和六）年四月一四日、第二次若槻礼次郎内閣が成立した。先の浜口雄幸内閣の退陣はテロによる傷が元で首相が職責を果たせなくなったためであり、内閣は与党民政党が選んだ次期総裁に引き継がれた。それは約一〇年前に政友会の原敬首相が暗殺され、与党内から高橋是清が選ばれて次期総裁となったことと一見似ているが、大きな違いがある。高橋を選んだのは元老であったが、今回は党内過程が先行した。社会の理解も含めてこの一〇年の変化は大きい。二度目の首相を務める若槻は組閣に際し「浜口内閣の政策を踏襲し、浜口の志を遂げしめること」に努め、陸軍大臣、商工大臣、拓務大臣以外を留任させる小幅な変更に止めた（村井㊦153）。

それは英国流の議会政治が意識された結果であった。この日の朝、若槻への大命降下前に行われた昭和天皇への行政法の御進講でも「貴族院議員が政党総裁となるの可否、英国の先例」が話題となっていた（村井㊦153）。大政党の総裁が首相への道であるならば、二〇世紀以降、貴族院議員は総裁となってよいのか。先の高橋是清爵位返上は一例となる。それはおよそ現代的な民主主義の論点であり、一九六三年に英国のダグラス＝ヒューム首相が直面する問題であった。

若槻内閣はまず世界大恐慌後の日本経済の回復に努力した。浜口内閣では挫折した官吏減俸も、一〇〇円以上について一割減俸を決め、司法官の例外や鉄道現業員への妥協を図って実施にこぎ着け、さらに府県市町村吏員や小学校教員にも減俸が及んだ。景気が悪い中でさらに景気を悪化させるようなことをなぜするのか。それが当時の経済学の教えであり、現在の経済学は否定するところである。広範な不満に応えていくことは統治者の責任であり、負担を国民だけに押しつけるつもりはなかった。行政改革では省の統廃合が検討されていた。そして国際連盟の一般軍縮会議が来年に迫る中で、政党や国民が苦難を耐えればこそ軍にも経費節減を迫ることができると考えられていた。

民政党は国民への訴えかけを強めていた。六月一〇日には『民政党総覧』を出版し、『若槻内閣』も同時期に出した。[*1] この時期の出版文化の隆盛に、政党の宣伝も乗っている。もとより宣伝や倹約策だけではない。ニューヨークタイムズに掲載されたインタビュー記事で安達謙蔵内相は、先の議会で真に民政党の主義政策を具体化した政策は何かと問われて、「租税軽減案、失業救済の目的を兼ねた道路改修案等をあげ、また貧民救済法を設けて予算を計上した」と述べた。[*2] やるべきことをやり、理解を求める。民政党は八月には五日間にわたって民政党政策普及講習会を実施した。これは幹部が決め、総裁が認めたものであった。[*3] その中で安達は、英国の保守党を政友会に、自由党を民政党に擬する議論をして、無産政党との競争についても語っていた。

政党内閣制成立後の内閣②

首相(回数)	成立年月	支持勢力
若槻礼次郎(2)	1931(昭和6)年4月	民政党
犬養毅	1931(昭和6)年12月	政友会

国際軍縮を前にした陸軍の窮状

翌年に国際連盟の一般軍縮会議を控えていると述べた。元老西園寺公望の秘書的な働きをしていた原田熊雄は七月一三日、前年末のロンドン海軍軍縮条約公布で一区切りを付けていた口述記録を再開した（村井㊦151）。それは張作霖爆殺事件を扱った「満州某重大事件と西園寺公」、ロンドン海軍軍縮条約を扱った「海軍会議と西園寺公」の続編として「陸軍軍縮と西園寺公」と題され、一九三二年二月のジュネーブでの陸軍軍縮会議をいかに政府と元老・宮中が協力して実現するか、若き君主の英邁を後世に遺す同時代記録となるはずであった。

世界大恐慌後の深刻な経済状態の中で国際軍縮は海軍から陸軍に及ぶ。国内の相次ぐ経済困難で行政整理を重ねた上でのさらなる軍縮であった。陸軍組織は官僚組織であり、政府の一部である。それは帷幄上奏権（＝軍部が軍機軍令に関して内閣を経ずに天皇に奏上できること）があろうが軍令があろうが変わらない。一時は民政党の次期総裁に求める声もあった宇垣一成陸相が病気を理由に退任し、南次郎がその推薦を得て陸相となっても経費節減に尽力していた。宇垣は民政党内閣の強い要請を受けて朝鮮総督に就任し、党と内閣との関係を維持した。陸軍にしてみれば政府に反抗しているのではなく、ない袖は振れないという問題であった。しかし振る袖がないのは国民全部であった。

参謀本部第二部が一九三一年三月に作成した「昭和六年度情勢判断」には、「満州は処理せざるべからず、而して政府に於て軍の意見に従はざる場合は断然たる処置に出るの覚悟を要す」と謳われ、「軍備拡張の必要あり」と記されていた（村井㊦155）。軍備拡張には理由が必要である。

こうして軍縮をめぐって政府と陸軍の間で緊張が高まる中、元老の西園寺公望は上奏によって軍が窮状を昭和天皇に訴え、政府との交渉を有利に進める工作に利用することを危惧し、宮中官僚に注意を与えていた。

そこに政府と軍の緊張を高める出来事が相次ぐ。八月四日の軍司令官及師団長会議で、南陸相が政府の軍制改革案と満蒙政策に批判的な訓示をした。民政党内では「憤慨するもの」が少なくなかった。若槻首相もこの訓示を「甚だけしからん」と思ったが、予算編成の直前であり、陸相辞任となれば影響が大きいことから不問とした。訓示の内容も満蒙政策への不満を示しつつも、財政上、軍備の「全局的改善」のために「局部的痛恨事」を忍ぶことを求めるものであった。それでも政府が世界大恐慌下で国内の軍備縮小熱を煽《あお》っているという思いもあり、一九三二年一月の軍人勅諭五〇周年などを機会に「国防思想の普及」に努める意欲も示された（村井㊦158—159）。

南次郎

六月には対ソ戦に備えて調査旅行をしていた参謀本部員中村震太郎が中国兵に暗殺された中村大尉事件が、七月には満州で中国人農民と朝鮮人農民が衝突して暴動となった万宝山《まんぽうざん》事件が起こっていた。これらの発表や報道は日本国内の対外強硬論を高めた。

ほぼ時を同じくして、同年の三月事件の情報が伝わり始めた。原田熊雄は陸軍少将であった東久邇宮稔彦王から「宇垣朝鮮総督はクーデターを議会中にやらうとしたのぢやないか」と聞いた。この話を聞いた西園寺は、「うすうすさういふこともきかないではなかつたが、しかしそれほどとは思はなかつた。まるで寝耳に水みたやうなもので、甚だ重大なことである」と驚き、宮中官僚にも注意した（村井㊦159）。八月二一日、若槻首相は南陸相と会見して、近時の軍部の言動が不穏当であること、三月事件についても確認して「軍紀の維持」に一層の考慮を求めた。ところが、南陸相は「元来民政党は非常に新聞の操縦がうまい」と、新聞や政党が悪いと開き直らんばかりであった（村井㊦160）。この時期の帝国軍人の多くは怒れる弱者であったと言えよう。

宮中官僚の中では枢密院の改造問題が検討されており、諮詢事項を国家の重大事に絞り、「準元老級の人々」を集めることで世間の信用を回復しようとしていた。しかし、西園寺は、牧野伸顕内大臣に、「一体我々のやうな立場にある者が、政府に対してかれこれ言ふことは、かへってその局にある者を困らせることにもなるから、なるべく控へ目に、黙つてゐる方がいゝ」と内閣の責任政治を支持し、「枢密院の問題でも、今日はかういふことがいゝと思つてしたことでも、或はそれがどういふ事情かで、かへつて悪い結果を持ち来たさないとも限らない」と注意した（村井㊦162―163）。

「常道」の拡散

政党政治を支える「憲政常道」論は第二次憲政擁護運動後、護憲三派内閣を経て急速に体制化したが、そのことによって「常道」論それ自体への疑問も提起されるようになっていた。

第一に、強力な政治を生み出すと考えられていた二大政党制が、逆に弊害の根源とみなされて批判されるようになった。少し前の話だが、三月事件に関わった思想家の大川周明は一九二八年九月に、「数年以前まで二大政党樹立が政治の理想のように言って居た日本の政論界は、今や逆に之を以て政界腐敗の基とするに至つた。驚くべき変化である」と指摘していた。[*4]

第二に、英国や米国では「常道」でも、日本には不適当なのではないかとの見方があった。宇垣は、二大政党対立による政治様式について、「広大無辺の領土を所有して満腹飽満しある国家に於ては、主として内政上の改善進歩を図ることによりて国民の幸福は向上増進し得るのである。従て二大政党の対立によりて善政の競争をなすと云ふことは頗る意義ある政治の形式である」。しかしながら、「天恵に浴せざる貧弱且後進の国家としては国民の幸福の増進を国内以外に対外の発展にも大に求むるの必要がある。対外発展には挙国一致的の歩み方が必要である。夫れには二大政党の対立は必ずしも無条件に歓迎する訳には行かぬ」と、日本のように対外発展に活路を見出さなければならない国には不向きであると日記に記した。[*5]

第三に、自由主義的な二大政党制には、先に安達謙蔵が言及したように、すぐ後ろから社会民主主義政党、当時の言葉で無産政党の足音が聞こえるかに思われていた。田中内閣下の取り締まりによる共産党事件の公判が進む中、七月二二日、牧野内大臣はジャーナリストの丸山幹治の訪問を受けた。丸山は、無産党と共産主義者の間には懸隔があり、真に共産主義を信奉するものは少数であると語った。いわゆる無産政党とは議会政治によって労働者の境遇改善を主張するもので、英国労働党内閣の立場と異ならない。「既成政党の信用欠乏に随《したが》ひ、勢ひ無産党に人気集まる有様」で、若者の大多数は無産党に傾きつつあるという。従来、資本家側は無産党と共産主義者を同一視してきたが、共産党指導者の佐野学らが公判の場で「無産派を罵倒、敵視する態度、言論を表示した」ことで、資本家や世間の誤解を解く効果があるだろうと述べた。[*6] 報道によれば佐野は、「無産階級の政党は共産党只一ツで各国の社会民主々義諸党は労働階級内部に於ける没落に直面せる世界資本主義の支柱である」と述べ、「社会民衆党、大衆党、労農党を散々に批判し社会民主主義党との闘争は共産党の重要な任務である」と結論づけていた。[*7] 丸山の話を聞いた牧野は「平生《へいぜい》自分の思ふところに一致し好材料を得たり」と感想を記した。[*8] 社会民主主義政党を議会の一員として迎える意識は高い。

ところが第四に、労働党を包摂する二大政党制を築いた英国で「常道」が一時棚上げされ、その影響が日本にも及ぶ。八月二四日、労働党党首で首相を務めていたラムゼイ・マクドナルドが、野党保守党と自由党の協力を受けて「挙国一致」内閣を樹立したのである。[*9] 八月二七日の政友会の日報『政友特報』は、早速、「赤字問題に悩みぬいた英国には、遂に挙国一致内閣が出来た。労働、保守、自由三党の領袖連を網羅した連立内閣で、この財政難を切り抜けようといふのである」と報じ、さらに九月五日号では、「日本でも挙国一致内閣を組織して、赤字財政と対支外交との刷新解決を図れ、といふ主張が政界の一角に台頭したとの説がある」と警戒している。[*10] 日本も経済危機のただ中にあり、英国の政治情勢が新たなモデルを与えていたのである。

とはいえそれは少し先を急いだ議論である。困難な中にあっても、また、時に眉をしかめながらも、国民の支持は、明治以来長い時間をかけて築き上げてきた政党内閣制にあった。傷を負った浜口前首相は六月九日に四回目の手術を行い、二八日には自邸に戻っていたが、八月二六日に死去した。八月二九日に日比谷公会堂で民政党の党葬として葬儀が営まれ、参列者の列が尽きず、告別式が一時間延ばされた。[*11]翌月一九三二年九月に遺稿が娘富士子によってまとめられ、『随感録』として出版された。それは飛ぶように売れた。

当面の問題は軍の組織統制の弛緩であった。昭和天皇は、九月一〇日には安保清種海相、一一日には南陸相を呼んで、軍紀について注意を与えた。

二　満州事変と協力内閣運動による内閣交代

(1)外先内後の満州事変

満州事変の勃発——政府と陸軍中央の協働

そこに起こされたのが満州事変であった。一九三一年九月一八日夜、関東軍は、奉天郊外の柳条湖で中国軍によって南満州鉄道株式会社の線路が爆破されたとして、軍事行動を開始した。線路の爆破から出兵への一連の流れは石原莞爾《いしわらかんじ》(一八八九—一九四九)関東軍参謀と板垣征四郎《せいしろう》(一八八五—一九四八)高級参謀による自作自演であり、関東軍の中でも計画を事前に知らされていたのはごく一部であった。自重を求める政府の事前の注意もあって本庄繁《ほんじょうしげる》司令官は判断に迷ったが、租借地関東州の防備と南満州にある鉄道路線の保護を職責とする中で最終的に出兵を判断した。謀略を事件発生後に察知した関東軍の中堅幕僚には不満もあったが、やり始めたことをやり遂げようと考えた。事変の情報を受けた参謀本部はすぐさま関東軍の行動を支持し、さらに越境準備をしていた朝鮮軍に、南陸相は待機を命じた上で閣議に臨んだ。すでに飛行部隊を送り、林銑十郎《せんじゅうろう》（一八七六―一九四三）を司令官とする朝鮮軍も動き出した。

閣議の前に若槻首相は南陸相に「真ニ軍ノ自衛ノ為ニ執リタル行動」かどうか、そう信じていいかを聞いた。南陸相は「固ヨリ然リ」と答えたが、閣議では幣原喜重郎外相が外務省で得た情報を元に議論して、現地軍が計画的に起こしたことを示唆したため、南陸相は閣議で朝鮮軍による増援許可を得ようと考えていたが提起もできなかった。閣議は不拡大方針を決定した。元老西園寺は事態を注視し、「この事件がすべて片付くまでは、辞職を御聴許になることはよくない」と宮中官僚に助言し、昭和天皇も内閣の不拡大方針を支持した（村井㊦165―166）。

若槻首相は陸軍と対立していたわけではない。あくまで陸軍出先の暴走に止まっており、南陸相、金谷《かなや》範三《はんぞう》参謀総長と協力して事態収拾に当たった。「下剋上」と言われがちだが、上官の的確な判断と指導が重要である。金谷参謀総長は「速《すみやか》ニ事件ヲ処理シテ旧態ニ復スル」必要を説いていた（村井㊦166）。南陸相が朝鮮軍の増援を説いたのは陰謀に加担していたためではない。条約に基づくとはいえ外国領内の日本軍として、刺激を避けるために関東軍は小さな規模に抑えられていた。したがってその数は戦闘が始まれば周囲の中国軍の比ではなく、朝鮮軍の増援が必要となる。しかも陰謀によって導かれた関東軍は作戦地域を広げて本来の守備地域をがら空きにしており、そのことが朝鮮軍にとって越境の誘因となっていた。中央の許可が下りない中、林朝鮮軍司令官は独断で越境した。それは奉勅命令違反であり明確な統帥権干犯であったが、作戦上の時宜に応じた行動は否定されていなかった。

出兵には予算措置が必要で、若槻首相は二二日、「出タモノハ仕方ナキニアラス《〔ズ〕》ヤ」と述べてこれに応じた。これは政党内閣が陸軍出先を統制する希有な機会であり、敗戦後にこの判断が惜しまれ、批判されることになる。[*12] 関東軍の行動には枢密院でも疑問視する声があったが、陸軍は政府の予算措置で事後承認を得たと強弁した。しかし、若槻首相の判断の背景には、陸相と参謀総長を中心に陸軍出先の統制が試みられていたことがあり、また近年の研究では、植民地朝鮮の統治への影響が重視されたことが明らかにされている。[*13] そのあまりに大きな帰結を思えばこの判断に注目が集まるのは当然である。しかし、これが帝国統治の負荷であることは確かであるにせよ、陸相と参謀総長を中心に当然に解決が図られるべき問題であった。

九月二一日から二九日に実施された府県会議員選挙で民政党は勝利した。しかし陸軍首脳は関東軍の行動を統制できず、事変の解決は見通せなかった。軍事行動が着々と既成事実化され、金谷参謀総長が当初述べていた原状回復も現実味を失っていく。現地では南満州鉄道株式会社の総裁となっていた内田康哉が次第に石原や板垣とのつながりを深め、陰謀を企てた関東軍参謀の期待を集める存在となっていた。一〇月八日、関東軍は政府の不拡大方針を真っ向から否定する錦州爆撃を行った。

解決の模索と危機の拡大

一二月末には通常議会の召集が控えている。このまま議会を迎えるとどうなるのか。若槻首相は錦州爆撃の後も陸軍首脳を通じた関東軍の統制に奮励する一方、内閣外への働きかけを始めた。一〇月一二日に山本権兵衛元首相、清浦奎吾元首相、一三日には犬養毅野党総裁、高橋是清元首相、山本達雄民政党顧問、徳川家達貴族院議長を相次いで訪問し、満州事変の経過報告をした。若槻は「このようなデリケートな問題を、議会で公言するのは好ましくない。そこで私は、国事に深い関心を持つ人々に、真相を明らかにし、もし政府が代わっても、新たに局に当たる人が、あらかじめ真相を知っておれば、それに越したことはない」と考えたという(村井㊦170)。関東軍独断の錦州爆撃は日本の国際連盟での立場を極めて悪くしていた。

危機は外で起こるばかりではない。一〇月一七日早朝、クーデタを計画していたとして一二名の陸軍青年将校が憲兵隊によって保護検束された。一〇月事件と呼ばれる。橋本欣五郎陸軍大佐を中心に参謀本部からは九名の参加者があった。政府の不拡大方針と陸軍首脳部の態度に危機感を抱いたものであった。

一〇月二四日、国際連盟理事会では日本の反対した期限付き撤兵勧告案への投票が行われ、一三対一と日本の孤立を象徴する結果となった。昭和天皇の危機意識は強く、「経済封鎖を受けたるときの覚悟、若し列国を対手として開戦したるときの覚悟、其準備等」について侍従武官長から陸海相に問わせることを牧野内大臣に相談した(村井㊦171)。

危機の中にも干満がある。民政党内閣は陸軍で先の統制に引き続き尽力していたが、現地軍統制への悲観と楽観が激しく交錯する中で、民政党内閣の枠組みを超えた解決態勢も議論されるようになる。一つは与野党間での政権交代である。これこそが二大政党制に立脚した政党内閣制の

「常道」であった。一一月一〇日、政友会は議員総会を開いて金輸出再禁止の即時断行を決議した。また、「満蒙ハ帝国ノ生命線」と位置づけ、自衛権の発動である満州事変は居留民保護と既得権擁護の保証を得るまで撤兵すべきではなく、国際連盟がこの件について正当な認識を欠くようであれば脱退も辞さないと述べた。

既得権擁護とは政友会だけでなく事変正当化の理由として一般に言われたが、関東軍は既に既得権を超えて行動を続けていた。北満州はソ連の勢力圏で、擁護すべき日本の権益はそもそも存在しなかったが、将来のソ連との戦争を想定した場合に地勢的に是非とも制圧しておきたい地域であった。そこで関東軍は既得権擁護ではなく、新満蒙建設を掲げて自らの行動を正当化していく。

もう一つの対処方針は二大政党間での大連立内閣、同時代に言うところの「協力内閣」論であった。一〇月二七日頃に安達謙蔵内相は若槻首相を訪れ、「この議会は到底一党で行くことは困難だ。問題は頗る多いし、非常に空気も悪いから、この際英国流に犬養を首班にして、協力内閣でこの難関を押し切ったらどうか」と提案した（村井㊦172）。内相には治安情報が集まる。対して若槻首相も、関東軍が政府の意向を軽視するのは「今の政府は、一党一派の民政党内閣であり、国民の一部の意見を代表しているにすぎない。国民の多数は、必ずしも現内閣と同じ意見だとはいえない」と考えるからで、「満州軍をして、政府の命令に服せしむるためには、民政党だけの内閣でなく、各政党の連合内閣を作れば、政府の命令は国民全体の意志を代表することとなり、政府の命令が徹底することとなる」と安達に尽力を求めた。[*14] 政友会では犬養毅の息子健も賛成で、民政党の安達内相、富田幸次郎幹事長と、政友会の久原房之助幹事長を中心に話し合われた。

政民連携運動と若槻内閣の総辞職

民政党と政友会の連立内閣に期待したのは宮中官僚も同じであった。事変発生直後には内閣による対処を期待した宮中官僚も、解決できない若槻首相への不信感と、憂慮する天皇への責任感から、次第に内閣の危機対応能力に疑問を抱きはじめ、独自の解決策を模索し始めた。[*15] 宮中官僚には若槻が頼りなく映ったようである。宮中官僚は第一に、元老西園寺の政治力に期待した。第二に、御前会議や重臣会議のような政党内閣を超える権威によって事態の収拾を図ることも考えられた。そして第三に、内閣強化こそが解決策であり、そのためには協力内閣が必要であると考えた。二大政党制も英国流であれば、大連立内閣も英国流であった。宮中が紐帯となって二大政党間での対立を抑制し、英国のような連立内閣を打ち立てようとする試みで、昭和天皇が政党の両総裁、すなわち若槻と犬養を召して注意を与えるという案を検討していた（村井㊦172―173）。

ところが、西園寺はあくまでも内閣の責任による危機の解決を求めた。また、元老のような個人が政治において役割を高めることに対して警戒感を抱いていた。[*16] 先に若槻が内閣外の政治家のもとを回り始めたことに懸念を覚えており（村井㊦176）、宮中で検討された、天皇の助言で連立内閣を実現する構想にも反対であった。

内閣の事変解決への努力は続いている。一一月二一日、日本は国際連盟に調査団の派遣を提案した。後のリットン調査団につながる。その中で一一月二七日の出来事は歴史家の注目を集めている。政治史家の坂野潤治が明らかにしたことであるが、米国のスティムソン国務長官が、日本軍は錦州に進軍する意思はなく、すでに中止命令が発せられたという幣原外相とフォーブス駐日大使の会話内容を日本政府の許可なく公表し、これが日本の新聞でも報じられた。幣原は大使に極秘であることを強調してあったにもかかわらずである。事実、陸軍中央は関東軍の錦州爆撃を中止させていた。このことは軍機上、統帥権上の問題として騒がれ、若槻とともに出先の統制に尽力していた陸軍指導者の信頼性を大きく傷つけることになった。[*17]

議会の召集が近づく中、一二月一一日の閣議は協力内閣をめぐって大荒れとなった。若槻首相は閣内から幣原外相、井上準之助蔵相の強い反対を受けた。政友会は金解禁の再禁止を党議決定しており、両党の財政政策の調和は難しいと考えられていた。若槻首相は主要閣僚二人からの断固とした反対を受けて安達内相に連立内閣工作の中止を求めるに至った。しかし、安達内相は応じなかった。安達は閣議の場を去って内相官邸から戻らず、井上蔵相が往訪して力説するも応じず、さらに安達の辞表を求めたが拒絶された。ここに至って若槻首相は全閣僚の辞表をとりまとめ、昭和天皇に奉呈した。牧野内大臣は元老西園寺に直接下問することを進言した。

(2) 犬養内閣の選定

継続か変化か

こうして、西園寺が事変終結までは内閣の辞表を受けてはいけないと宮中に注意したことは意味を失った。内閣が自壊してしまったためである。しかし、若槻は退陣を考えていたのだろうか。辞表には閣内不一致の文字はなく、「内務大臣独り其の見を異にし」と記されていた。第二次加藤高明内閣は、加藤高明への大命再降下によって成立した。

宮中の求めで「この場合はできるだけ早い方がい丶」と翌一二月一二日の上京を決めた西園寺は、しかし、大命再降下を一顧もしなかった。後継首相には野党政友会の犬養毅を考えており、原田熊雄を通してすぐさま宮中官僚へ犬養を奏薦する意向を伝えて反応を探った。上京の朝にも、西園寺は原田に問わず語りで、「どうも昨夜からいろいろ考へてみたが、結局犬養の単独より方法がないぢゃないか」と述べて意見を求めたという。原田は西園寺から意見を求められたのは初めてのことで、賛同すると、「幣原も井上も大分くたびれたらうから、この際休んで、再び力を養って出る方が、或は御奉公ができやしないか」と独り言のように述べたのだという（村井㊦179）。

一木喜徳郎

西園寺が参内すると、牧野内大臣、一木宮内大臣、鈴木侍従長との間で話し合いがもたれた。西園寺はまず辞表の文面が問題となったが、大命再降下は実質的な論議の対象にはならなかった。西園寺が犬養を推すと、牧野も適当な候補もいないと同意したが、時局が困難を極めていることから組閣に対する希望を述べた。それは、外相、蔵相の人選に注意すること、内閣の基礎を強固にするために「協力の精神」に基づいて組閣するよう西園寺から指導して欲しいというものであった。
西園寺はこの提案に同意しなかった。西園寺は薩摩出身の牧野の前で「薩長の内閣の時分を見ても、なかなか組合せといふことは難しい。〔中略〕お互に頗る根強く自分の主張を通さうとして喧嘩してみたり、実に面倒で困つた」と過去の話を持ち出してきてまで「協力といふことは面白くない」と反対した。一木が牧野のために弁解するほどであったが、結局、意見は一致せず、最後は意見交換を打ち切るに近い形で犬養毅を奏薦した。

西園寺は奉答後すぐ興津に帰るつもりであったが、昭和天皇から内密の依頼を受けて一泊することになった。昭和天皇は西園寺の奏薦を嘉納しつつも「この際後継内閣の首班になる者に対しては、特に懇《ねんごろ》に西園寺から注意してもらひたい。即ち今日のやうな軍部の不統制、並に横暴、――要するに軍部が国政、外交に立入つて、かくの如きまでに押しを通すといふことは、国家のために頗る憂慮すべき事態である。自分は頗る深憂に堪へない。この自分の心配を心して、お前から充分犬養に含ましておいてくれ。その上で自分は犬養を呼ばう」と注意を求めたのであった(村井㊦181)。一九〇一年四月に生まれた昭和天皇は満三〇歳、西園寺は満八二歳になっていた。

西園寺と犬養の面談

西園寺は大命降下前の犬養と面談し、四つのことを伝えた。第一に、政界の浄化を期すること、第二に、閣僚の選定には深く留意して人格者をあてること、第三に、強力なる内閣を組織すること、そして第四に外交方針を変えないことであった。強力な内閣を組織するために民政党と連立する意思が問われたが、犬養はかえって不統一の原因になるからと拒絶した。また、犬養は政党外の人物を外相にすると述べた。西園寺は単に意見を聞きおくのみで調停的な行動はとらず、結果にも影響を及ぼさなかった。大命は犬養に降下し、政友会が単独内閣を組織する。

若槻内閣は総辞職時に大命再降下を期待していたのだろうか。一九三一年一月からオランダのハーグにある常設国際司法裁判所の所長となっていた安達峰一郎《みねいちろう》に対して、友人の駐日ベルギー大使バッソンピエールが一二月一五日付の書簡で「幣原氏は未だ若槻氏が、氏の失脚の原因である、閣下と同姓の人〔＝安達謙蔵内相〕を除いて、かれの内閣の改造をするだろうと考えておられるように見受けられました」と伝えている。そうであれば幣原外相が井上蔵相と強硬論を説いたことも理解できる。若槻は二五日付の書簡で、大学の同級生であった安達峰一郎に「反対党の攻撃に依らず、身方の内訌に依り崩壊したること返す返すも小生の不行届の致す所申訳なく御座候。裏面には幾多の事情存するやに存じられ候えども、裏面のことは考えざること宜しかるべくと存じ候。退官致候も少しも気楽に相成らず。遠からず議会の解散之総選挙に臨まざるべからず」と書き送った。[*18]

今回の選定は政党内閣制をさらに強固にしたと見られた。政治学者蠟山政道《ろうやままさみち》は、「元来我国の憲政常道といつても最近の田中内閣及び浜口内閣の成立に際して、漸く成立した憲法上の慣行に過ぎない。従つて今回の政変がこの慣行の軌道によつて行はれたとするなら確にその慣行を一層強めることになつたといひ得よう」と評価した。「政党以外の政治的勢力たる軍部が、今日のやうな時局に政治の舞台に上つてくるのは当然であるが、その行動と政策は政党との連絡においてのみなされる限り、我々は憲政の常道をたどりつゝ、しかも時代の進展に適応して行き得るものである」[*19]。野党民政党も党報に「憲政常道の確立」と見出しを掲げ、「何人にも容易に了解せらるゝ所の反対党の単独内閣が成立した事」で「議会政治の上に於ける鉄案たる憲政常道は厳として動かすべからざるを如実に示された」と評価し、反対党である政友会内閣の施政方針には大いに異議があっても内閣成立の形式については政党政治のために喜ばざるを得ないと結論した。[20]

しかし他方で、ジャーナリストの馬場恒吾は「西園寺公が犬養を推薦した理由はよくわかってゐる。彼は憲政常道に立脚したのである。二大政党が交代して政権を取るといふ原則を守ったのである〔中略〕こゝまではりっぱな行動といってよい」と述べつつ、「だが、この表面の政変の奥に、目を光らしてゐる財閥があったことをば、西園寺公は見なかったか、忘れたか、関らなかった」と述べて、割り切れない思いを吐露している。[21]後述のように政変に伴う財政政策の転換はドル買いという投機的行為を生んだ。ここでは逆に元老独自の役割が期待され、「憲政常道」に基づく政党間での単純な政権交代に対して評価が冷ややかになっているのである。

一九八九年の昭和天皇崩御後に牧野伸顕の日記など関連資料が相次いで公開・刊行されたことで、牧野ら宮中官僚の動向は随分明らかになった。昭和天皇についても多くの断片的な発言が伝わり、『昭和天皇独白録』も興味深い資料である。それでも宮中官僚の言動が宮中官僚自身の考えなのか昭和天皇の意思の反映なのかを区別することはなお困難である。その点、一九五三年四月、昭和天皇が吉田茂自由党と重光葵改進党の連立内閣が「一番いゝ」と考え、「私が一口いへるといゝのだがなー」と言って、田島道治《みちじ》宮内庁長官に「陛下は政治上には何事も仰せになります事は出来ませぬので残念でございます」と諭《さと》されると、「それは分つてゐるが一口私がいふのが一番いゝのだがネー」と言って、田島に天皇からとは言わずに注意するよう依頼していたことが、新出資料によって明らかになったことは往時をうかがわせる。[22]また、治者としての無私の行動であり、間違った方向性とも言い切れない場合に、憲法上の天皇の行動への制約が少なく感じられるほど、宮中官僚の苦労は多くなるのだろう。無私だから良い、正しければ良い、というわけでもないからである。

三　犬養政友会内閣の成立——金輸出再禁止と事変の拡大

(1)犬養毅政友会内閣

犬養内閣の成立——二大政党制の復元力

一九三一年一二月一三日、犬養毅内閣は宮中官僚の期待に反して政友会単独内閣として成立した。衆議院に議席を持つ首相は原敬、浜口雄幸についで三人目であった。経済危機の中で注目されていた蔵相には再び高橋是清を迎えた。先の田中内閣でもショート・リリーフを務めたが、今回も危機下の再登板であり、再びショート・リリーフで終えることができるか。いつの間にか護憲三派リーダーのうち二人が、再び政治の表舞台に立っていた。高橋は内閣成立直後の初閣議で金輸出再禁止を決めた。

犬養は外相には女婿の芳沢謙吉《けんきち》(一八七四―一九六五)を選んだ。幣原外相の下で国際連盟理事会の日本代表として満州事変後の困難な交渉と説明に当たった専門外交官であり、一九三二年一月の帰朝を待って任命した。犬養内閣は当初首相が外相を兼任したこともあって閣僚一三人中、陸海軍大臣以外の一一人すべてを政友会員が占める、田中内閣以上に純度の高い政党内閣であった。犬養外相は中国革命派と長い交友関係にあり、同じく中国革命運動の長い実績を持つ萱野《かやの》長《なが》知《とも》を個人密使として中国国民政府と秘密裏に交渉しようとしたがうまくいかなかった。一二月三一日に昭和天皇に拝謁した犬養首相は、中国の言い分も少しは通すべきという御言葉に「御尤《ごもっとも》」と応じ、治外法権の撤廃も認めるつもりであると答えた。政友会内閣の外交姿勢について心配していた昭和天皇は、「局に当れば在野時分とは自から改まり幣原と別に代〔変〕はる事なし」と満足した（村井㊦186）。一九三二年一月七日、米国は日中両国に満州事変以後の日本による現状変更を認めないという不承認政策を掲げるスティムソン・ドクトリンを発した。それは犬養の努力を側面援護するものではないが、犬養はすべきことをするだけであった。

関東軍は内閣交代があっても内田康哉満鉄総裁の留任を強く望んでいた。南前陸相は内田に「自分ハ満蒙ト政党者流トノ絶縁ヲ兼テ必然ト思ヒ居レルガ、平時ハ甚ダ難シキヲ、今回ハ国民ノ後援ヲ軍ハ負ヒ居ルニ付キ、絶好ノ機会」と伝えてきた。内田は、事変後は態度を一変させて関東軍に全面協力していたが、「予ハ政友会関係深ク、憲政有終ノ美ヲ唱フル政党主義ナリシモ、今日ノ状態ヨリスレバ考ヘモノナリ」と危機下の便法《べんぽう》を支持する姿勢であった（村井㊦186―187）。すなわち、南は政党政治に左右されない満蒙政策を志向し、内田は現在の政党政治ではそれもやむを得ないと考えたのであった。

軍部大臣について、犬養は南陸相の留任を希望していた。しかし、陸軍側が政党内閣と陸相を結びつけて考えていた。一四日に開かれた陸軍三長官（＝陸軍大臣・参謀総長・教育総監）及軍事

荒木貞夫

参議官会議は、後任の陸相について、「（一）民政党ヲ主体トスル内閣ノ場合及協力内閣ニハ南陸相は留任ス　（二）政友会ヲ主体トスル単独内閣ノ場合ニハ南陸相ハ留任セス〔ズ〕　荒木〔貞夫〕中将或ハ阿部〔信行〕中将ヲ推ス」と申し合わせていた。したがって、犬養の陸相留任要請にも、「其単独内閣ナルコトヲ知ルヤ之ヲ拒絶シI阿部中将或ハII荒木」を推したのであった（村井㊦184）。犬養は荒木貞夫（一八七七―一九六六）を選んだ。

宇垣一成朝鮮総督は政友会と民政党の協力内閣を予想していた。一二月一三日には、若槻首相、南陸相と満州事変の収拾に尽力してきた金谷参謀総長が辞任し、閑院宮載仁親王《かんいんのみやことひと》が日露戦争前の一八九八年以来となる皇族による総長、宮様総長となった。参謀次長には荒木陸相の友人であった真崎甚三郎《まさきじんざぶろう》（一八七六―一九五六）が就いた。海軍も陸軍に負けじと翌一九三二年二月に伏見宮博恭王を海軍軍令部長に据えた。

犬養内閣は組閣の翌一四日には第六〇回帝国議会を召集し、二六日に開院式を迎えた。その間の一八日には地方官の大移動を行った。少数党内閣として発足した内閣は来るべき総選挙での多数獲得による政権安定を目指していたのである。前回、第五九議会で外交官出身の政友会議員松岡洋右が「満蒙ハ日本ノ生命線」と述べ、政友会を中心に民政党内閣批判の文脈で用いられ、議会後には社会にも浸透していった。では、満州事変後の議会で初めて「生命線」というこの言葉を使ったのは誰だろうか。それは荒木貞夫陸相であった。

一二月二七日、貴族院本会議と衆議院本会議で「陸海軍将士に対する感謝決議」が全会一致で可決された。これは軍事作戦にともなって行われることが通例であった。荒木陸相はこれに応える挨拶の中で「一死報国ヲ誓ヒ、海行カバ水漬《みづ》ク屍《かばね》、山行カバ草生《む》ス屍、大君ノ辺《へ》ニコソ死スル忠誠ノ精神ヲ以チマシテ、皇国生命線ノ確保ニ邁進シテ居リマス」と述べた。それは大角岑生《おおすみみねお》海相の簡潔で儀礼的な応答とは対照的であった。また、満州事変の勃発は、政党制の次代を担うと期待されていた無産政党を揺るがした。吉野作造が安部磯雄を支持して尽力してきた社会民主主義政党の組織化であったが、一九三一年一二月に社会民衆党は、満蒙問題対策として「満蒙戦争を通じて国内資本主義の打倒」「満蒙の権益を無産階級に奪還せよ」と決議した。*23 書記長の赤松克麿《かつまろ》は吉野の女婿で東大新人会結成にも参加していたが、次第に国家社会主義の立場をとるようになっていた。

桜田門事件と内閣の留任

犬養内閣は思わぬ方向から足下をすくわれる。右からのテロに対して今度は左からのテロである。一九三二年一月八日、朝鮮独立運動家の李奉昌が陸軍観兵式から帰る途中の昭和天皇を狙い、誤って宮内大臣乗用の馬車に手榴弾を投げた。桜田門事件と呼ばれる。犬養内閣はすぐさま辞表を出した。摂政時代に第二次山本権兵衛内閣で虎ノ門事件に遭っていた昭和天皇は、その時と同様、内閣の留任を希望した。特に今回は内外多事な中であった。そこで内閣が再び総辞職を選ばないよう「内外非常の時なれば留任を望む」という言葉を添えることを考え、宮中官僚は元老の西園寺に意見を求めた。西園寺も「斯様の出来事に付政変を見るは将来の悪例を残す恐れあり、依て引責は宜からずと思ふ」とテロ事件による政変を望まなかった。西園寺は優諚には消極的であったが、使者の鈴木侍従長から東京、なかでも陸相の引責論が強いことを聞いて同意した。

一月一〇日、昭和天皇から犬養首相に留任するよう伝えられ、辞表は下げ渡された。犬養内閣は留任した。憲法学者の佐々木惣一は進退を「聖旨」によって決することを批判した。[*24] 一九二三年、先の第二次山本内閣で摂政の留任要請を遮って内閣総辞職を押し通したのは、逓相だった犬養であった。犬養は当時、政党内閣制がまだ確立されていない中で官僚内閣に政治的な機会を求めたが、次第に多数党政友会に傾斜していく内閣を見限り、自壊させた。その張本人が首相時には留任したのであった。それは「臣節問題」として無意味に政治問題化した。

西園寺は、「この内閣が倒れたら、井上〔準之助〕もいゝだらうが、宇垣と民政党の協力でやらせたらどうか」と将来の宇垣民政党内閣論に言及していた（村井㊦188）。

帝国議会は休会明けの二一日、首相、外相、蔵相の施政方針演説の後、直ちに衆議院を解散した。三度目の男子普選総選挙となる第一八回総選挙の投票日は一九二八年、一九三〇年と同じく二月二〇日と決められた。選挙は新しい人材を政界に惹き付ける。今回の総選挙には外交官出身の芦田均（一八八七―一九五九）が政友会から出馬した。芦田は地方名望家であった父が代議士を一期務めた際に政友会に所属しており、本人も代議士への転身を長らく志向してきたが、満州事変勃発の報は任地ベルギーで聞いていた。また、鈴木喜三郎法相は一九二〇年に勅撰された貴族院議員の議席を辞して総選挙に出馬した。

上海事変と相次ぐテロ

二月二日にはジュネーブで国際連盟一般軍縮会議が開催され、日本からは松平恒雄首席全権、松井石根《いわね》全権らが出席していたが、その直前、一月二八日には第一次上海事変が勃発しており、第一次世界大戦での青島の戦い以上の死者を出した。後に陸軍軍人が関東軍参謀板垣征四郎と図って陰謀を行ったと証言している。それは日本政府が望んだ作戦ではなかった。上海は国際都市であり、上海事変の国際的波紋は大きく、日本政府の困難は増した。

日本がかかわった主な軍縮会議（1932–35年）

会議／条約	内　容	内閣と全権
ジュネーブ 一般軍縮会議 （1932年2月）	陸軍を含む軍縮を協議 （独・日の国際連盟脱退により条約不成立）	**犬養毅内閣** 松平恒雄 松井石根
第二次ロンドン 海軍軍縮会議 （1935年12月）	1930年の海軍軍縮条約の改正を協議 （日・伊が脱退）	**岡田啓介内閣** 永野修身

二月九日には選挙活動中に貴族院議員の井上準之助前蔵相が暗殺された。井上は民政党の選挙委員長を務めており、演説会で訪れた駒本小学校で撃たれた。今回は選挙委員長の激職で果たせなかったが、将来的には総選挙への出馬も決意していたという。犯人は「農村を救うため」と語る二二歳の小沼正《おぬましょう》（一九一一—七八）であった（村井㊦192）。

二月一九日には高等女学校での公民科が新設されたところであった。公民教育とは、職業教育と区別され、社会に参画する立憲国家の国民に必要な政治、社会、経済等に関する知識を与え、資質を涵養する教育であり、その一環で女学生の議会見学なども行われた。

吉野作造は、一九三二年二月の『国家学会雑誌』に論説「国民社会主義運動の史的検討」を寄せた。共産主義への反感が著しく広がる中で一九三一年夏頃から「国民社会主義」というものが思想にも運動にも急に現れてきたのだという。「議会主義否認」や「議会万能主義排斥」が唱えられるが、「議会主義は其本質に於ては各種の言論の自由を尊重しその道義的競争の結果として優者に政権を託《たく》する制度であり、又斯かる趣旨を実現せしむるものとしては考へ得べき殆んど唯一の制度」であることから、議会主義の否認は論理的にクーデタによる政権争奪の公認に至ると吉野は言う。

吉野は無産党の一部と軍部との連絡を危惧する。軍縮という点で「政界一般の空気は甚だ軍部に不利」で、軍人の中には政党政治家の参加、裁量によって決められることを強く危惧する者達があり、「政党政治に対する広汎なる国民的不満の事実より推して、彼等の積極的進出が必ずしも時勢の要求と矛盾するものに非《あらざ》るを信じたのではあるまいか」と見受けられる。

ここで吉野は、軍人への政党腐敗論の浸透について興味深い観察をしている。「冷静に考へれば、明治時代の藩閥政治と大正以後の政党政治と何れが多く弊害を流したかは一個の疑問だと思ふけれども、世人が当初民衆本位の善政を期待して政党を迎へた丈《だ》け、彼等が国家を抛擲《ほうてき》して党利党略に没頭するに極度の憤慨を寄するは怪むに足らぬ。而して軍部の人達は之等の点を多く無産階級の論議に聞いたものと見へ、政党と同じ程度の反感を財閥にも寄せて居る。つまり既成政党と財閥とが現に国家を毒して居るといふのである」と。

「軍部の人達と雖も大衆の支持なくしては今日天下に大事を為し得ないことを知って居る」。そこで、精神的共鳴ありと考えて無産党の一部に接近しているのではないか。無産党側でも「一部の人はクーデターには主義として反対だが政界の腐敗が余りにひどいから一度軍部の力で洗掃して貰ふのも一案だと考へて居るとやら」と論じた。[*25]

(2)議会を守る——議会の衰退に対する主流政党の反応

第三回普選総選挙

一九三〇年に久布白落実の後を継いで婦選獲得同盟総務理事となった市川房枝は、ますます婦人参政権獲得運動に邁進していた。市川には「一人一役」という考えがあり、各自が得意分野で尽力しつつ、多様な婦人運動団体が連帯して運動することを重視した。すでにオピニオンリーダーの一人であり、第二次若槻内閣総辞職の感想を求められると、「事態は益す私共に有利な展開を見せるものと予測することが出来る」と強気の発言をした。政友会には完全婦人公民権が期待でき、特に党首犬養は国民党時代からの婦選支持者であった。

犬養内閣成立直後の一二月一五日、新宿中村屋で河井道子、ガントレット恒子、高良《こうら》富子、加藤高子、市川で平和を語る会がもたれた。一九三一年のノーベル平和賞がジェーン・アダムズ女史に授与されたことを記念する会で、婦選獲得同盟が呼びかけた。市川は「婦選獲得同盟自身は日常平和運動はして居りませんが、婦選獲得の目的の一つとして、これは大きな事であって、昨今の時局に際しては、特にその事を痛感させられて居ます」と述べた。会の最後に河井が挨拶に立ち、「参政権がなければ駄目です。ぜひ市川さん方しっかりやって下さい」と激励した。[*26] 市川

犬養首相を訪問し応接室で面会する婦選団体連合委員会代表ら。前列右から坂本真琴、ガントレット恒子、市川房枝。1932年1月29日

らは婦選団体連合委員会を組織して、一九三二年一月二五日に若槻民政党総裁を、二九日には首相官邸に犬養首相を訪問した。犬養首相とは応接間での面会時の写真が残っている（上写真）。

二月二〇日の総選挙に向けて、首相犬養毅の地元は何としても首相を落とすわけにはいかないと緊張を強めていた。犬養は大金を使うぐらいなら落選しても名誉であると手紙を送った。「落選しても内閣首班として年来の抱負を実行するにハ差支無之候〔。〕総理として自己の唱える選挙革正ニ正反対の事ハ断し《〔じ〕》て為し得さ《〔ざ〕》る決心ニ候」[*27]。敗戦後の日本国憲法と違って、首相であるために議員である必要はない。他方で幣原臨時首相代理を政党員でないと攻撃した政友会にあって、落選がどれほどの打撃となるかは想像に難くないだけに、あくまで選挙運動の厳正を求めたものと言えるだろう。

政友会は三〇一議席を獲得して圧勝した。第二党の民政党は一四六議席だった。二大政党の得票数合計は九三％を超え、議席率合計は九六％に迫った。外交官から政界に転じた芦田均も初当選を果たした。なお、衆議院議員選挙法は内地に属地的に施行され、台湾・朝鮮では施行されていなかったので、台湾・朝鮮在住の内地人も台湾人・朝鮮人も選挙権・被選挙権がなかったが、

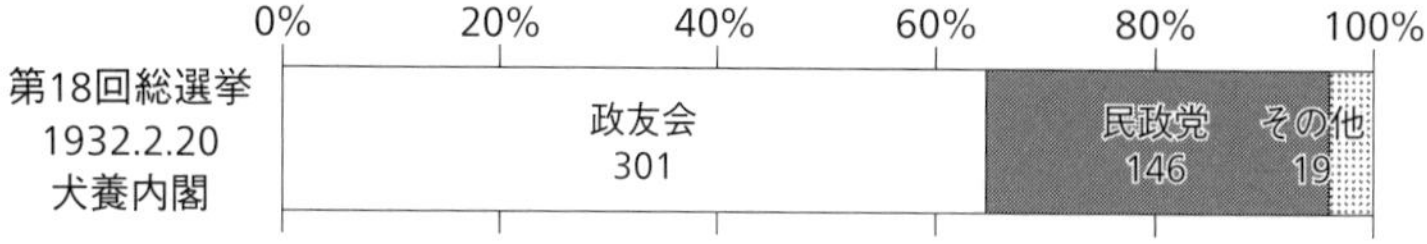

逆に内地にすむ台湾人・朝鮮人には選挙権・被選挙権があった。そこで選挙のポスターには地域によってハングルのルビが振られた。そしてこの時の総選挙では朴春琴が無所属で当選し、初の朝鮮人議員が誕生した。[*28]

市川は二九日に書いた機関誌『婦選』の巻頭言で、「政友会の政策の中例えば対外硬の如きは、私共の賛成し得ざる所であるが、然しこれも多数を獲た政友会が、その政策として行うならば、代議政治の下に於ては、已むを得ない事である。然し巷間噂さるるが如く政府は単なるロボットにて悉く×部の意見に引きづられ盲従するのであれば私共はどこまでも承認し得ない」と述べた。[*29] 市川は『婦選』で経済記事や政治解説記事を書くことが多かったが、一〇月事件について「×××××事件というのは軍部だったんですね」「それは日本人ではまだ知らない人がありますが、外国では盛んに新聞に書いています」と書いた。するとその掲載号は、この記事が「反軍反戦宣伝ノ記事掲載」にあたると発禁処分を受けた。政党の腐敗なるものが公然と批判されるのに対して、張作霖爆殺事件も満州事変も一〇月事件も帝国軍人が故意に引き起こしたものだったことは、噂以上には国民に知らされないのであった（村井㊦194）。

続くテロと議会政治の自浄作用への努力

中国大陸では三月一日に満州国が建国された。犬養首相は芳沢外相とともに、中国の主権と齟齬しない独立政権によって満州事変解決を図っていた。現地視察を行った南前陸相が一月二八日に満州での新国家建設状況を上奏したのに対して、二月二日、昭和天皇から質《ただ》されると犬養首相は反対の意見を上奏し、一五日には枢密院で「満蒙の新独立国家は国家として承認を与へずと明に言明」した。建国宣言後の三月一二日にも犬養首相は昭和天皇に「満州国承認は容易に行はざる件」を上奏した（村井㊦195―196）。

三月五日には三井合名会社理事長団琢磨が暗殺された。団は岩倉遣外使節に同行して海を渡り、技術者から経営者となっていた。前夜、経済四団体主催の懇談会で来日中のリットン調査団一行をもてなしたばかりであった。犯人は、「政党と結託して政界を腐敗させ、さらに日本経済を左右し、日本全国を不景気のどん底に陥し入れた」と語る二二歳の菱沼五郎（一九一二―九〇）であった。井上と団の暗殺には共通点があり、捜査の結果、井上日召《にっしょう》を指導者とする連続暗殺事件であることが明らかとなった。暗殺対象には犬養首相の名前もあった。

社会民主主義者の若き日の猪木正道は、京都の街中でリットン調査団とおぼしき車列を見たところ、反対側の歩道から帽子をとってリットン卿等に頭を下げた紳士を見て、その丁重な物腰にある種の感動を覚えたのだという。[*30] 現実の社会民主主義政党は機会を求めて混乱していた。四月七日、八日の社会民衆党中央執行委員会では、採決に敗れた赤松克麿ら国家社会主義派が脱党することになった。

西園寺は困難な状況ながらも先に犬養を選び、単独内閣として成立したことに納得していた。[*31]
しかし、上海事変が起こり、将来の民政党を担うべき井上がテロによって倒れるなど内外の情勢はさらに悪化していった。このような情勢下で、五月一〇日、民政党は「議会の威信確立に関する宣言」を出し、議会否認の風潮に反論する一方、「議会の現状はこれを放任す可《べか》らざるを以て、朝野の識者は云ふに及ばず、全国民は挙つて之が改善に努力すべく、吾人も亦一大決心を以てこの目的に向つて邁進せんとす」と議会の威信確立のために政党自ら更正に励む意思を示した。[*32] 犬養内閣は、憲法学者の美濃部達吉と、革新倶楽部以来の盟友である古島一雄を貴族院議員に勅撰した。それは貴族院に学術的知識と代議士の政治経験を入れることになり、憲政の自浄と民主化に向けた動きは続いていたのである。また選挙法改正委員会を設けて検討を行っていたが、こちらは実らなかった。

四　五・一五事件と「常道」の棚上げ——斎藤内閣の選定

(1)五・一五事件と危機の首相選定

事件の勃発と憲政常道の論理

犬養首相は一九三二年五月一五日、首相官邸で暗殺された。五・一五事件である。首謀者は古賀清志《きよし》海軍中尉、中村義雄海軍中尉、三上卓海軍中尉など海軍青年将校六名（一名予備役）と陸軍士官候補生（一名中退）一二名ら一八名で、他に橘孝三郎を塾長とする農本主義団体である愛郷塾《あいきょうじゅく》の塾生らと明治大学生一名が参加した。[*33] 襲撃目標は第一に首相官邸、第二に内大臣官邸、第三に政友会本部、第四に三菱銀行で、ほかに警視庁を襲い、愛郷塾生らは変電所を襲って東京の暗黒化を図る計画であったが、首相官邸以外の襲撃目標はそれぞれ手榴弾一発ずつの投擲があるかないかで異音が聞かれた程度であった。変電所の襲撃も東京を暗闇にすることはできなかった。それでも愛郷塾生らの参加は重要であった。それは不満軍人の暴挙を国民全体の不満へと転嫁するためであった。他に陸軍青年将校の参加を妨げたとして西田税《みつぎ》（一九〇一—三七）が重傷を負わされた。

首相官邸の襲撃は三上卓が率い、九名が参加して警備の巡査が一人射殺された。首相を捜し回る襲撃者と食堂で遭遇した犬養は、話を聞くために応接間に招じ入れ、若い軍人を座らせようとしたが、その場で銃撃を受けた。撃ったのは海軍将校たちであった。襲撃の後、彼らは東京憲兵隊本部に出頭した。犬養が撃たれたのは市川らと面会したあの応接間だったのである。

首相が暗殺された以上、次の首相が選ばれなければならない。前例を思えば、原敬が暗殺されたときは高橋が、加藤高明が病死したときには若槻がそれぞれ党内から政権を引き継ぎ、浜口が再入院を余儀なくされたときも同様であった。そうであれば、今回も政友会の後継総裁が選ばれると思われた。高橋蔵相が臨時首相に就いた。

政友会では「大命降下ヲ確信」して早速、後継総裁選びに入った。名前があがっていたのは、高橋是清、鈴木喜三郎、床次竹二郎であったが、一時しのぎではない本格政権を考えた場合には鈴木が党内で頭一つ抜けていた。それは田中総裁期以来、党内で新たに派閥が形成され、なかでも鈴木を中心とするグループが力を増していたからである。義理の弟である鳩山一郎も鈴木を支えていた。この時期に派閥系列化が進んだのは選挙費用の急増が原因であったと考えられている。[*34]田中総裁歿後には、鈴木派は、政党政治家として評判が高く、しかし党内に基盤を持たない犬養を推して主流派の位置を占め、単独内閣論を共有していた。

兇変の翌一六日には議員総会、幹部会、閣僚幹部連合協議会が相次いで開かれた。公選が行われた場合、暫定総裁として名前があがっていた高橋には出馬する意思がなかった。そこで鈴木と床次に候補がしぼられ、党内には床次が順番ではないかと考える者もあったが、大勢は鈴木に傾いていた。床次は説得により辞退し、鈴木は公選を実施することなく、二〇日の臨時大会で正式に総裁に決定された。

そこには、元老がどのような人物を好むか、首相にはどのような資質が求められるかといった配慮は一切見受けられなかった。自由な党内抗争の結果として新総裁が誕生したのである。もとより犬養内閣を党内地盤として支えていたのは鈴木派であるので、延長内閣としておかしな話ではない。総裁となることが決まると鈴木は、大命降下があれば断じて政友会単独内閣を組織すること、協力内閣や連立内閣は国難打開に効果がなく、ましてや「非立憲ノ超然内閣ノ如キ」は断じて排斥すべきと論じていた（村井㊦202）。二大政党間での連立を模索する動きも両党間であったが、鈴木は一顧だにしなかった。

鈴木喜三郎

政友会系の地方紙『福岡日日新聞』の菊竹淳《すなお》は、白昼公然と首相官邸に押し入り、陸海軍将校らが隊を組んで兇行に及んだという点で、暗殺というよりも一種の虐殺であり、革命の予備運動として行ったものとみなければならないと事件を鋭く批判した。しかし、主要新聞は、一方で軍人による暴挙を批判しつつも、「感受性の強き青年子弟をして直接行動の暴挙に出でしめる原因は、その大半を政党政治家が負わねばならぬ」と述べるなど、両成敗的であった。それでも『大阪朝日新聞』の二〇日の「社説」は、「いまのところ、後継内閣は政友会単独で組織せられる情勢にあることは、わが憲政発達のコースが、極めて健全であることの証左であると見てよい」と述べて、政党内閣に期待した。[*35]

宮中官僚の論理と西園寺の希望

兇変の翌一六日、昭和天皇は牧野内大臣の助言も得て、元老西園寺の上京を求めるため、鈴木侍従長を使者に立てた。今回、西園寺は「慎重考慮」の上で奉答したいと、すぐに上京しようとはしなかった。牧野は一七日になって西園寺が一九日に上京するという連絡を受けた。「憲政常道」に基づく選定は、その迅速性と公明性から政治的な運動を排除しようとするものであった。したがって、選定に日をおいたということは、既にこれまで通りの機械的な選定が行われないことを意味していた。その上でなお、西園寺は政党内閣か否かで思い悩んでいたようである。

牧野内大臣を支えて事態収拾を主導したのは、内大臣秘書官長を務めていた木戸幸一であった。木戸は一五日に襲撃者が配付した文書について、「政党並に側近は腐敗し居るを以て、現状を打破し、堅固なる組織をなすの要あり」という意味のものと日記に記した。翌一六日に牧野に進言した「時局収拾大綱」は、直接行動に引きずられることなく明治天皇の定めた欽定憲法と五箇条のご誓文に背かないことを目標に、「一、此際議会に基礎を有する政党の奮起を促し、之を基礎とする挙国一致内閣の成立を策すること。一、内閣の首班には斎藤子爵の如き立場の公平なる人格者を選ぶこと」、そして詔書の渙発《かんぱつ》（＝広く国内外に発布すること）を提案していた（村井㊦207）。注目すべきは、政党を基礎とする挙国一致内閣を成立させ、首班には斎藤実の名をあげて公平な人格者を選ぶべきであると踏み込んだ意見になっていることである。公平とは、党派的という言葉の反対語であろう。出すべき詔書は「一面に於て軍部の規を越へたる近時の行動を戒めらるると共に、他面、政党政治による腐敗を戒め、且つ時代に適応せる政策の樹立を期せしめらるる」ものを考えていた。襲撃した軍人も殺害された政党人も同一線上で処理案が作られ、手順としても元老の上京を促し、陸海軍の了解を得、政民両党の奮起を促すというように、両成敗的である。

一九日午後に上京した西園寺の元には鈴木侍従長が訪れ、昭和天皇の「御希望」が伝えられた。西園寺のまとめによれば、「一、首相ハ人格ノ立派ナル者。一、現在ノ政治ノ弊ヲ改善シ陸海軍ノ軍紀ヲ振粛スルニハ最モ首相ノ人格ニ依頼ス。協力内閣ト単独内閣ナドハ問フ処ニアラズ。フアッシヨニ近キ者ハ絶対ニ不可ナリ。憲法ハ擁護セザルヘカラス然ラザレバ明治天皇ニ相済マズ。二、外交。三、事務官ト政務官ノ区別ヲ明カニシ官紀粛正ヲ実行スベシ」というもので、

木戸幸一

これを西園寺から聞いた原田熊雄は、「外交」について「外交は国際平和を基礎とし、国際関係の円滑に努むること」と書き記している。西園寺は「御尤《ごもっと》もな思召《おぼしめし》」と受け止めた。さらに西園寺は、これまで通り、昭和天皇に奉答する前に内大臣、宮内大臣、侍従長に面談したいと述べたが、鈴木は、牧野内大臣の希望として「政界重臣者の意見」を聞いて欲しいと伝え、海軍出身の自身の希望として元帥の意見も聞くことを求めた（村井㊦208）。牧野内大臣は西園寺と面会すると重臣会議のような一堂に会する場を提示したようだが、西園寺は個別に会うことにした。こうして期せずして首相選定の範囲が広がることになった。

政友会の小川平吉は荒木陸相から「政友会内閣成立するもピストル騒ぎは断じてなし」という見通しと、個人的には「此際は民政と共同を望む」という意見を聞き取っていた。一八日には、閑院宮参謀総長の代理として真崎甚三郎参謀次長、荒木陸相、武藤信義教育総監が出席して三長官会議が開かれた。荒木陸相は後継内閣についての情報や中堅将校の意向が報告され、報道によれば挙国一致の非常時内閣が望ましいと考えるが、鈴木政友会内閣が軍の希望を容認するならばあえて援助を惜しまないということで意見が一致したという。希望とは、政党政治の浄化、ロンドン海軍条約の経験に鑑みて統帥権干犯を絶対にしないこと、健全な国民思想の涵養に努めること、そして社会施設について軍と協調を図ることであった。軍の意向として諸説乱れ飛ぶ状況であったが、鈴木に大命降下しても陸相が得られず組閣できないという事態はないと見込まれた。

牧野内大臣を支える木戸、その友人である近衛文麿、原田熊雄は一体的に情報収集に奔走した。その時、立場を高めたのが、未遂に終わった先の三月事件の情報をもたらした貴族院議員の井上三郎陸軍大佐と、鈴木貞一陸軍中佐であった。元老西園寺は誰を奏薦するのか、これまでの慣例にしたがって鈴木喜三郎か、それとも異なる判断をするのか、時々刻々情報は変化していく。鈴木貞一にとってこの会合は自らの解決策を押しつけうる場でもあった。鈴木は、荒木陸相には陸軍は政府の形式ではなく政策実行を条件にいずれとも協力する建前を維持すべきと述べていたが、近衛、井上、木戸、原田との昼食会では政党内閣に絶対反対の姿勢を示した。木戸は様々な情報に接しつつ「今回の陸海軍将校の行動は必《かならず》しも盲動的と見るを妥当とせず、之は窮状に困める（マヽ）農村の子弟に直接接触せることにより感化せられ、既成政党の堕落、財閥の横暴等に憤慨したるものと解すべく、即ち之全く一《ひとつ》の社会問題と解すべきを至当とす」と日記に記した（村井㊦209）。五・一五事件首謀者の思惑通りと言うべきである。木戸はこの理解を前提に、政党と軍が協力すべきだが、軍の中の政党否認は感情にまで及んでいるので第三者に組閣させつつ、政党と軍はそれぞれ自らの建て直しに集中するのがよいとした。

　五・一五事件で、海軍とは異なり陸軍は現役の将官が参加することは防ぎえた。しかし学生の参加は止められなかった。木戸と原田は、森岡二朗《じろう》警保局長から「軍部横暴の声は随所にあり」「後継内閣に就ては政党内閣を可とするの論相当強し」という地方情勢報告を受けた。後継内閣が政党を基礎としない場合には護憲運動の台頭は免れないという。陸軍の中にも事件を痛手にとらえる者はいた。後に情報官として活躍する鈴木庫三《くらぞう》は「単慮な軍人からかゝる行為があつた事は誠に残念である」と日記に記した。また、荒木陸相のブレーンであった小畑敏四郎《おばたとしろう》少将の依頼で西田税とともに現役将校が参加しないよう尽力していた山口一太郎大尉も、この時の状況を後に

「後年の軍部横暴時代とは全く事情がちがい、軍の首脳部は戦々競々として、ひたすら事なかれと祈って居た極めて情けない頃の話」と回顧した（村井㊦205）。明治憲法下で軍が一貫して強く横暴であったという話ではなく、弱者の反動であり、軍は不祥事を何とか反転させなければならなかった。

二〇日から元老西園寺は牧野内大臣ら宮中官僚のイニシアチブにしたがい、次々と「政界重臣者」「元帥」と面会していった。まず高橋臨時首相、次に倉富勇三郎枢密院議長に会った。この日、原田は鈴木貞一に、西園寺の意中は不明だが鈴木喜三郎でないことだけは確実であると伝えている。根拠は分からない。翌二一日、西園寺は、若槻前首相、清浦元首相、上原勇作元帥と会い、山本権兵衛元首相にも人を派遣して意見を求めた。さらに二二日、東郷平八郎元帥が自ら西園寺を訪れて、平沼騏一郎を第一候補に、やむをえなければ斎藤実でもよいという意見を述べた。さらに荒木陸相と大角海相にも状況を聞き取った。西園寺がのちに一番話が分かっていたと感想を述べたのは若槻礼次郎であった。若槻は「私は政党員であるからむろん政党内閣論者ではあるが、軍隊の紀律が弛緩し、この度のような不祥事件を生ずるに至った時においては、必ずしも政党内閣を主張すべきではない。意思の強固な、軍の衆望を負う者を推薦せられるが至当であろう」と述べていた（村井㊦209―210）。

最後に西園寺は再び牧野内大臣と会って意見調整を行った。牧野は「非常に御機嫌」であったという。内大臣、宮内大臣、侍従長と会談した後、西園寺は昭和天皇に奉答し、海軍出身の朝鮮総督斎藤実に大命が降った。

結局、重臣との話し合いを経て、西園寺は政友会の後継総裁である鈴木喜三郎ではなく斎藤を選んだ。西園寺は斎藤とは自らの内閣（一九〇六―〇八、一九一一―一二）以来の付き合いでもあった。重臣との協議という今回の方式はかねがね牧野内大臣が唱えていたものであり、元老による選定を一回り小さくして焼き直したようなものとなった。西園寺は宮中官僚のイニシアチブに任せたのである。

近衛の見た西園寺は、主義としては「あくまで政党内閣の成立を希望していたが」、政党が軍の憤激を買い、国民の信頼も薄らいでいる中で、政党内閣ができたならば「軍との摩擦はますます激成されるであろう」と考えていた。他方で、もし「軍に責任を採らせる」とすればどんな過激な方向に走らないとも限らない。そこで「中間的な内閣が最も妥当」となったという。従来の通説では西園寺は時に応じて政党内閣を選び、時に応じて非政党内閣を選んでいたと解釈することで政党内閣の連続と途絶を説明してきた。それは『松本剛吉政治日誌』の西園寺像でもあった。

しかし、その後の分析、なかでも資料の公開は、異なる西園寺像を伝えている。国立国会図書館憲政資料室は政治史の証人から生前に談話記録を取り、期間を空けて公開してきた。木戸幸一はその中で、当時の西園寺について聞かれると、「西園寺さんはだから政党……」と答え、「西園寺さんに対してはまことにお気の毒で、それは原田なんかはもう涙を流して泣いているんですよ、元老がお気の毒で」と語っている。原田は、政党内閣を断念した西園寺の胸中を気遣って、声を出して泣いたのだという。木戸自身も西園寺のことを「ほんとうにお気の毒だったなぁ」と語っている（村井㊦213）。『松本剛吉政治日誌』の西園寺像は、社会では政党政治に熱心に見えた元老がごく近くにいる松本からは違って見えたという意味で重視された。しかし、もっと近くにいた原田から見ても西園寺は政党政治に熱心だったのであった。

(2)第三次憲政擁護運動は起こらず

斎藤内閣の成立——八年ぶりの非政党内閣

斎藤実は一九三二年五月二二日に組閣の大命を受けると、二大政党である政友会と民政党の総裁をそれぞれ訪問して閣僚の提供を求めた。政友会からは高橋是清蔵相、鳩山一郎文相が留任し、三土忠造逓相が鉄相に横滑りした。他方、民政党からは新たに山本達雄を内相に、永井柳太郎を拓相に迎えた。こうして、政治経験豊富な軍人政治家を首班としつつ中心閣僚である内相と蔵相を二大政党に求めた連立内閣となった。

帝国憲法で首相指名は天皇の大権であり、誰を選ぶかに法的な条件はない。しかし他方で、帝国議会の了解がとれなければ法律も予算も成立せず、施政が行き詰まることは明らかである。帝国憲法の立憲主義はお飾りではなかった。最初の解散総選挙で顕著だったように、選挙干渉によって政府を支持する議員を集めようとしたこともあったが、そもそも政府が超然主義を唱えて与党を持たない建前だったこともあってうまくいかなかった。次に、山県有朋が好んだように中立議員を集め第三党を使って主要政党を操作する方法も使われたが、二大政党化し党内の凝集性(=まとまり)が高まるとこの手も使えない。したがって斎藤内閣が成立するかどうかは、政党からの自発的な協力が得られるか否かにかかっていた。焦点は、一九三二年の総選挙で大勝し、衆議院で圧倒的多数を占めていながら総裁を暗殺された政友会の支持であった。

この時の政友会の様子は一年生議員の芦田均が書き残している。政友会の中には「犬養総裁の屍を政友会本部へ担ぎ込んで、こゝを本拠として憲政擁護の運動を起す」という倒閣派と、「現下の事態において、かやうな方向に動くならば、流血の惨を一層大にする危険があるから暫らく隠忍して暴風の一過するのを待て」と反対する自重派があった。元老西園寺の判断は後者であり、芦田も自重派の一人であった。斎藤首相を、英国で国民内閣を率いたマクドナルド首相に擬して、内閣の成立を国民はおおむね支持しており、「現在の興奮した国民の神経を鎮静し、政治の運用を常軌の法則に帰すだけでも挙国一致内閣の成立は充分に理由づけられる」と評価した。党内で次代の指導者と目されていた鳩山一郎も『斎藤内閣』という書籍に「静観」という揮毫を送っている（村井㊦234―235）。

斎藤実

これによって、政党勢力による第三次憲政擁護運動は起こらなかった。第一次憲政擁護運動も第二次憲政擁護運動もいわば反体制運動であり、新たな政治原則を打ち立てるための運動であった。しかし今回の官僚内閣は「憲政常道」への復帰を前提とした一時的な方便と見られていて、政友会と民政党はいわば体制側にいたのである。では無産政党はどうか。それは一つの問いとなり得るが、無産政党にも第三次憲政擁護運動の跡は見えない。

新内閣への社会の反応

斎藤内閣の陸海軍大臣について、事件を起こした海軍は大角海相に代わって田中義一内閣で海相を務めた岡田啓介が後を継いだ。他方で現役軍人の参加がなかった陸軍は荒木貞夫陸相が留任した。そしてそれまでの政党内閣との目に見える差が、貴族院からの入閣者の多さである。党人である山本内相は脇に置いても、中島久万吉《くまきち》商相、南弘《ひろし》逓相、後藤文夫農相、外相に予定した内田康哉も貴族院議員であった。こうして八年ぶりの非政党内閣が、官僚を首相に戴く政民連立内閣であるとともに貴衆両院にまたがった内閣として成立した。

『大阪朝日新聞』は斎藤の首相指名について、「此の非常の際、非常内閣の出現を已むを得ずと信ず、而して挙国一致的強力内閣の首班とするには斎藤子《し》をもつて適当と思惟する」と評価し、「政党内閣ではないが政党を基礎としてそのうへに非常時内閣を建てんとするもの」で「わが政党政治を倫理化させるといふ意味」で是認されると主張した（村井㊦236）。このような大新聞に対しては、「かつては、元老の政治への容喙《ようかい》を排撃し、元老は憲政の逆賊であるとまで、元老撲滅論をやつてゐたところの新聞も、政治家も、元老西園寺公に対する昔日の排撃をケロリと忘れて、元老様々といつた風の吹き廻《ま》はし」という批判もあった。

馬場恒吾は「昼間の幽霊」のような内閣の成立にも護憲運動が起こらない理由を、「汎《す》べての挙国一致内閣はファッショ内閣であるといふ定義からすれば、斎藤内閣も又その一種と云へる。だが、日本に於いてのファッショは政党打破を標榜する。斎藤内閣は政友会、民政党の支持を受けて成立する。だからそれは政党を打破しない。従つて議会政治をも打破しない。これで議会政治は当分助かったのである」と述べた。他方、与謝野晶子は「挙国内閣」成立を時期尚早と感じ、内閣の短命を予想したが、その短期を善用して幾分でも国情を安定させ、できるだけ政界の宿弊を清掃し、「来るべき政党政治の再生を堅実に基礎づけて欲しい」と論じた。

婦人参政権獲得運動を率いていた市川房枝は、斎藤内閣を「形からいえば、挙国一致内閣、協力内閣といえようが本質からいえば、純然たる超然内閣である」とみなしながらも、「氏が議会否認論者ではない事」から、最悪の場合も予想していた中で「幾分の安心」を見出したという。市川は、「私共は国民として、同時に婦人として、現在に於いては、尚代議政治を以て適当だと考えるものである。従って、此の度は周囲の状況から超然内閣の出現を余儀なくせしめたにしろ、出来るだけ早く、憲政の常道が確立されんことを望んでいる」と述べた。そして「勿論、私共は現在の政党政治に満足するものではない。これが革正浄化の必要を痛切に感ずる」として、国民の総意を反映するために婦人参政権の実現を訴えたのであった。

同じく斎藤内閣を評価しながら、状況をより深刻に受け止めていたのが吉野作造であった。吉野は従来政友会に批判的な立場であった。しかし、五・一五事件後には政友会内閣の成立を疑っていなかった。それを阻止した「異常な変調」は、軍部の意思が与えた影響の大きさであると理解した。しかも軍部の要求は「政党財閥の排撃」という「一般的題目」ではなく、「支那問題の解決に関する軍部の方針を無条件に承認せしめんこと」であって、斎藤内閣退陣後に、もし「下院に多数を擁するといふ常道論にかへり彼らの希望通り政友会総裁が奏薦されたとしても、恐らくは軍部大臣を得るに苦しんで流産に終るだらう。そこで已むなく再び超然内閣となる」と論じた（村井㊦237―238）。

本書がそうであるように、昭和天皇崩御後の資料状況の大きな変化もあって近年の日本政治外交史研究では、両大戦間期の民主的な政治体制が従来考えられていたよりも強固であり、評価に値するものであったとみている。そうであればどうして崩壊したのか、そうだからこそ崩壊したのか、なぜあっけなかったのか、本当にあっけなかったのか、次の四年間を見なければならない。

第六章

二・二六事件と政党内閣制の崩壊

——非常時暫定政権と溶けゆく「常道」 一九三二——三六年

第一次世界大戦後の日本での政党政治の挫折は、政党の腐敗・堕落・無能から説明されがちである。政党は劣化したから政権から排除されたのか、それとも政権から排除されたから劣化したのだろうか。世界大恐慌の深刻な影響で自由民主主義体制への逆潮が世界的に広がる中、日本では首相選定制度の動揺が政治の予測可能性を奪い、政治家、職業軍人、さらには社会の行動を混乱させていた。五・一五事件後の非常時に暫定的に成立した官僚内閣は政党内閣の復帰を当然視していたが、政治的暴力への相次ぐ譲歩も虚しく、暴力の連鎖は止まらない。本章が扱う二・二六事件までの約四年間は幕末維新期以来の日本政治の転換期となる。

一　満州事変下の斎藤内閣——護憲二派が支える非常時暫定政権

(1)日本よ何処へ行く

満州国承認決議——革新倶楽部から国民同盟へ、社会大衆党の誕生

斎藤実内閣は政友会と民政党から主要閣僚をとった約八年ぶりの非政党内閣であった。犬養毅内閣が五月二三日から会期一四日間の予定で召集していた第六二回臨時議会は五・一五事件を受けて延期され、六月一日から一五日まで開かれた。斎藤首相は六月三日の施政方針演説で「時局匡救《きょうきゅう》〔＝正して救うこと〕ヲ目的トスル所謂挙国一致内閣」と自己規定した。対外政策では、「新内閣ハ国際ノ信義ヲ重ンジ、列国ト協調致シマシテ、世界人類ノ進歩発達ニ貢献セントスル、伝統的政策ヲ維持スルコトハ勿論デアリマスルト共ニ、我ガ権益ノ擁護ト、国際正義ノ命ズル所トニ対シ、自カラ独自ノ立場ヲ執ルコトノアリマスルコトモ、亦已ムヲ得ザル次第ト考エテ居ル」と述べた。また、「今次ノ兇変」から「軍紀ヲ云為《うんい》スルノ声」を遺憾と述べ、議会を尊重し政党を軽視しない立場から「政界ノ浄化」を図ると宣明した。[*1]

臨時議会の最大の目的は、犬養内閣が準備し、解散によって不成立となっていた昭和七年度予算の成立であった。与党政友会が多数を占めた後で高橋財政（＝高橋是清による積極財政）が本格化していくタイミングにあった。また、議会への国民からの信頼回復の努力も続いていた。

これらに加えて二つの課題が浮上していた。一つは農村救済運動への注目である。世界大恐慌

の後、第二次若槻内閣も犬養内閣も農村救済に取りかかっていたが、今回の臨時議会では請願運動がメディアの注目を集め、超政党的運動と評価された。組織者の中には五・一五事件に参加した愛郷塾の名前も紹介されている。六月一三日には衆議院で圧倒的多数党である政友会提出の時局匡救に関する決議案に少数党である民政党が合流する形で成立した。同決議は政府の経済施策とそのための臨時議会の召集を速やかに行うよう求めていた[*2]。

もう一つが満州国承認問題であった。三月一日に建国が宣言された満州国の国家承認について、先に暗殺された犬養首相は消極的で、即時承認を避けていた。それは日中関係の将来を考えたためであった（村井㊦195―196）。対して斎藤実首相は満州国承認に積極的であった。それは朝鮮統治の安定という観点からであった。民政党に近い宇垣朝鮮総督も同様であった。

本会議での政策的な決議は内閣に院の意思を示す観点からおおむね全会一致で行われる。衆議院では満州国承認に関する決議案が通例通り全会一致で可決された。多数党の政友会が即時承認決議案として推進したもので、少数党の民政党では、川崎克が積極的であったのに対して若槻総裁、町田忠治、川崎卓吉両総務が外交関係を懸念して自重論を説いていた。結局、共同提案となったが、即時承認といっても準備ができた段階で即時に承認するという趣旨で、実質、即時ではなくなった。民政党から賛成演説に立った山道襄一は事実としての満州国を承認する必要を述べるとともに国際関係に注意を促し、米国についてはキューバやパナ

政党内閣制成立後の内閣③

首相	成立年月	支持勢力
斎藤実	1932（昭和 7）年 5 月	（政友会）（民政党）
岡田啓介	1934（昭和 9）年 7 月	（民政党）

マの独立に言及して、満州国承認に異議を差し挟む余地はないと論じている。また無産政党から賛成演説に立った亀井貫一郎は、「資本主義ニ依ッテ支配シテ居ラレマスル帝国主義的独占ノ傾向ニ対シテ日本ガ率先シテ世界平和樹立ヘノ一大踏歩ヲ進メラレルコトハ、必要ニシテ緊要ナリト信ズル」ので賛成すると述べるが、最後に国際連盟との関係に善処することを求めた。本決議案の可決は政友会と民政党の国際協調主義からの決別を意味しなかったのである。[*3]

この間の五月から六月にかけて民政党内では、先の政変時に離党した安達派の復党か、党に残った安達派の離党かでせめぎ合いが生じていた。安達とともに離党した一人に民政党の創立趣意書を書いた中野正剛がいた。若槻や町田など民政党幹部は安達らの復党を拒否し、党内の安達派は次第に党を離れて七月、国策研究クラブとなり、八月には国民同盟結成準備会を組織して政綱などの検討に入った。また、三木武吉も東京支部の問題で八月に民政党を脱党し、後に戻ることになる。無産政党でも変化があり、七月二四日に国家社会主義者が離れた社会民衆党と全国労農大衆党が合同して社会大衆党が結成された。安部磯雄が委員長、麻生久《ひさし》が書記長となった。

日本よ何処へ行く

六月六日、東京に着いた新任の駐日米国大使ジョセフ・グルーは斎藤首相に面会し、老齢首相の努力に好感を抱いた。軍部が政府を動かし、世論が甚だしく反抗的な中、新聞は軍部的な意見を発表していると感じられた。グルーはパリ講和会議に参加しており、西園寺や牧野から送られたサイン帳を宝物にしていた。グルーに面会した牧野内大臣は困難な移行期にあっても将来については「楽観論者である」と語ったのだという。グルーは満州国承認ができるだけ後回しとなるよう慎重な考慮を求めた（村井㊦238―239）。

　ジャーナリストの馬場恒吾は、七月二七日から八月二日の一週間、『読売新聞』に「日本よ何処へ行く」を連載した。[*4] 前日の宣伝文では「外に満州問題、内に思想の動揺、国民生活の行詰り、この間既成政党は無気力を曝露してその精算期にせまられる等、世相混迷、日本は今や突風の中に曝《さ》らされつゝ、ある観が」ある中、「強く明るく進むべき日本の進路」を示す論述と紹介されている。馬場の七回にわたる連載の趣旨は、政治の要諦はなお議会政治、別の名前で政党政治にあるというものであった。

　まず情報管理によって日本人の理性を失わせるようなことがないかを危惧し、記事差止命令を批判した。日本人は理性を失ったことがある。それは関東大震災時の「朝鮮人騒ぎ」であり、新聞がなくなったことで流言飛語が飛んだ。次に挙国一致について論じる。挙国一致か国内闘争か、いずれも極端まで行くとその国の破滅となり、そうならないために議会政治、政党政治があるのであった。では議会政治は時代遅れだという主張はどうだろう。英国ですら挙国一致内閣ができたではないかというが、英国では政党の離合集散はあっても議会政治を中止したわけではないと馬場は反論する。「英国は昔の如く議会政治が行はれてゐるのである」。

　経済理論からの議会政治否認、ファッショ不可避説は、マルクスの理論からいえばこうなるという公式を応用したに過ぎないという。「ファッショ若しくは共産党の独裁政治」は「万機公論に決す」という思想に反する。「だから独裁政治の行はれてゐない国から、独裁政治の行はれてゐる国を見ると、其国の人民に対して同情の涙をそゝがざるを得ない。よくあんな圧制な、窮屈な、不自由な政治に我慢出来るものだと、不思議に思はれる」のであって、「仮りに日本に独裁政治が来たならばと、想像してさへ胸が悪くなる」。

その上で議会政治には確かに弱点があると馬場もいう。それは金の問題であろうか。それはもちろん悪いが、根本的な弱点は、議員が選挙民におもねる点であるという。農村救済が困難であれば、気休めの政策ではなくできないといわなければならない。「政府は人民の持つ力以上の、何の力も持ってゐない」のだから。そして危機は世界的なのだから。統制経済も悪くないかもしれないが、下からの動きでなければならないとも説く。そして結論で日本がファッショになるかを問い、なるまいと答える。日本では共産党の勢力が小さいが故にそれを目の敵とするファッショは存在理由がないからで、批判を既成政党相手にすり替えているという。「政友、民政両党が今日の如く膨大な勢力になってゐるからには之は敵にとって不足はなかったであろう」。しかし、明治維新前の鎖国攘夷の熱心な唱道者は一夜明けると開国進取に猛進した。ファッショが一種の鎖国攘夷の説であるとすると、そう極端までいかないかもしれないと論じた。

八月二二日には第六三回臨時議会が開かれた。衆議院決議に基づいて政府が召集した初めての臨時議会であった。二五日、斎藤首相の施政方針演説、内田康哉外相の外交演説、高橋蔵相の財政演説が行われた。なかでも七月六日に就任した内田外相の演説は「焦土外交」論として歴史に刻まれた。内田外相が「帝国ノ生命線タル満蒙」での満州事変は全くの「正当防衛」、すなわち自衛権の発動であり、不戦条約に違反しないと述べたのに政友会の森恪《かく》（一八八二―一九三二）が質問し、内田がさらに応えて満州国を正式に承認する強い決意を「挙国一致、国ヲ焦土ニシテモ」と論じたのであった。[*5] 内田は不戦条約の枢密院審議での田中義一政友会内閣の態度に不満を持って枢密顧問官を辞めた経緯があるが、もともと政友会の政治家と親しい。政友会は与党でもあった。しかし、内閣との関係は政友会内でなお議論があり、森は「何も出来ない内閣なら叩き潰せ」と述べていた（村井㊦235）。

森は内田外相の焦土としてもという決意表明に苦言を呈した。そもそも森は、今日の場合、満州国承認は日本がとるべき唯一の途であるが、世界の輿論と正面衝突しかねず、場合によっては連盟脱退にまで至りうる重大な問題であって、国内的に十分な準備をしなければならないのに国民に伝わってこないと質した。森は満州国承認決議案について、「吾々ガ院議ヲ以テ、速ニ満州国ヲ承認スベシト決定致シタノモ、而モ即刻承認スベシトハ言ハナカッタノモ、又当時此院議ニ対シテ、政府ガ準備成リ次第ニ承認スベシト御答ニナリマシタ其御答弁ヲ吾々ガ諒ト致シタノモ、要スルニ満州国承認ト云フ問題ガ斯《かく》ノ如キ重要性ヲ有《も》ッテ居ルト云フコトヲ吾々ガ認メタ結果」であると述べた。

森恪

満州国の単独承認は従来協調に努めてきた中国や列強との関係を大きく揺るがす可能性がある。いわば現在の国際協調主義者や現状維持の国際平和論者に宣戦布告するようなもので、六〇年間模倣してきた物質本位の西洋文明が行き詰まる中で、伝統的な日本精神、東洋本来の理想と文明に立ち帰ってアジアを守るという意味がある重大な岐路である。対する内田外相の、国を焦土にしてもという答弁に森は、「是ガ国民ノ口ニ依ッテ叫バレル声デアレバ、吾々ハ将タ何ヲカ言ハンヤデアルガ、焦土ニスルヤウナ決心ヲ有ツアルニ非ザレバ其目的ヲ達スルコトガ出来ナイト云フヤウナ、左様ナ事態ヲ惹起サセナイヤウニ、事前ニ於テ国民ノ目的トスル所ノ手段ヲ講ズル所ニ外交上ノ妙用ガアル」と述べた。国民が焦土論を唱えるのは仕方ないが、国土を焦土としないと達成できないような事態を避けるために外交の役割があるのだと批判したのである。

そもそも満州国を承認せざるを得ない事態を招いた満州事変が関東軍の一部軍人による不当な自作自演であったことは、国民に公表されていない。五・一五事件の詳細も同様である。内田は専門外交官として長いキャリアと実績を誇る帝国外交官であったが、国民と結びついた森の外交観の方が外交の本質を言い当てているのではないだろうか。

首相選定方式の変更を提案

西園寺は斎藤奏薦直後の五月二五日、「近年軍縮の機運熾《さか》んとなり、ひたすらに経費節約をはかりて、やや軍人を抑圧し過ぎたるきらひなきにあらず」と大戦後政治を振り返り、「政治家には常に遠き慮りと冷静にして先見の明を要すと雖も、また一面には時の勢力に或る程度順応するの用意なかるべからず。純理よりみて愚論とするところも、時の勢ひ上、やむを得ざる場合もなきに非ず」と述べた。[*6] 他方六月二〇日には、斎藤内閣を「有り合せの古道具で間に合せといふだけ」と語り、「結局は政党政治に帰着する外はあるまい」と述べていた。[*7] 吉野作造は先に、西園寺の斎藤指名に「政党独自の力で政局を疎通し得ずと認めた場合には平然として党外の重臣を後継内閣の首班に奏薦した」と述べていたが、それほど単純な話ではなく、政党内閣にこだわっていたわけではないというかつての通説が現在の資料状況で支持できないことはすでに述べた（村井㊦238）。

斎藤奏薦から三カ月ほど経った八月一二日、西園寺は牧野内大臣に新たな首相選定方式の検討を依頼し、あわせて元老の優遇を辞退したいと伝えた。首相奏薦の下問を元老に限らず、重臣を集め、内大臣のもとで協議する方式に改めることで、自らは元老を辞退して、首相選定から離れたいと述べたのである。[*8] 西園寺が常に非政党内閣の可能性を考えていたのであれば、このタイミングで首相選定を辞退する理由はない。西園寺の考えの痕跡は発言資料だけでなく行動にも現れているのである。

西園寺の提起で宮中官僚内部で検討され最終的に昭和天皇の裁可を受けた方式では、元老を中心に、内大臣と重臣が後継首相について相談するものであった。[*9] 当初、西園寺は、「元老と云ふことも自分の在世中に廃したいものだ」と語り、「内大臣のみに奉答せしめては如何」と、あくまで内大臣中心の方式を求めていた。しかし、五・一五事件で内大臣官邸も襲撃対象になった中で、「矢張り如何にするも元老を立て、案を考ふるの外なく」、元老の廃止は西園寺存命中は不可能でも「本案によれば、結局、元老百年の後には自働的に廃止せられ、重臣会議のみが残ることとなる訳にて、目下の事情の下にては此外《このほか》なかるべし」という木戸幸一内大臣秘書官長の説得を受け入れた。[*10]

元老として以後も首相選定の責任を担い続けなければならなくなった西園寺は、当初、案中には無かった「当分ノ内」という用語と、「元老其ノ必要ヲ認メタルトキハ」との文言を入れることで、必ずしも重臣と協議する必要が無い形で決着させている。それは一九二〇年代の政権交代スタイルに戻し得る可能性に含みを持たせたものであった。なお、長く問題となっていた重臣の範囲については、衆議院議長、貴族院議長や、また先の選定時には面談した元帥なども含めるか検討されたが、必要であれば加えることができる形に止め、結局、枢密院議長と首相経験者に限っている。

こうして、元老以後の首相選定について、内大臣を中心に重臣の協議による選定が方式化された。これは、かつて加藤友三郎首相選定の際、元老で内大臣の松方正義と当時宮内大臣であった牧野によって、枢密院議長である清浦奎吾と首相経験者であった山本権兵衛が選定に加えられたものと同じ方式である。新たな元老を再生産しないといっても、元老級の人物を集め、話し合いによって後継首相を決めようというのである。個人が個々の判断によって決めるのであれば政権交代をめぐるルールも必要ない。それは西園寺が好ましくないと退け続けてきた方式であった。

政党政治に立脚した単純な奏薦が不可能となった直後に方式上の変更が加えられたことは、逆に、これまで、あくまでも内大臣が下問に対して単独で奏薦し、諮問先について予め決定しないという態度をとってきたことが、「憲政常道」という首相選定上の論理に立脚したものであったことを示している。

臨時議会は会期を延長し、九月四日に閉会した。農村救済問題では予算に厳しい制約がある中で「自力更生」以上の積極的対応は難しかった。後の国民に負担を先送りするとも言われた。斎藤内閣は衆議院で多数を占める政友会の力を再確認する一方、政友会も首相を出せずにいる中で党内の統制に苦労していた。満州事変から一年となる九月一八日、民政党幹部の江木翼が五九歳で病歿する。また政友会の若き指導者の一人であった森恪も、病を得て年の暮れに四九歳で亡くなることになる。

(2) 満州国承認という一線を越える――国際連盟脱退と塘沽停戦協定

満州国承認と非政党内閣が迎える八年ぶりの通常議会を前に

一九三二年九月一五日、満州国の新首都となる新京《しんきょう》で、関東軍司令官と満州国国務総理の間で日満議定書が調印され、即日発効した。満州国を住民の意思に基づいて自由に成立した独立国家として正式に承認し、日本の従来の権益を維持すること、共同防衛のため日本軍を満州国内に駐屯することを謳っていた。これによって、陸軍出先が政府の命令なく起こした満州事変の帰結を帝国日本が正式に承認することになった。

満州国の組織には関東軍が深く関与していたが、満州事変を起こした石原莞爾は「議会ニヨル自由主義政治ノ満洲ニ適セサルハ論ナシ〔＝明らか〕」で、満州国協和会による「所謂一党独裁ノ国家」が適切であると述べていた[*11]（村井㊦241）。

一〇月二日にリットン調査団の報告書が公表された。日満議定書の調印はこれを前に行われたものであった。満州国が民族自決による建国であるという日本の主張は否定されたが、報告は一方的なものではなく、日本の権益との調和を求める内容であった。しかし、このような理性的な議論を受け入れる余地は当時の日本にはなかった。先にリットン調査団の車列に帽子をとって黙礼する紳士に感銘を受けた猪木正道は、同じく京都街中の銭湯で、内容を知っていたかも疑わしいリットン調査団報告書について、「認識不足」という「左翼がかった学生たちが当時よく使ったこの言葉が、中年のおやじさんたちから発せられる」のを何度も聞き、まことに滑稽でもあり、異様な思いがしたという。「日清・日露の両役で血を流した日本の立場が、欧米人にわかるはずはない」という反発であって、大新聞の煽動の結果と感じられた。[*12]

一二月二二日、民政党を離れた安達謙蔵を総裁に、総務に中野正剛、清瀬一郎、加藤鯛一ら、幹事長に山道襄一を擁して国民同盟が正式に組織された。所属議員三〇余名、党員四〇〇〇名を集めて日比谷公会堂で結盟式を行った。所属代議士に黒のファッショ・スーツでそろえたものがある一方、総裁の安達は中野や加藤の説得にも応じずモーニング姿を通した。[*13] 党の綱領では国際正義の再建、統制経済の確立、国民政治の徹底が謳われた。

吉野作造は「この一年間の政界に於て、最も著しい出来事は中心点が無くなつたといふことである」と一年を振り返った。[*14] グルー駐日米国大使は日満議定書調印の報に接し、保守政治家は「無に近い力しか」持っていないと落胆していた。将来の首相候補として名前があがる宇垣一成朝鮮総督は、自らの「政党進出も止むを得ず」と考え、「政党と軍部を統制して其跋扈増長を抑制することは差迫りたる急務であるを思はしむる」と意欲的であった（村井㊦247―248）。

国際連盟脱退と満州事変の終結

リットン報告書を前に日満議定書を結び、いよいよ国際連盟総会を迎えることになるが、その前に再び日本政治を揺るがす出来事が起きた。一九三三年一月一日に守備隊長落合甚九郎少佐によって、満州国と中国の境目にあった要衝の管理をめぐって日中両軍が衝突する山海関《さんかいかん》事件が引き起こされ、二月下旬には関東軍が満州国の一部とみなしていた熱河省の支配を目指す熱河《ねっか》作戦に展開していった。関東軍から見ればこれは満州事変の一連の流れの中にあったが、国際社会からは新たな戦争の開始と見られかねず、国際連盟からの経済制裁が危惧された。国際連盟総会には専門外交官出身で政友会代議士となっていた松岡洋右が代表として送られていた。

熱河作戦への宮中の危機感は強かった。御前会議を開いて昭和天皇の御言葉による打開構想、重臣会議による打開構想、元老による打開構想が議論された。先に田中義一首相に昭和天皇が辞職を迫るか否かで宮中官僚と西園寺の対処方針が鋭く対立した例を見たが、今回も同様の対立があった。すなわち、昭和天皇と宮中官僚はいかなる手段を使っても止めるべきであると考えたが、西園寺は、いずれの特別な解決策にも反対し、内閣の責任政治を主張した。内閣が解決できないものが、天皇や重臣や元老によって解決できるだろうか。

一月二三日、年末休会明けの衆議院で政友会の芦田均は、満州国の育成という政府方針を支持しつつも、「国民ヲシテ言論ノ自由ニ不安ヲ感ゼシメル如キ政治ヲ改メナケレバ、日本ノ国際情勢ハ容易ニ楽観ヲ許サヾルモノト覚悟シナケレバナリマセヌ」と述べた。日本の外交政策が軍部によって引きずられているような印象を外国に与えていることは日本の立憲政治の恥辱であり、「立憲ノ常道ニ依ル国策樹立ノ旗ヲ振ル決心」をすれば国民はこれを支持するだろうと説いた。牧野内大臣や民政党内からも共感を得た一方、連盟総会での日本代表が過度に強硬であるという批判として国際的に報じられ、松岡から鈴木喜三郎総裁への問い合わせを受けて政友会は事実を否定し、芦田は釈明することになった（村井㊦255）。

日本は第一次世界大戦の主要戦勝国として国際連盟の原加盟国かつ常任理事国であった。国際連盟は第二次世界大戦後の国際連合と比較して大国の特権が弱く平等性が高いと言われる。それは間違いではないが比較の問題であって、原加盟国かつ常任理事国であったことの利益は大きかった。斎藤首相は当初、「絶対に脱退することはならん」と国際連盟からの脱退に強く反対していた（村井㊦256）。斎藤首相は西園寺が外相を善導することを期待し、さらに万一脱退か否かを決めなければならない場合には、重臣会議というか、枢密院議長、首相経験者、閣僚、政民両党総裁で会議を開くことを考えていた。牧野は政党総裁を入れる必要はないという意見であったが、原田熊雄は政党総裁の参加を支持し、「軍部あたりに対抗するのには、やはり集団的なものでなければならないし、現在の政党の是非は暫く措いても、とにもかくにも国民の代表である以上、かゝる重大会議にはその党首を参加させるのが当然のことと思ふ」と斎藤に語っていた。

首相も内大臣も期待した元老西園寺は重臣会議を開く場合には両党総裁を入れるべきであるという考えであったが、二月一五日、内田外相と荒木陸相が即時脱退の決意を促す中、海軍までが脱退論を唱え出すと、西園寺は脱退は免れないと重臣会議の中止を示唆した。二月二四日、松岡洋右日本代表は演説の後、会議場から退場し、国際連盟脱退を通告した。

十字架上のキリストに帝国日本をなぞらえた松岡の演説は過度に刺激的であったが、松岡は脱退を企図してジュネーブに来たわけではなく、脱退は日本政府の指示であった。日本政府の判断には連盟におけるヨーロッパの小国の強い反対への懸念と大国間協調の模索、すなわち協調のための脱退という側面があったが、熱河作戦を受けて陸海軍の統制が喫緊の課題であった。西園寺は常任理事国の地位を失うことを非常な損失と述べたが、「除名ハ到底望ムベキコトニアラズ」と常道回復後の日本外交を念頭に置いた決断であったようである。すなわち、除名処分を受けてしまえば、将来、日本が健全な内政と従来の帝国外交に回帰できたときに、再加盟に障害があるのではないか。自ら脱退しておいた方が、後の再加盟に支障がないのではないか。鳩山文相、山本内相、後藤農相などはみな自重論であったが、西園寺への信頼によって消極的追随となった。鳩山や後藤ははなはだ残念そうであったという（村井㊦257）。芦田にとっても同様で、脱退の閣議決定を知ると、「いよいよ来るべき事が来た。実に険悪な気分だ、日本よどこへ行く。哀れなる民衆よ、お前ハ何も知らないで引摺《ひきず》られて行くのか」と嘆いた。またグルー駐日米大使は元老西園寺の尽力に期待していただけに、「日本の穏健分子の根本的敗北と、軍部の完全な優越とを表わす」と日記に記した。脱退によって帝国陸海軍は国際連盟による国際軍縮を考えなくてもよくなった。原加盟国で常任理事国であった日本の脱退に続いて、ドイツ、イタリアも連盟を脱退していき、他方でソ連が迎え入れられるなど、日本政府の意図とは異なり、次第に第二次世界大戦の構図が形成されていく。

馬場恒吾は、一九三三年一月に、「議会に何を求むべきかと云えばブルジョア議会に求むべき何物があろうぞと云うのが一つの流行語である。しかし私はそうは思わない。このような議会でも、ないよりはある方がよいと信ずる」と述べて、一般社会で言論の自由が失われ、伏せ字だらけの中で、憲法が議員に言論の自由を保証していることを重視した。同じ観点から二月には「日本は議会政治の国であるけれども、事実の上では議会政治は現在中止されているようなものだ。議会に於て論難攻撃がない。この論難攻撃が存在していたときには議員なんか下らぬ議論をするものだと思った。だが今日の如く議会で討論らしき討論がなく、すべてが死んだものの如く沈黙して了《しま》った有様を見ると、矢張昔の論難攻撃の時代が恋しくなる」と議会政治を励ました。[*15]

三月二七日、初めての通常議会を終えて斎藤首相は「私としては憲政の常道復帰に対する希望を持ってゐる」と新聞記者団に語った。「憲政常道復帰の近道としては政党が浄化されて国民の信用を増すやうにすること」とも述べた。[*16]政府と政友会をつないでいた岡田啓介海相は一月九日に退任し、犬養内閣で海相を勤めた大角岑生が再任していた。岡田は病気を理由としていたが、政友会の日報『政友特報』では、「岡田大将が所謂非常時内閣の使命が一段落を告げ、残るところは憲政を常道に引戻すの一事にあり、これがために最早適当の機会に斎藤内閣も勇退すべしだ」との信念を持っていたと論じている。[*17]しかし辞任は、定年を目前に控えた岡田が定年後も海相に留まれば予備役の軍部大臣となり、悪例となると陸軍が嫌がったためであった（村井㊦254）。

政治学者で第一次世界大戦後の民主主義論を牽引した吉野作造は、三月一八日に五六歳で病歿した。評論家の与謝野晶子は吉野を悼んで「世には博士の百分の一も国史を愛重する用意が無くて日本精神を口にし愛国を標榜する人達がある。私はその人達に博士の如く慎重に国史を研究して、自国の伝統精神をほんとうに理解して欲しいと思ふ」と述べた[18]（村井㊦260）。

昭和天皇は、第二次世界大戦後、田島道治宮内庁長官に「民主々義といふものが自分たちの利益を主張するといふ事に堕すれば国は危ないので、歴史は繰返すといふがその通りで、田中〔義一〕内閣頃の政党の力といふものは相当強力で、政党本位で国家本位でない為、右翼とか青年将校とかいふものが憤慨した。その結果とつた彼等の手段は間違つて居つたが、動機は必しもわるいとはいへない。そして一方に独乙《ドイツ》といふものがあつた」と述べている[19]。このような理解であったということである。一九三三年一月三〇日にドイツでヒトラー政権が誕生した。翌二月、全日本婦選大会は反ファッショの意味を込めて準備された軍縮決議をした。ファッショは議会を通して権利の伸張を図るものには重大な脅威であり、そもそも女性の社会進出に否定的である。市川房枝ら女性運動家たちは、その後もヒトラー政権の女性政策がワイマール共和国で得ていた権利を次々と逆転させていく様子を注視していく[20]。

高橋蔵相は通常議会後には退任を考えており、鈴木総裁にもその含みで議会での政府協力を求めていた。しかし、高橋蔵相進退問題も結局内閣総辞職にはつながらず、首相の続投声明となった。五月二五日、政友会は政府との絶縁を決定した。五月三一日には塘沽《タンクー》停戦協定が発効した、満州事変が事実上終結した。

二　満州事変終結後の斎藤内閣
——暫定性の後退と運命のいたずら

(1)五・一五事件被告減刑運動と軍民離間声明

首相選定方式の再論

五・一五事件の後、政党内閣の連続という首相選定結果の変化に止まらず、首相選定の論理、首相選定の方式も揺らいでいた。いずれ予想される斎藤内閣の退陣を前に、牧野内大臣は重臣の範囲についてなお疑問を持っていた。一九三三年一月二六日、牧野は木戸を通して、「仮令、総理前官礼遇を受くるものなりと雖も政党の総裁は考へものなり、人物本位に考ふるとせば、一木前宮相、斎藤総理等は適当にあらざるか」という点について元老西園寺の意見を求めた。[*21] 西園寺は、「政党の総裁を不可とするは理由無し、斎藤と云ふ訳ではないが、辞表を提出したる総理を加ふるは可なるべし。一木前宮相は従来の経歴より見て不可なり」と応えた。[*22] 西園寺は宮中官僚の中でも一木を深く信頼しており、牧野との意見対立は人物評価に基づくものではない。牧野が「人物本位」で考えがちであったのに対して、西園寺は「辞表を提出したる総理」など資格を重視したのである。

西園寺が資格を重視したのは、政治の公明性を求めるからであった。西園寺は、「どこまでも公平に、且公然と重大な問題を解決することが必要である」と考えていた。[*23] したがって、「やはり前総理たちがそこに寄って話して、それが民心を諒察《りょうさつ》される材料になるといふことが、主権者たる陛下の極めて立憲的な思召を徹底させる所以であって、たゞ僅かに内大臣とか、枢密院議長とか元老とかの限られた少数の者で相談して、元老が御下問に奉答するといふことは、頗る専制的で危険なことに思はれる」と述べていた。[*24] 西園寺は、わずかでも「民心」を尊重する常態への復帰を願っていたのである。

しかし、牧野内大臣の考えは異なっていた。牧野は、西園寺の意向を聞くと、「それぢゃあ今度の場合にも、西園寺公はどこまでも出て来て戴きたい」と、逆に元老という個人の役割への期待を強めた。[*25] また、選定方式について牧野は、将来的な「枢密院諮問」方式の可能性にも言及している。[*26] 牧野は、斎藤内閣総辞職時の首相選定が重臣との話し合いで行われたことについて、「要するに名こそ踏襲せざるも往年明治時代政変の場合に於ける元老会議の役目を果たす機関と見るを得べし」と記した。[*27] 牧野は明治時代の方式を、昭和の時代に行うことができると考えていたのである。

国内非常時と五・一五事件被告減刑運動

満州国を承認し、国際軍縮の手がかりとなる国際連盟からも脱退し、事変も解決した。これで常道回復は近づいたのか。それとも国民はすでに政党政治を見限っていたのだろうか。注目すべき動きとして五・一五事件被告減刑運動があった。

一九三三年五月一五日、五・一五事件から一年を迎え、殺された犬養前首相の盛大な法要が催された。二日後の一七日午後五時、陸軍・海軍・司法三省連名で事件の情報が公開され、犯罪の動機として、政党・財閥・特権階級が結託して私利私欲に没頭し、国防を軽視し、国利民福を思わず、腐敗していることから現状を打破しなければ帝国の滅亡を招きかねないと考えたことなどが明らかにされた。あわせて海相、陸相がそれぞれの談話を発表した。大角海相は極端な手段を否定しながらも、テロに参加した「彼等青年将校」を憐れむべき純情な青年と位置づけ、軍紀粛正に止まらず、日本国民も反省しなければならないと語った。また、荒木陸相もテロであり犯罪である「本件に参加したもの」の純真なる青年の憂国の志に沿うべく挙国一致で難局を打破しなければならないと述べた。[*28]

第二次世界大戦後の評価ではあるが、第三章の宇垣軍縮の節でも引用した大阪朝日新聞の河野恒吉は、右の三省共同声明を「犯罪の動機を表面に出して政党政治の堕落を衝き、両相談話はかかる大事件を起こさしたのは誰の責任かと、裏から政党政治に匕首《あいくち》を向けておる」と批判した。また、犬養首相が血盟団事件での襲撃リストに入っていたことを指摘して、血盟団に暗殺されていた場合には、「今度のように事件を政党排斥に利用する有力者がおらぬから」事件の政治的影響は低かっただろうと指摘している。[*29]

五・一五事件被告減刑運動は海軍内の同情から始まった。減刑の署名は東京、京都、神奈川、大阪、兵庫といった都会の府県から来たものが多く、救済を唱える農村への軍の支持獲得にはなお数年が必要であったと社会学者のロナルド・ドーアは後に分析している。[*30] この動きは政党政治の復権に否定的な勢力にとって好都合であった。

議会主義に立つはずの社会民主主義政党である社会大衆党は、機関誌『社会大衆新聞』九月一〇日号で、五・一五事件裁判についてまとまった評価をした。冒頭、「思想も浸透すれば物理力となる」という言葉をあげて、新聞が全国的に行っている「新聞闘争」の影響は、後日巨大な大衆イデオロギーの変革として現れるだろうと述べる。社会大衆党が、犬養を暗殺した青年将校に批判的で新聞報道の影響を危惧しているかというとそうではない。青年将校の主観的動機は、「財閥特権階級の搾取、既成政党の腐敗、官僚軍閥の頽敗《たいはい》と労働者農民の窮乏等、支配階級の糾弾であり、資本主義の打倒である」。それは「我々の政治的曝露と全く同一」で、青年将校がこうした「社会批判力を獲得」したことを祝福し力強く思うという。

彼らは「軍人階級中の最優秀部分である」とまでいう。したがって「青年将校の涙ぐましきその心情、その燃ゆるが如き犠牲的精神に対し吾人は一切の他の政治犯と同様に罪の軽からんことを希《ねが》ふ」のである。社会民主主義者が彼らと異なる点は、手段においてテロではなく大衆組織を用いることと、「歴史を経済的関係に基づく必然なる伸展と見る客観的歴史観」を持っていることであった。彼らの「燃ゆるが如き犠牲的精神」に「科学的社会的批判」が加わったとき、彼らは必然的に「我等の陣営の同志」となるだろうと述べ、「青年将校を殺す勿れ」と結語した。*31

これに対して婦人参政権運動を率いていた市川房枝は五・一五事件の被告に厳罰を求めていた。それは彼女らの運動が政党政治を必要としていたためであった。「私共は、少なくも政党内閣が出来る迄は、憲政の運用が正常に復する迄は、〔中略〕尚隠忍自重せざるを得ない立場に置かれている」と述べた。*32

第二次世界大戦後の一九七〇年に作家三島由紀夫が非合法手段による憲法改正を訴えて自衛隊基地に侵入し、決起を呼びかけたあげくに割腹自殺を遂げたときに、自衛隊員の多くは賛同しなかったが、方法は間違っているがやろうとしたことには汲むべきものがあるという声もあった。それを批判し、組織の健全性を守ったのが、幹部自衛官となる青年教育にあたっていた猪木正道防衛大学校長であり、時の政権であった。

五・一五事件後も社会の不安を煽る出来事は続き、血盟団事件の公判が進む中でも、政治的暴力の危機は去っていなかった。一九三二年一一月には、東京地裁判事らが日本共産党に入党しカンパ（＝資金提供）などを行っていたことが明らかになり、他の地裁にも広がった。また、一九三三年二月には左翼教育を行い組合活動に関わったとされた教職員を含む数百人が一斉検挙された長野県教員赤化事件が起きる。そして四月には、京都大学法学部教授滝川幸辰《たきがわゆきとき》の著書が発禁とされたことから始まる滝川事件が問題化していった。六月には佐野学、鍋山貞親ら獄中の共産党指導者が転向声明を出して、共産党員の大量転向につながる。さらに七月には民間主導で陸海軍の青年将校を含むクーデタ未遂事件が偶然警視庁によって探知され検挙される神兵隊事件が起こった。五・一五事件の裁判も政党政治の腐敗を糾弾し、いずれも軽い量刑となった。

裁判でロンドン海軍軍縮条約が糾弾される中で、海軍省に対する軍令部の自律性を高める制度改正として、一〇月一日、海軍軍令部長は軍令部総長と改称された。さらに、裁判を通じて軍に同情的な世論が喚起されたことを背景に、三日、荒木陸相は大角海相と共に斎藤首相に恩赦を申し入れた。摩擦相克を避けるために五・一五事件、血盟団事件、共産主義運動など、左右を問わず恩赦を行うべきであるという議論で、原田は近衛から陸相が恩赦を求めている話を聞いて西園寺に報告した。西園寺は一四日、訪れた木戸に、「今後の政治の動向を考ふるに、軍部に軍権、政権を掌握せしめて独裁的の政治を行はしむるか、或は徐々に今日の情勢を転回せしめて議会政治で行くかの二つしかないと思ふ。近衛公あたりが前者を支持するとせば、自分は之にはお伴は出来ない。自分は過去の人として消へて行く外ないと思ふ。而し、自分としては、今日は動くべきときでなく、今暫く現内閣に仕事をさせて、推移を見るべきなのではないかと思ふ」と述べた（村井㊦269）。

同月、国際連盟で事務局次長を務めた新渡戸稲造《にとべいなぞう》が、太平洋会議に赴いたカナダで病没した。同時代日本が誇る国際人の一人であったが、死ぬ間際には満州国承認など日本の新しい対外路線を支持するとして海外で批判を受けていた。新渡戸は周囲に、「ねえ、ヒヨッコは時々卵のことを考えるに違いあるまいと私は思います。卵の中がどんなに暖かく、気楽だつたかということを。しかし一度殻をやぶつて出てきた以上、もうヒヨッコが帰つて行ける卵はないのです。われわれとしてはたゞ最善を希望して前に進むだけですよ」と語っていたのだという（村井㊦300）。

政党と軍の軋轢と軍民離間声明

そして再び通常議会が開かれる政治の季節が近づく。第六五回議会は二年ぶりに、平時に開かれる議会となった。一二月九日、陸海軍両省は協議の上でいわゆる軍民離間声明を出した。*33 陸軍省は、「一九三六年危機説」が軍部のための宣伝であるとか、戦死者は庶民層から出ているとか、また軍事予算が農村問題を犠牲にしているといった「非愛国的言説」と、第三インターの指令を受けた反戦運動を二つながらに批判した。海軍省も陸軍省の発表に全然同感であると声明した。「一九三五、六年の危機説」は一九三三年の後半から注目を集め、一九三四年六月頃には盛んに論じられるようになっていた。その背景にあったのは、ワシントン・ロンドン両海軍条約の有効期限がともに一九三六年末で、一九三五年には次の海軍軍縮会議が開かれること、すでに結ばれている一九三〇年のロンドン海軍軍縮条約によって漸次日米の大型巡洋艦比率が悪化すること、またソ連の第二次五カ年計画が完成しソ連の勢力が増大する見込みであることなどで、これによって日本の立場が不利になっていくことを危機と呼ぶ議論があった。軍民離間声明の直前の閣議では、高橋蔵相が予算をめぐって「一九三五年や六年が危機でも何でもない」と危機を宣伝する軍部を強く批判する一幕もあった（村井㊦273）。このような軍当局の政治声明に、二大政党も「世論に惑はす政治に拘らす」と謳われた軍人勅諭から軍内部での政治論議を批判することはできても、軍民離間的な動きはしていないと答えるしかない。これは後に、国家意思として始まったのではない戦争への国民の一体化を押しつける論理となっていく。

斎藤首相は「常道」復帰を使命として自覚する一方で、その条件として政党の更正を求めていた。斎藤は先の談話の中で、「憲政常道復帰の近道としては政党が浄化されて国民の信用を増すやうにすること」と指摘している。では、何を以て政党は更正したと理解されるのだろうか。そして、政党内閣制が機能を回復し、「常道」に復帰できるのはいつになるのだろうか。非政党内閣が成立しながら、政党内閣への復帰が既定方針と見られたこの時期は、「常道」への復帰か否か、政党政治をめぐって激しい論争が行われた時期であった。

一二月八日、松岡洋右は衆議院議員を辞し、政党解消運動を始めた。松岡は「非常時」を連呼する演説を行い、「政党といふものは対立して抗争すると云ふところに存在の意義がある、これ等の人達だけで党をつくつて国民を率ゐると云ふやうな考へ方に対しては私は絶対に反対する」と訴えた。松岡は、「政党は借着です、たつたこの間欧米から借着をしたのが政党である」と述べ、「今や欧米から学ぶべき殆んど何ものもない、欧米はあの通りお先真暗である」と西洋の没落を論じた。ではデモクラシーを否定するのかというと松岡は、「私は覇道に基いた西洋のデモクラシーに倣ふことはしませぬが、われわれ祖先伝来建国以来の精神に基いて持つてをるところの日本伝来のデモクラシーは飽迄《あくまで》も支持する」と述べた。それは、「一家相和し戮力《りくりょく》（＝力を合わせること）共同」の観念であった。そして、「日本の憲法を御覧になるがよい一目瞭然何処に政党政治は憲政の常道なりと書いてあるか〔中略〕私は政党を解消し政党をなくして茲に始めて議会が生きるのであると考える」と、巷間の「憲政常道」論を否定し、日本精神に基づいたデモクラシーを主張したのである。[*34] こうして固有の憲政ということが強調されるようになっていく。それは西園寺の収斂型の文明観とは大きく異なっている。西園寺は日本文明の本質を「外国ノ思想文物ノ消化応用ノ跡」に見出し、内閣制度の発足に「真実文明模範に入らしむるの第一年」と記したように、単に欧州文明への同化ではなく、人類共通の進歩を意識していた（村井㊤286、㊦430）。

一九三四年の年頭に市川房枝は「婦選魂」を掲げた。市川らの婦人参政権獲得運動は満州事変によって想像もしなかったほど後退していた。市川は「政府の政策をいつでも承認するならば、参政権の必要はない訳である。厳正に批判し、婦人の要求を反映せしめてこそ、初めて、政治への参加の意義がある」と述べた。[*35]

斎藤首相は第六五回通常議会の再開を前に、一月一五日、一七日と鈴木政友会総裁、若槻民政党総裁を相次いで首相官邸に招き、議会での協力を求めた。報道によれば、鈴木は農村救済問題と政党政治の尊重を話題にし、以下のようなやりとりがあった。[*36]

総裁〔＝鈴木〕　あなたは党人ではないが私の考へでは今後日本の政治を行ふ上について所謂議会政治であれば政党政治でやつて行かねばならぬと思ふが此の点どう考へられるか、甚だ露骨で不躾《ぶしつけ》な話ですが……。

首相　素より私も憲法政治を行ふについては政党がなければならぬと思ふ。松岡君が政党解消を主張してゐるといふが私には何の故たるかを解し得ない。一体あれはどういふ訳ですか。

総裁　人の心は解りません。

首相　党内はどうです。

総裁　それは一二私的関係で動くものがあるかも知れぬが大勢には何の影響もない。あなたは政党政治に御賛成ならばどうかその心でやつて頂きたい。今日一般に政党の腐敗云々といふ声を聞くがこれに対してあなたはどういふ風に考へられるか。

首相　政党に一人や二人悪いものがゐたからといつて全体が腐敗してゐると考へるのは間違

つてゐると思ふ。私は毛頭左様なことを考へて居りません。

他方、若槻は特に首相に注文することもなく、農山漁村対策に触れた上で、一九三五、六年危機説には外交的対応で十分であることを確認した。一月二一日に両党で党大会が開かれ、新聞には「両党総裁議会擁護を叫ぶ」との見出しが躍った。

軍民離間声明は弱者の恐喝であろう。第六五議会の再開冒頭、荒木陸相が病気を理由に退任し、林銑十郎があてられ、林が務めていた教育総監には荒木と親しい真崎甚三郎が就任した。グルー駐日米国大使はかすかな希望を感じ取っていた。グルーは昭和天皇を「穏《おだや》かな、平和を好む性格の人」、西園寺と牧野については「戦争の恐ろしさを深く感じている」と日記に記した。そして「日本に潜在する平和的傾向」は満州事変後のいつよりもはっきりと感じられるようになってきたという（村井㊦278）。

この議会ではともに与党であり、ともに首相を出せていない政友会と民政党の大同団結が説かれ、政民連携運動が進んだ。その仲介者の一人が、斎藤首相の了解も得ていると言われていた中島久万吉商相であった。また選挙費用の低減による選挙公営を盛り込んだ衆議院選挙法改正案が提出された。斎藤首相と同郷で海軍出身の政友会代議士八角《やすみ》三郎は、この法案提出に斎藤首相と中島商相の「憲政の常道に帰すべき大きな決意が含まれて居りました」と後に回顧した。また、昭和天皇も「政党の情弊浄化の為めにも成立する事」が望ましいと述べていた（村井㊦279）。それは政党内閣復帰への一里塚となるはずであった。

しかしそうはならなかった。一月から三月まで、『時事新報』で連載された記事が、株式売買をめぐる贈収賄疑獄事件である帝人《ていじん》事件へと後に発展していく。また、貴族院では後備陸軍中将の菊池武夫が中島久万吉商相の足利尊氏論を逆賊賛美と批判して辞任に追い込んだ。政友会の幹部鳩山一郎も政友会議員から弾劾攻撃を受け、辞任に追い込まれた。政友会は弾劾にかかわった岡本一巳《かずみ》、津雲国利《つくもくにとし》、西方利馬《にしかたとしま》を除名処分とした。原田熊雄は一〇月事件以来、鈴木貞一大佐とやりとりを重ねていたが、鈴木は予算案成立後に平沼騏一郎を次期首相とすることを提案した。馬場恒吾は「政党政治を排撃するものとこれを維持せんとするものとの間に、深刻な争いが展開されつつある、恰も鳩山前文相其他の政党人に関する綱紀問題を摘発して、一般に政党の信用をなくなさんとするところの組織的な計画があるが如く見えた」と評した。*37 鳩山は斎藤首相に衆議院の解散総選挙を迫ったが、斎藤は応じなかった。

三月に高橋是清は「政党なるものは、立憲政治、憲法政治下においては必ず出来て来るものじゃ。決して政党と言って一概に排すべきものではない。もし悪いところがあれば、政党という形態が悪いのでなくこれを運用する人が悪いのだ。〔中略〕今の通り政党は国民全体から信用を失った。ここで政党を革新する時が来たのだ。どうも何処の国でも一度は歴史的に政界の腐敗があって、それを通り越して来なければ旨く行かないようだ。坩堝《るつぼ》で精錬されなければならぬ時代が来ている」と述べていた。*38

（2）二度目の非常時暫定政権誕生——次期首相候補の急浮上

斎藤内閣の退陣——帝人事件

一九三四年四月一日、通常議会を終えた斎藤首相は興津の西園寺を訪問した。斎藤は、内田、荒木、中島、鳩山と閣僚の辞任が相次いだこと、一九三五年に開かれる「第二次ワシントン会議」を控えていること、自らの使命である人心の安定と一般的施策は一段落したと考えると述べて、辞職してより強力な内閣が樹立されることを求めた。しかし西園寺は斎藤を強く激励し、内閣の存続を求めた。西園寺は斎藤内閣の使命を「人心を安定に導き憲政を常道に復帰せしめる事にあった」と述べ、「憲政常道復帰に関して一段の努力を払い、その間ファッショ、並に中間的策動の余地なからしむる事に最善を尽すべきである」と、一九三五、六年危機が騒がれる中での一層の努力を求めたのであった。[*39] 斎藤は気を取り直して、閣内の二大政党の重鎮である高橋蔵相、山本内相と面会し、さらに鈴木政友会総裁、若槻民政党総裁とも会見する意向を語った。

引き続き施政に取り組んでいくには内閣の強化が必要であった。政党政治的強化策として鈴木喜三郎政友会総裁を無任所大臣として迎えようという議論があったが、最終的に鈴木は応じなかった。そこでインナー・キャビネット、国策総合機関として五相会議（首相・蔵相・外相・陸相・海相）と内政会議（首相・蔵相・内相・陸相・商工相・鉄相・拓相・農相）を設けた。

西園寺の反転攻勢に出る意思はまず枢密院議長の選定にあらわれ、倉富の辞任後に平沼副議長の昇任を阻止し、憲法に明るい一木喜徳郎をあてた。そして五月二日、自らの希望で五・一五事件以来、二年ぶりに上京した。前年一二月二三日に誕生していた皇太子に面会するためであったが、首相官邸を訪れて山本内相、高橋蔵相とも話した。すでに選挙法改正案は成立し、人事の党派性への対策とみられた文官任用令と文官分限令も改正されていた。また、政友会と民政党は党費制度導入の議論を進めていた。政治の大衆化に応えるだけでなく、幹部だけが政治資金を集めることで資金提供者が不当な力を持つ懸念に応える意味があった。

問題は帝人事件での捜査の広がりであった。帝国人造絹糸株の譲り渡しが贈収賄にあたるのではないかという先の報道を契機に政治問題化したことで帝人の重役らや大蔵省幹部に捜査が及び、閣僚への波及も予想された。西園寺は原田熊雄に「自分はまだ宇垣に多少未練がある」と述べていたが、原田は「まだその時期でないと思います」と言葉を返した。原田はますます自律的かつ積極的になっていた。原田は五月二二日、陸軍の鈴木貞一大佐に面会を求め、「次期政権ハ岡田大将ニテハ如何」と述べた（村井㊦287）。鈴木は海軍がそれでよいのであれば陸軍に大した反対はないだろうと答えた。斎藤は内閣を退任したがっていたが次期候補がいなかった。そこに原田が岡田案を提供することになった。原田が西園寺に「総理からの言づけ」として岡田がもっとも適当だと伝えると、西園寺は「もつとできるだけ一つ奮発してやつて行かないか」と押し戻した。西園寺は通常議会を迎える一二月までは斎藤内閣が続くことを期待していたが、原田は木戸にも首相にその気持ちはないと伝えている。原田はどんどんと情勢を作っていく。

一九三四年七月号の『改造』に、若き憲法学者の宮沢俊義は「官僚の台頭」という論考を寄せ、「非常時」に一番損をしたのが政党であるとすれば一番得をしたと言われるのは官僚であるという言葉から始めて、「政党人は国家的にでなく党派的に行動する」という批判と「相次いで起る疑獄事件をもって政党政治の故に帰する」見解を正しくないと述べた。[*40] 宮沢は将来における政党の再進出について「すこぶる蓋然的《がいぜん》」と記している。[*41] しかし、政治は動く。六月二六日に西園寺は原田に、「もし政変があつたら、やはり後は岡田でいゝのか、内大臣もそれでいゝのかしら」と念押ししている。

首相選定の不確実性――瓢箪から駒の第二暫定内閣誕生

斎藤内閣は一九三四年七月三日に総辞職した。西園寺は興津から御殿場に移っていた。高齢である西園寺の体調を考えて御殿場から勅使に奉答することも検討されたが、鈴木侍従長の強い希望で上京し、日帰りすることにした。社会の目を気にしたためであった。

翌四日、「例の内奏してある方法」によって「前総理及び枢密院議長」が宮中で一堂に会した。「後継内閣の組織に就ては憲法の精神を守ることは勿論、内外時局多端《たたん》（＝仕事が多い）の折柄なれば決して無理のない様に」という昭和天皇の意向がまず披瀝され、西園寺に促されて斎藤首相が最初に発言した、政権の継続性を重視して岡田の名前をあげた。若槻は岡田に同意し、高橋は人を知らないと明答しなかった。斎藤は牧野にも意見を求め、牧野は岡田の場合に軍部大臣が留任しないことを危惧した。西園寺にあらためて意見を確認された若槻は「自分の平素の主義方針よりすれば多数党の総裁鈴木氏と云ふことにもなるが、それが或事情の為に無理なりとすれば、岡田氏に結構なり」と答えた。西園寺はさらに「若槻さんの御賛成は結構だが、こゝでばかりの賛成でなく、国家のために、政党としてもぜひこの政府をどこまでも事実において支持しなければいかん」と駄目を押し、若槻は「必ず援助しませう」と応えた（村井㊦294―295）。

全会一致で、組閣の大命は岡田啓介に降った。斎藤は「私は政党主義に賛成だけれども、今直ちに政党内閣を推薦するという時機に達していないと思った」と後に語っている。長期的な政治システムをめぐる競合において斎藤は政党内閣制を支持していた。しかし、短期的な政権をめぐる競合という点では政党内閣の成立を阻止する働きをしたのであった。西園寺は原田に、岡田について昭和天皇が満足していると伝えたのだという。原田はこの言葉をしっかりと自身の記録に留めた。

岡田内閣は成立できるか――政党内閣の生まれることを

岡田は早速組閣に取り組む。西園寺の指示に基づくという原田の助言を受けて、大命降下前から、後藤文夫農相と河田烈《かわだいさお》拓務次官を参謀に組閣の下相談を始めていたのだという。原田は貴族院議員でもある。原田の記録では、岡田は当初、「政党に関係なく組閣してみたい、その方がいろんな意味で結束し易いし力強くも行く」と官僚内閣を希望していたのだという。特にこだわったのが後藤の内相就任であった。

原田は後藤の説得に当たり、大命降下後も躊躇する後藤に「陛下は非常に岡田大将に御満足であり、御安心の御模様だ」とまで述べて内相就任を求めたという。先に、首相選定における重臣などの役割に否定的な西園寺は、本人がやる気になってしまうだけでなく、側近が勝手に動き出してしまうことを元老重臣制度の欠陥とみていた。この点では人間心理によく通じていたと言うべきである。後藤は「超然内閣よりもやはり政党を入れた方がいゝ、挙国一致内閣といふ実を挙げるにはやはり政党も含んだ方がいゝ」と強調し、岡田も政党員の入閣に傾いた。他方もう一人の参謀である河田烈は従来の経歴から岡田内閣を「政友系内閣」と予想していた（村井㊦321）。

　岡田は軍部大臣には林銑十郎陸相と大角岑生海相の留任を得た。しかし、林陸相からは関東軍司令官を駐満大使にあてて一般の外国とは異なる扱いとする在満機構改革への協力を、大角海相からは海軍軍縮問題に関わる斎藤内閣時代の五相会議決定への賛成を求められ、内約を与えることになった。蔵相には高橋前蔵相の助言で藤井真信《さだのぶ》次官を昇格させた。これまで高橋の後を受けるのは多く政友会の三土忠造であったが、帝人事件の渦中にあった。これで主要閣僚に政党員はいなくなった。

　岡田は政友会、民政党の鈴木総裁と若槻総裁をそれぞれ訪問したが、当初政友会から二名、民政党から一名の入閣を考えていた。政友会には望月圭介と床次竹二郎を指名して協力を求めた。しかし、鈴木総裁は原政友会が寺内内閣を外から支えたように、政友会から入閣者は出さず閣外からの政府支持を求めた。岡田はそれでは当てにならないと謝絶し、脱党しても入閣するという床次の「政党の人をより多く入れるといふことは、政党をそれだけ尊重したことになる」という要請を入れて、政友会三名、民政党二名とした。政友会からは結局、床次逓相、山崎達之《たつの》輔《すけ》農相、内田信也鉄相、民政党からは町田忠治商相、松田源治文相が入閣した。

　こうして岡田内閣は、七月八日、予想外の第二の暫定内閣として成立する。当初は政党閣僚を含まない内閣を構想したが、政友会から逓相、農相、鉄相、民政党から商相、文相を得た。しかし、衆議院の多数を占める政友会は、出身閣僚、政務官を除名して野党化することを選んだ。なお高橋は七日に岡田と面会して「岡田さんがあくまで憲政の常道に復帰する事を念願とされてゐる事」に感服したと新聞記者に語り、また三土と内田信也に、床次を支持して内閣を援助するよう説いたと述べた（村井㊦322）。岡田は後年、「斎藤さんを後継内閣首班として奏薦された西園寺さんは、軍人があばれだして騒然となっている政界をまとめるのは、一政党ではむずかしいとお思いになって、ひとまず超然内閣に託したわけだろうが、わたしもふたたび政党政治にかえっていくのが、順当だと思っていた。あとでわたしが首相になったときもそう考えておった」と回想している。他方、町田の入閣は若槻の推薦で、若槻は党に諮る前に内閣への協力を約束していたので、大麻唯男《ただお》幹事長に党内のとりまとめを依頼したのだという[*42]。

岡田は首相候補として名前があがったこともなく、あまりに突拍子もない驚きの選択であった。グルー駐日米大使は樺山愛輔《あいすけ》から次期首相は岡田であるという情報を受けており、「穏健派の顕著な勝利」と位置づけた。これまで何度か首相候補として名前のあがってきた宇垣一成は、「今度の推挙は国民が天から問題にして居らざりし人物が飛出したるの観」と記した。

原田熊雄や木戸幸一と親しい近衛文麿は内閣交代時に米国を訪問しており、取材を受けると、政党政治を復活すべきかとの問いには否と答え、強力な挙国一致内閣の成立を求めたが、周囲に対しては、こんな時期にこんな内閣を作るのは反対だと述べ、「原田なんかがきっと岡田を出すのに大いに動いたのだろう」と述べたという（村井㊦296）。

与謝野晶子は、岡田という名前が「その朝まで全く少しの噂にも上らなかつた」と記し、「純理から云つて、憲政の下に、国民の意思の少しも加はらない政治形態の続出することは変態ながら、国民の心を正直に云ふと、まだ当分は政党政治の更正復興は望まれない。あてがはれた内閣が官僚内閣であるにせよ、超然内閣であるにせよ、今日は唯真面目と強力を以て内政外交の非常時に変通自在な処理が比較的よく出来れば、少々の過誤などは寛仮《かんか》〔＝寛大に見て咎めないこと〕してもよい」と評価した。

その中で長谷川如是閑と市川房枝の議論は注目に値する。長谷川は、政党の腐敗も官僚の腐敗も変わらないと、官僚内閣への冷めた感想を残している。市川は、「私達のやうに進歩的運動にたづさはつてゐるものはどうしても政党内閣の生れることを期待します」と述べて、憲政常道の回復を願った（村井㊦297）。市川は仲間とともに選挙粛正運動に尽力していくが、選挙結果が直接権力に結びつく政党政治がどうしても必要なのであった。当時の政治理論も自由主義に否定的な風潮があり、進歩的な知識人が嬉々として自由主義批判に回った。その中で長谷川と市川は珍しい例と言わねばならない。

与謝野晶子

約二年半ぶりに政権を離れた高橋は、八月、自身が政友会に入った頃のことを「山本〔権兵衛〕伯から政友会の方がやかましいから入党してくれとのことであったから入党したのだが、政党に這入《はい》ってみると、なかなか政党の事情は複雑で、私のごときものには向かない」と回顧し、第二次憲政擁護運動についても、「あの時はデモクラシーが高潮に達していたのが、一度護憲の旗が高く掲げられると、輿論は翕然《きゅうぜん》としてこれに呼応したようだったね。〔中略〕私も議会政治のため黙視していることが出来ず、民衆政治の陣頭に立つことを決意した」と語った。[*43] 帝人事件はその後、一九三七年の判決で犯罪の事実はないと認定され、全員無罪となる。内閣交代だけが後に残った。

三 第二暫定政権と国体明徴——岡田内閣がたどる細い稜線

(1)岡田内閣の発足と政友会の野党化——陸海軍の政府内政治

一九三四年七月八日に岡田啓介内閣が成立した。首相はもとより蔵相、内相といった主要閣僚に政党員を含まず、多数党は野党化し、衆議院での少数与党政権に陥った。政党を基盤にできない政権の強化への取り組みとして内閣審議会と内閣調査局が設けられ、後に後者だけが企画院へと発展していく。

第二次ロンドン海軍軍縮会議と海軍統制

貴族院議員の原田熊雄が、事実上岡田を次期首相に選び、成立に尽力したのは、第二次ロンドン海軍軍縮会議で軍縮条約を継続するためであった。一方、海軍にとっては国際軍縮体制からの離脱が重要であり、一九三五、六年危機説をあおり、軍事平等権を主張することで早々にこの離脱を既定方針とした。また、大角軍政と呼ばれるが、条約派に対する艦隊派（＝軍縮条約妥結容認派に対する反対派）の優位が進み、有為な人材が海軍を去って行った。

陸軍にとっては在満機構問題が重要であったが、望みを果たすことができた。さらに一九三四年一〇月には、永田鉄山《てつざん》（一八八四―一九三五）軍務局長を中心に「国防の本義と其強化の提唱」、いわゆる陸軍パンフレットを出した。国家総力戦論を唱え、自由主義を排し、経済機構改革を主張したが、社会大衆党、中野正剛は賛成する一方、言論界、政友会、民政党は陸軍の政治関与と批判した。

永田鉄山

外交はどうか。一九三四年一〇月から一九三五年二月まで、田中義一政友会内閣で外務次官を務めた吉田茂が外務査察史として欧米を巡遊した。ジュネーブでは西村熊雄領事に「日本の真意は連盟復帰にある。大いに努力し給え」と述べたという。[*44] 吉田にとって特に印象的だったのが、岳父牧野伸顕の紹介で会ったエドワード・ハウス（一八五八―一九三八）大佐の忠言であった。ハウスはウィルソン大統領を支え、パリ講和会議で牧野と懇意になっていた。ハウスは「ディプロマチック・センスのない国民は必ず、凋落する」と吉田に述べて、ドイツ帝国の轍《てつ》を踏まないよう忠告した。すなわち「日本が徒《いたず》らに戦争に突入するようなことにでもなれば、近代日本の輝かしい興隆発展は、一朝にして覆されてしまうであろうし、もしまた反対に日本がこの際自重して、平和を維持し、冷静に国運の隆盛に専念するならば、日本の前途は洋々たるものであろう。殷鑑《いんかん》遠からず、ドイツ帝国にあり」と述べたのであった。[*45]

吉田は中国在勤時代はその対外強硬姿勢が懸念されるほどであったが、この時期は逆に親英米派として当局の警戒の対象になっていた。外相は、先の斎藤内閣で内田康哉から引き継いだ広田弘毅《こうき》（一八七八―一九四八）がそのまま務め、満州国の存在を与件としつつ国民党親日派を相手に対中関係改善を図り、「和協外交」と言われる。排日運動の取り締まり、満州国の事実上の承認、共同防共の方針は広田三原則と呼ばれ、在中華民国公使館の大使館への格上げを行うことで関係改善へのメッセージを蔣介石側へ送った。しかし、支那駐屯軍が満州に隣接する華北一帯を支配下に収めるべく、中国からの分離を試みる華北分離工作が始まる。また、三原則を公表した天羽《あもう》声明は、外国の介入を拒むアジア・モンロー主義の宣言であるとして国際的に反発を招いた。さらに、日本が参加しなかったリース・ロスの幣制改革（＝中国における、英主導の通貨制度の近代化）が成功していくなど、対中政策が成果に結びつく状況ではなかった。

「憲政常道」復帰のための二つの道――与野党対立か政民連携か

一九三四年一一月、高橋が指名した藤井真信蔵相の健康問題から高橋前蔵相が再任された。高橋は議会で入閣理由を「早ク憲政ノ常道ニ復シテ、サウシテ畏多イケレドモ、御上ニ対シテ御軫《しん》念《ねん》（＝心痛）ヲ御煩《わずらわ》シ申スヤウナコトノナイヤウニシタイト云フ其赤誠《せきせい》（＝偽りのない心）ニ於テハ、斎藤首相モ、岡田首相モ、私モ少シモ変リガナイコトヲ互ニ肚《はら》ヲ打明ケテ明ニ分ツテ居ルカラシテ、其一点ニ於テ私モ此内閣ニ入ツタノデアル」と説明した。鈴木喜三郎率いる政友会は岡田内閣成立時に党内の入閣者を除名していたが、高橋という総理総裁経験者の扱いに困り、離党勧告を行った。しかし、高橋は「自分は政友会をはなれない。もし政友会で除名したかったら、そうしたらいいだろう」と応じず、逆に政党の進むべき道を説いた（村井㊦332）。こうして高橋が再び政治の表舞台に引き出される一方、一一月一日には若槻礼次郎が民政党総裁を辞任した。首相選定時に政府支持を約束したことは彼の立場を難しくしたとも言われた。民政党の第三代総裁には町田忠治が就任し、「憲政の常道に復帰する日の一日も速《すみや》かなることを期待し、確信する」と述べ、政党自身も時代の進運（＝進歩していく機運）に応じた省察と革新が必要であるという認識を示した（村井㊦336）。

岡田内閣は多数党の求める臨時議会召集を避けてきたが、室戸台風による大水害が発生し、一一月二八日から一二月一三日まで臨時会の第六六議会を開いた。政友会と民政党は連携して「常道」回復に努めていた。しかし、政友会の東武が災害対策や地方自治体の窮乏の打開を理由に一億八〇〇〇万円程度の追加歳出提案を求めるいわゆる「爆弾動議」を突如提出して可決されると、政民連携の運動を進めていた両党の協力関係はひとまず破綻した。岡田首相も「のちのちまで、そのばからしさで語り草になっている追加予算要求」と回顧する（村井㊦333）。

政党においては、初めての非常時暫定政権であった斎藤内閣に対しても、官僚内閣に仕事をさせることで禅譲を期待するのか、それとも官僚内閣を退陣に追い込むことで政権を勝ち取るのかという選択肢の間で混乱があった。しかも首相選定の予測可能性は次第に失われていく。政党の直面する困難は、政権の暫定性が希薄化していき、首相選定がおみくじを引くような状態となる第二暫定政権ではなおさら大きなものとなっていった。

一九三四年一二月末に、政府はワシントン・ロンドン両海軍軍縮体制からの離脱を通知した。翌一九三五年一月、牧野内大臣は昭和天皇に「軍縮も廃棄にて一段落に付、行掛りの問題も解決したるを以て人身も稍々《やや》落付き、特に海軍方面の空気も緩和すべきを以て、此れを機会として近年紊乱したる軍規の引締りに転向する事望ましく」と上奏した。西園寺は同時期、「自分の無力もあれども、近時の日本は、列国の中にありて、非常に失うところ大なるを遺憾とす」と述べていた（村井㊦334―335）。声の大きい勢力にすべて譲歩して、もはや守るべきものは何もないかのようでありながら、日本政治はさらに大きなものを失っていく。

(2)近代的統治秩序の揺らぎ——天皇機関説事件と国体明徴声明

天皇機関説事件と陸軍統制

一九三五年一月初旬の新聞連載で、憲法学者で貴族院学士院議員の美濃部達吉は、政党内閣主義を回復しようとする政党勢力と、強く政党政治を排撃し、非合法的な憲法破壊の企てを重ねる反政党勢力が対立する現状では「強いて政党内閣を組織することとなれば、如何なる変事を来すかも知れない危険がある」と述べ、また政党内閣主義を復活させることが時代の要求、国民の要望を満たすかというとそれも断定できないという。そこで挙国一致の外形を装う中間内閣を不満ながらも続けつつ、有力なる審議機関と総選挙に期待するとした（村井㊦335―336）。

二月一八日、先に斎藤内閣の中島久万吉商相を足利尊氏論で辞任に追い込んだ後備役陸軍中将の菊池武夫貴族院議員が、今度は美濃部の憲法学説、すなわち天皇機関説を議場で問題にした。美濃部は二五日の本会議で反駁したが、在郷軍人や右翼団体を強く刺激し、（統治権の主体は天皇にあると政府に宣言させようとする）国体明徴《めいちょう》問題に発展していった。衆議院でも、予備役陸軍少将で一九三二年の総選挙で当選していた江藤源九郎《げんくろう》が問題を取り上げ、不敬罪で告発した。政友会でも山本悌二郎が「漸ク欧米心酔ノ迷夢カラ覚メマシテ、初メテ帝国固有ノ大精神ニ蘇ラントシツ、アル秋」にあたって、従来看過されてきた学説を糾弾すると述べた（村井㊦339）。山本は美濃部を勅撰した犬養内閣の閣僚であったが、政友会で当選一回の芦田均は同党で当選九回の山本を向こうに回して奔走した。しかし、三月二〇日には貴族院の政教刷新に関する決議案が満場一致で可決され、衆議院でも二三日に国体明徴決議案が全会一致で可決された。天皇機関説の文言はなくなったが、鈴木政友会総裁が提案理由を述べた。芦田は鳩山を通して鈴木派に属していたが、鈴木と面会してもその価値を見出すことはできなかった。民政党では学問の独立自由を議会が束縛することに強い反対があったが、国体明徴の精神を高調することに留まるならばと合流した。

閉会後も天皇機関説問題は収まらず、真崎甚三郎教育総監は国体明徴の訓示を行った。昭和天皇はたびたび本庄繁侍従武官長に不満をぶつけている。「軍部にては機関説を排撃しつゝ、而も此の如き、自分の意思に悖《もと》る事を勝手に為すは即ち、朕を機関説扱と為すものにあらざるなき乎〔＝機関説のように扱っているのではないか〕」と。本庄が思想信念を強調すると、昭和天皇は「若し思想信念を以て科学を抑圧し去らんとするときは、世界の進歩は遅るべし。進化論の如きも覆へさざるを得ざるが如きこと、なるべし」と反論した。本庄も退かない。機関説排撃も、「一は欧洲大戦後政治家は余りにも軍部を圧迫排撃し、軍人志願者が激減し軍事予算は極力削減せられ国防資源は乏しく国防の不安を感じ来り、軍部焦燥の矢先、満洲問題の勃発となり、之と同時に民主自由主義思想の屛息《へいそく》（＝恐れちぢこまること）を見る反面に於て皇道国体論の勃興となり、精神作興《さっこう》となりしもの」と説明した（村井㊦341）。

軍の統制は引き続き大きな問題であった。平沼騏一郎内閣論が聞かれる中で成立した岡田内閣は当初テロに対する威圧効果があったとみられたが、前年にはクーデタ未遂の士官学校事件が起こっていた。陸軍内には対立があり、皇道派が精神主義的であるのに対して統制派は総力戦への対応を重視していた。五月一七日、林陸相と大角海相は岡田首相に国体明徴声明を要請した。

林陸相は閑院宮参謀総長の協力を得て七月一六日付けで真崎教育総監を更迭し、後任に渡辺錠太郎《じょうたろう》（一八七四―一九三六）を選んだ。それでも陸軍内の統制は利かない。二六日、林陸相から再び国体明徴の声明を求められた岡田首相は、「陸軍大臣が部内の統制に腐心してゐる時であるから、これもまた已むを得まい」と受け入れ、ついに政府は八月三日に国体明徴声明を出した（村井㊦348）。

ところが一二日、相沢三郎陸軍中佐が陸軍省内で永田鉄山軍務局長をたずね、面会中に軍刀で切りつけて殺害した。西園寺は事件に革命を予感し、「なんとかして、日本だけはロシアやドイツの踏んだ途を通らないで行けるかと思つたが、こんなやうなことがしばしば起ると、結局やはりフランスやドイツやロシアの通つた途を通らなければならんか」とつぶやいた（村井㊦348―349）。

このように内閣は陸軍内の対立に翻弄されており、海軍も牽制力とならない。九月五日に林陸相が辞任し、川島義之《よしゆき》（一八七八―一九四五）が後任に就いた。一〇月一五日、川島陸相と大角海相の強い要望を受けて、二度目の国体明徴声明を発した。これを受けて文部省では翌一一月、教学刷新評議会を設置し、一二月から議論を始めた。これは学校教育を変えていく。

一九二〇年代の政軍関係は、田中義一、宇垣一成と、ともに政党政治と折り合いをつけつつ陸軍の利益をはかる路線であった。対して、次の世代、陸軍中堅層はより強硬になり、幣原外交に批判的で軍の中から満州事変を起こした。皇道派は精神主義的で一連のテロに影響を与え、統制派は総力戦に備えるべく軍の近代化を図る。満州事変以後、荒木陸相には世論に訴える力があり、皇道派が力をもっていたが、国内危機の沈静化と極東ソ連軍の強化で陸軍内部での力を失っていく。また、宮中の不支持も明確であった。そこで陸軍組織の統制回復を目指す動きがあり、内訌（＝組織内対立による混乱）が激化した。

馬場恒吾は一九三五年九月に、「政党内閣の復活が困難なる所以は、殊更に政党内閣を更《あら》めて推薦せんとするからである。若し岡田内閣がこの儘、自然に政党内閣に変化すればどうだ。政党政治は即日復活するのである。そしてこの変化は岡田首相が新政党の総裁になることに依って容易に出来る。元老重臣が行わんとして行い得ざる政党政治の復活が岡田首相の手に依って訳もなく成就するのである。そして此の内閣は新政党を掲げて来春の総選挙に臨む、選挙に負ければいさぎよく反対党に政府を譲ればよい」と述べた[*46]。なお同月、床次竹二郎逓相が急死している。また秋の府県会議員選挙から、選挙浄化を図る選挙粛正運動が始まっている。

宮沢俊義による憲政史の回顧

一九三五年秋から、美濃部門下の憲法学者宮沢俊義は「政府と政党の関係――わが憲政史の回顧」を『自治研究』に連載した。[*47] 政府と政党の関係の鍵は議会にあるという。議会が政党の権力の源泉だからである。議会開設前は、大隈重信の英国流の政党内閣論とそれに反対する岩倉具視のプロイセン流の官僚内閣論が対比されるが、岩倉が「其《その》一時に急進して事後の悔を胎し、或は与へて後に奪ふの不得已《やむをえず》あらしめんよりは、寧《むし》ろ普国〔＝プロイセン〕の例に倣ひ、歩々漸進し、以て後日の余地を為すに若《し》かず」と述べて、「やがて実際政治においては政党の勢力の増大と共にそれが政党内閣制度にまで転化する可能性があることを予測するような口吻《こうふん》を洩《も》らしている」ことに宮沢は注目する。[*48]

議会開設後は三つの時期があったという。超然主義を唱える政府と議会で優勢な政党との「対立の時代」は日清戦争で終わり、次なる「提携の時代」は二度の憲政擁護運動を経て、「融合の時代」となった。その間、憲政党内閣は融合だが提携時代の一時的例外であり、第四次伊藤博文内閣期も融合時代だが逆戻りし、原敬内閣は融合時代の第一ページとなるべきものであったが、再び超然内閣が出たために先駆に止まった。「融合の時代」が始まるのは加藤高明内閣からで、「政変に際しては次の内閣の首班が容易に客観的に予知せられうるような有様」となった。

そして「五月一五日のあの不幸な事件」が「この慣行に一応死刑の宣告を与えた」。融合時代の諸原則は「実際政治の慣行として、ほぼ確立」されていた。「こういう慣行が確立したことがいいことであったか、それともよくないことであったか。それはここでは問題とせられない。ただ、そういう慣行が現実に行われた事実を指摘するにとどめる」という。犬養内閣の後、斎藤内閣、岡田内閣と続き、時代は再び「融合の時代」から「提携の時代」に入ったように見えるが、この先どうなるか、「歴史はくり返す」のか、「何人も予見することはできない」。この稿が書かれたのは通常議会を迎えようとする時期で、先の総選挙からも四年が近づこうとしていた。

この年の暮れ、牧野内大臣が辞職した。西園寺は牧野に「お互に死ぬ迄やらうじゃないか」との言葉を伝えたが、後任には斎藤前首相が就いた。国体明徴、側近排斥の声に囲まれつつ牧野の辞職を裁可しなければならなかった昭和天皇は涙を見せたという。*49 昭和天皇と牧野内大臣が二人三脚で築いてきた新しい立憲君主像はここに挫折したのである。しかし、政党内閣制が常道に復さない限り、政党政治が失われ、軍が国政全般に責任を負うでもない権力の真空に引き寄せられて、天皇・宮中はその場から立ち去ることもできない。このことが一面では大変抑制的、したがって大変立憲的、しかし次第に自己防衛的な行動へと、天皇・宮中を追い込んでいく。

四　総選挙と二・二六事件

(1)第一九回総選挙という希望

一九三六年の内外情勢

一九三六年初頭、国際的に孤立してしまったとはいえ日中間の事実上の戦争は終息し、景気も回復基調にあった。政党内閣制が中断した後にどうすれば常道に復帰することができるだろうか。先に政党側は、第二次山本権兵衛内閣を倒し、次に選ばれた清浦奎吾内閣を倒し、元老すら好まない政党内閣を押しつけることに成功した。それを教訓とすれば、官僚内閣をとにかく倒し、政党内閣が選ばれれば良いが選ばれなければ再び倒し、政党内閣の成立を押しつけることができるか。メディアや世論の支持は得られるだろうか。左右両翼からの、政党の腐敗・堕落・無能キャンペーンに加えて、テロなど政治暴力の可能性があった。また、寺内正毅内閣から原敬内閣に交代したように、官僚内閣を支援することで政党内閣につなげることはできるだろうか。

こうした与党化路線と野党化路線が交錯する中、斎藤内閣下で政党、なかでも多数党は戦略的に混乱し、党内も自重派と強硬派でまとまらず、第二の暫定政権である岡田内閣の偶発的な誕生は問題をさらに難しくした。このことが、岡田が後に、「ことごとに政友会が政府と事を構えようとすることに対し、政党を刷新して、もっと強力に政策をおしすすめなければ、こんな騒然たる状態を切り抜けることは出来ないと思っていた」と回想する事態を呼んでいた。*50

そこに訪れるもう一つの機会が、一九三六年には実施される総選挙であった。憲政擁護運動に奔走し、護憲三派内閣で閣僚を務めた岡崎邦輔は一九二八年から貴族院議員を務めていたが、一九三五年一一月に回顧録を出版し、あわせて総選挙を前に選挙粛正運動を論じた。岡崎は「第二次護憲運動で特権階級に対する止《とど》めを刺し、ここにやうやく政党時代を迎へる事となつたが、僅か十年の命脈を支へる事も出来ず、政局線上から閉め出されて終つた。三派内閣から犬養内閣まで、僅々《きんきん》八年に過ぎない。八年のため三十五年の苦闘を経たやうなものである。余りにも儚い命ではなかつたか。政党がこのまゝ、永久に没落して終《しま》ふなどは、勿論あるべき筈もないが、復活のためには、政党自らその過去を省み、大いに自戒発憤する所がなければなるまい」と記した。*[51]

国体明徴の声は未だに続いていた。一九三六年一月一〇日、著作が天皇機関説に近いと攻撃されていた金森徳次郎法制局長官が辞任した。国際軍縮への海軍による組織的反対の声も同様である。一五日には、全権永野修身《おさみ》海軍大将が第二次ロンドン海軍軍縮会議からの脱退を通告した。ネイバル・ホリデイ、海軍の休日とも言われた第一次世界大戦後の国際軍縮の時代は終わりを告げ、無条約時代を迎えた。海軍拡張に自由に乗り出せるということは、そこへ国力の差が如実に反映されるということである。

一月二一日、岡田内閣は政友会の不信任案提出に対して、衆議院を解散した。政友会の野党化と民政党の与党化はますます明瞭になっていた。岡田首相は民政党の町田総裁に選挙資金として一〇〇万円を提供した。それは知らされていなかったが、西園寺が準備したものであった。

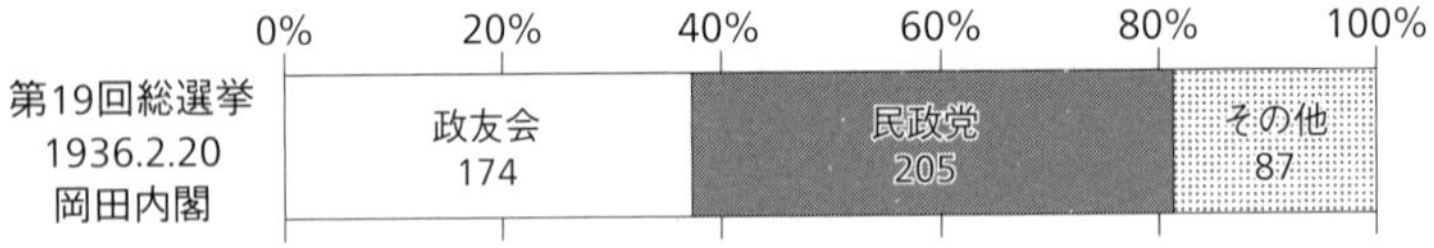

第一九回総選挙

宮沢俊義は、総選挙を前に、「政治制度は何でもいい。ただ良い政治が行われさえすれば。しばしば人はこう考える」と述べて、英国詩人の「政治形態については莫迦《ばか》者たちに議論させるがいい。何でもいいちばん良く治められるものがいちばん良いのだ」という言葉を紹介した。そして「この言葉はたしかに一面の真理をもつ。しかし、政治制度はその形態が異るに従ってそのもたらす政治効果に相違のあるのが原則である」と説いて、「議会制の凋落という現象を目の前にもつ現代人はそれが実際においてどのような政治効果をもたらすかということを冷静に観察しなくてはならないであろう」と述べた。[*52]

一九三六年二月二〇日、四度目の男子普選総選挙となる第一九回総選挙が実施された。結果は四六六議席中、民政党二〇五、政友会一七四、昭和会二〇、社会大衆党一八、国民同盟一五であった（村井㊦359）。二大政党で総得票数の七七・六%、総議席数の八一・三%を占めた。過半数を占める政党はなかったが、二大政党の総得票数、総議席数ともに、政友会からの昭和会の除名、民政党からの国民同盟の分離もあって、下がっているとはいえ高い数字であった。それは宇垣が日記に記したように、「政友の失敗、民政の勝利」であった。政友会の鈴木総裁は落選し、議席を失った。岡田内閣の退陣のあり方によって民政党内閣への政権移行、もしくは政友会への政権交代が見込めることになった。また、少ないとはいえ社会民主主義勢力の伸張に注目が集まった。

グルー駐日米国大使は二五日、斎藤内大臣夫妻と鈴木侍従長を夕食会に招き、遅くまで映画鑑賞を楽しんだ。同日、市川房枝は来るべき婦選大会に向けての話し合いに参加し、「粛正運動の将来、婦選運動のもり返し」を議論していた。市川らの女性参政権獲得運動は浜口内閣下の一九三一年春の帝国議会で政府提出の婦人公民権案が衆議院を通過し、貴族院で否決されて以降、満州事変によって急転直下、強い逆風に運動は停滞し、出口を探して選挙粛正運動など様々な関連運動に努めてきた。しかし、この度の「無産党」の「優勢」を喜び、「この選挙の結果で、久しぶりに青空をみたような気がしましたね」と書き記していた。市川は一一時頃帰途につき、希望に満ちて就寝したのが翌二六日の一時頃であった。東京は激しい吹雪となっていた（村井㊦360）。

（2）二・二六事件と政党内閣制の崩壊

二・二六事件

一九三六年二月二六日早暁、国家改造を目指す陸軍青年将校らは大雪の中、兵約一四〇〇名を率いて反乱を起こした。高橋蔵相、斎藤内大臣、渡辺錠太郎教育総監が殺害され、岡田首相も当初殺害と発表されたが後に人違いと判明した。鈴木侍従長も襲われ重傷を負ったが九死に一生を得た。牧野前内大臣も静養先の湯河原で襲撃を受けたが、逃げおおせた。他に、「常に自由主義的な主張を為し、非国民的な新聞で反軍的記事を掲載する」と東京朝日新聞社が襲撃された。

士官学校事件で免官された村中孝次（一九〇三―三七）、磯部浅一《あさいち》（一九〇五―三七）、そして栗原安秀（一九〇八―三六）中尉、安藤輝三《てるぞう》（一九〇五―三六）大尉、香田清貞《こうだきよさだ》（一九〇三―三六）大尉ら首謀者は国家改造を目指し、蹶起《けっき》趣意書には「元老、重臣、軍閥、財閥、官僚、政党等」の「誅滅《ちゅうめつ》」が謳われていた（村井㊦360―361）。岡田首相の殺害によって内閣を倒壊させ、真崎甚三郎を目して皇道派暫定内閣を樹立することを目的としていた。

西園寺は襲撃されなかった。当初襲撃先に入っていたが、西田税が真崎内閣を実現する上で西園寺の奏薦が必要であると襲撃中止を求めた。それには同意が得られず予定通り襲撃されるはずであったが、実行部隊の中で、天皇の命令に基づかない兵力使用への反対があり、襲撃計画は放棄されたのであった。西田はすでに避難した興津の西園寺邸を訪れ、執事に重臣会議を開かずに真崎か柳川平助《へいすけ》を指名するよう伝言を残した。

二・二六事件の経過はよく知られている。陸軍の軍事参議官が当初、「行動部隊」と呼んで右往左往したところ、昭和天皇が本庄繁侍従武官長と川島陸相に強く鎮定を命じた。なお本庄の娘婿は反乱軍に参加していた。その日のうちに岡田首相の生存は宮中に伝えられたが、未だ反乱軍の囲みの中で、岡田の生存を秘したまま内閣は総辞職を決めた。川島陸相は、首相臨時代理となる後藤文夫内相に「暫定内閣の銓衡《せんこう》を此の内閣にて為したし」と述べたが、「大権の私議となり不可能なり」と反対されている。

二七日には緊急勅令によって戒厳令が公布された。昭和天皇は本庄侍従武官長に何度も鎮定を督促したが、この段になっても本庄は、「行動部隊ノ将校」を精神においては咎めるべきではないと主張し、国家のためと考えての行動であると反駁している。昭和天皇は「朕ガ股肱《ここう》ノ老臣ヲ殺戮ス、此ノ如キ兇暴ノ将校等、其精神ニ於テモ何ノ恕《ゆる》スベキモノアリヤ」と反論し、自ら近衛師団を率いて鎮圧に当たらんとまで述べた。遅すぎる正論が君主の口から語られるというのは日本近代の恥辱であろう。五・一五事件と同様、政治的暴力をその意図を理由に赦そうという議論、方法は間違っているがやろうとしたことは正しいといった議論は、政治をおかしくする。

二月二八日、いつまでも帰順の説得に応じない反乱将校に対して、殺害された高橋に代わって蔵相を兼任した民政党総裁町田忠治商相が国際金融面での悪影響を説いたことから対応が加速した。原隊に戻るよう奉勅命令が下り、これに応じないものは叛徒であるとされて、翌二九日、反軍攻撃の命令が出ていよいよ戦闘開始かと思われたところ、反乱部隊は続々帰順投降した。

市川房枝は、「やれやれといふ気になる——むしろ〔反乱部隊を〕殺してしまふ方がよかったのにと思ふ。問題はこれからだ」と珍しく強い心情を日記に記した。市川はこの日、機関銃が据え付けられたり鉄条網が張られている様子を見、叛乱軍が帝国議会新議事堂を占拠していたことから群衆がしきりに中をのぞき込んでいる様子を見ていた。市川は婦選獲得同盟の機関誌のエッセイに「軍人の不満は、遂に武器をとって勃発する。武器なき女の不満はどこへゆく？ 後継内閣問題こそ難中の難事であろうが、たとえ世の中がファッショ化して内閣がカーキー色化されようとも、わが国家から女や子供が影を没さなければならない理由はない」と書いた。*53

一九八一年二月二六日に行われた市川の葬儀で弔辞を読んだ藤田たきによれば、市川はこのとき、ニューヨークにいた藤田に長い長い手紙を送り、厳しい東京の状況を知らせたのだという。「日本の前途を憂い、押し寄せてくるファッショの波に民主化は進まず、またせっかく九合目までできた婦選運動も六合目に落ちこんでしまったと慨嘆されていたのでした。でも、その後の長い長い茨《いばら》の道をあなたは立派に切り開いてきて下さいました」[*54]。

復元力なき事件処理

岡田首相は襲撃されたが五・一五事件での犬養首相と違って生き残った。しかし、謹慎、謹慎と言うばかりでまったく役に立たない。二月二九日午後二時に本庄侍従武官長から昭和天皇にほとんど平定という奏上があると、西園寺には電話で下問が伝えられた。昭和天皇は西園寺の上京を前に本庄に、「近く西園寺上京すべく新内閣の問題も決定すべきの処此等に対する軍部の要望は依然強硬なるが如く、其政策も亦積極なるが如し。之を容れざれば再び此種事件を繰返すの懸念あるがゆへ、可成其希望を酌《く》み入れ与へたし。去りとて余りに急激なる革新は、必ずや一般社会状勢と相容れざるべし、自然慎重なる考慮を要す。此点、朕としても、矛盾を感ぜしめらるゝ次第なり。従て軍部に於ても国防の充実は可なるも、国家経済の如き、富の分配まで云々するに至るが如きは適当ならず。武官長が軍部上層に接するに於て、此意を体しあるを要す」と述べた。もはや軍を遮るものはない。

三月二日に上京した西園寺は、一木枢密院議長、湯浅倉平《くらへい》（一八七四―一九四〇）内大臣と面談し、昭和天皇から下問を受けた。三月三日には木戸の意見を聞き、四日、近衛文麿を指名した。しかし、近衛は拝辞した。病気を理由にあげたが、西園寺の時局観に異議があった。また、近衛は皇道派の将校につながりがあったので、皇道派が一掃された後で軍を統制する術を考えられなかったとも指摘される。

近衛の拝辞を受けて次なる候補は誰にするか。食堂で広田弘毅外相の名前があがった。対ソ連外交への経験が評価されたためであった。三月五日に広田に組閣の大命が降下した。昭和天皇の希望は、憲法の条章の遵守、国際親善、財政と内政の急激な変化を避けることであった。

広田に大命は降下したものの組閣は難航したが、三月九日に成立を見た。同日、『帝国大学新聞』に東京帝国大学経済学部教授河合栄治郎（一八九一―一九四四）の二・二六事件を批判する論考が掲載された。猪木正道にとって印象的な論考となった。*55

また、市川房枝は広田内閣の成立に、「これは政党が全く無力である現状に於いては、已むを得ないといえばいえようが、私共国民としては、少なからず不満である。殊に総選挙の直後であるだけに、その感が深い。去る二月二十日に行われた総選挙に際しては、『聖旨奉答此の一票』をスローガンとし、所謂選挙粛正運動によって大政翼賛の実をあげることに努めたのであった。

広田弘毅

その結果は勿論理想にはまだ遠いが、然し今迄になく国民の関心を喚起し、投票によって可成の程度迄意志を表示したのであった。然るに、この民意は此の度の内閣の組織及び政府の決定に際して、全く顧みられていない。××を持てる軍部のみがこれを左右し、その決定権を握っているようである。これでは何のための選挙〔二字不明〕であり、何のための選挙粛正ぞといい度《た》いのである」と書いた（村井㊦370）。
馬場恒吾は、「軍部は強力なる内閣を望むという。真の強力は国民全体が衷心《ちゅうしん》から協力する内閣のほかにありよう筈がない。軍部は如何にしてこの沈黙して油の如く静まりかえっている国民の協力をかち得んとするか、かれらはその方法を考うべきである」と評した。[*56] 三月二九日、高橋是清の遺書として千倉書房から刊行された『随想録』はベストセラーとなった。
二・二六事件の勃発とその処理は日本政治の大きな分岐点となった。政治史上の二・二六事件の意義は何だろうか。常道としての政党内閣回復の可逆性が喪失した、すなわち政党内閣制を崩壊させたことである。以後、粛軍の名の下に陸海軍の組織的な政治関与がかえって増大し、先の昭和天皇の言葉にあるように軍に対しては妥協していく。それは、政党勢力と反政党勢力の融和を図り常道復帰を目指した非常時暫定政権の挫折であった。[*57]
駐米日本大使館で日米戦争回避に力を尽くすことになる外交官寺崎英成《ひでなり》の妻グエンは、二・二六事件について後に次のように回顧した。

> 一九三六年の総選挙の直前のころは、テリイ〔＝夫の寺崎〕の日本の国内政治改革の希望も、望みがあるかに見えた。テリイは国民は軍部が強く反対している議会主義政権を圧倒的に支持するものと考えていた。彼の予見は当ったが、二・二六事件で夢はすっかり破れてしまった。

寺崎は西園寺や岡田が生きていたこと、反乱将校への処罰があったことでまだ望みがないわけではないと語ったという。しかしグエンは、「夫の祖国日本は民主主義からどんなにほど遠いかを思い知らされた気持であった」[*58]。

一九三二年の五・一五事件から一九三六年にかけての日本の権力核、すなわち斎藤・岡田両首相、元老、昭和天皇と宮中官僚、そして二大政党指導者はいずれも民主体制の解体を求めておらず、民主主義の後退に抗ってすらいたが、その努力は暴力の前にむなしく終わった。

西園寺は一九四〇年に亡くなった。国葬は時の首相近衛文麿によって執り行われた。翌一九四一年の日米開戦後、捕虜交換船で日本に共に向かうグエンに寺崎は、「日本は西園寺とともに死んだのだよ。だから戦争だといって悲しむことはない、戦争はお葬式だと思えばいいんだ」と語ったのだという[*59]。西園寺と政党政治との関係は従来考えられていたように冷ややかなものではなかったが、単純でもなかった。しかし、少なくとも田中義一内閣以降は、中央地方にまたがる政党関係者の、下からの取り組みに応じた日本の政党政治の支援者であり、第一次世界大戦後の新しい日本の創造を見守っていた。

それは彼が一九世紀に岩倉具視から託され、伊藤博文と憲法調査でヨーロッパを訪れた理由、皇室の安泰と関わることであった。皇室は国民の禍福と共にしかありえない。そして皇室の干城《かんじょう》(=君主を守る存在)は選挙制度によって国民と結びついた政党政治家でしかありえないのであった。

西園寺は、二・二六事件を前に、原敬、井上準之助、浜口雄幸、犬養毅の名を上げて、昭和天皇は「御聡明」でありながら有力政治家の相次ぐ暗殺で「側近人無しの格好」となり、「本当にお気の毒」で「御不幸なお方」と涙を見せたという（村井㊦354）。それは一九二六年一一月、若槻首相時代に彼が河井弥八侍従次長を通して牧野伸顕内大臣に行った助言とも相通じている――憂国者には偽物が多く、時局を収拾する実力を持たない――。西園寺の死は明治日本の死でもあり、大正を引き継いだ昭和日本の死でもあった。その後の出来事を知る国民の一人として、残念という言葉、悲しいという言葉では言い尽くせない思いが去来するが、視野を現在にまで広げれば、その後の平和と民主主義の再建や継続とも無関係ではないのだろう。

結論　自由と多様性の基盤としての民主政治を日々運営する

歴史家は、社会学や文化史のために政治史を見捨ててはならない。好むと好まざるとに関わらず、政治は私たちの社会や生活にとって重要である。[*1]

――マーガレット・マクミラン（現代の歴史家）

私たちは歴史から教訓を得る。それは素晴らしいことだが、教訓のために歴史を描くわけではない。何があったのかが大切であって、目的を持った歴史叙述はたとえ目的が戦争への反省や平和、民主化といった一般に正しいとされていることであっても適切ではない。そのような目的意識を持った歴史叙述は、時代が変わり、常識が変われば、簡単に変えられてしまうかもしれない。

歴史学の責務は、その時代の声を聞き、時代の個性を大切にし、資料に基づいて再現することにある。政治史では政治学を分析に用いる。また、権力者を批判できる社会は素晴らしいが、権力者だから批判するわけではない。強者が悪い場合もあれば弱者が悪い場合もある。良し悪しすら判然としたものではない。私たちは残念ながらというべきか、幸せなことにというべきか、いくつもの正義がある世界に生きている。[*2] それはたとえ完全な文化相対主義を肯定せず、人権など多様性の中の一定の共通性を強く願ってもである。

本書は先の二冊の拙著（『政党内閣制の成立　一九一八～二七年』『政党内閣制の展開と崩壊　一九二七～三六年』）とは異なり、簡潔で分かりやすく書こうと努めてきた。それでも一九一八年から一九三六年まで約一八年間を対象としている長さもあって、量も多く、複雑なものともなっているかもしれない。そこでまず本論を整理してから、先の見通しも含めて論じたい。

一　本書のまとめとその後の物語

第一次世界大戦後の政治改革――平和と政党内閣制の構築

第一次世界大戦は世界を大きく揺るがし、甚大な被害をもたらした。それは現代世界の始まりを告げ、日本にとっても同様であった。従来、戦前日本の政党政治を論じるときに長く原敬と政友会に注目が集まってきたことには理由がある。一九〇〇年に組織された政友会は明治立憲制下での政党の統治主体化を進めてきた。原内閣は外交でも第一次世界大戦後の基本方針を築いた。自由主義的な帝国間の協調と善隣友好である。戦勝国としてパリ講和会議に西園寺公望を送り、招請を受けてワシントン会議への参加を決めた。内政では元老と親しみ、与野党間での政権交代は考えず、社会の安定に努めた。原内閣は結果的な政党内閣であったが、政党内閣制を準備した。

社会は政党内閣の能力を理解し、加藤高明が率いた憲政会は野党として成長の機会を得た。憲政会は男子普通選挙制を支持することで国民の支持を集める。原が暗殺によって突如政界を去ると、元老によって党内から高橋是清が次期首相に選ばれた。高橋は引き継いだワシントン会議で海軍軍縮を支えたが、改造問題で倒れた。従来、高橋の指導力の問題とされていたが、政党の時代と理解される一方で元老が野党を政権から排除しているという歪みが党内の混乱を招いていた。それは原政治が遺した歪みでもあった（第一章）。

政友会と原のプロジェクトであった政党の統治主体化に、政党間での政権交代という新機軸を加えたのが加藤憲政会の系譜であった。原内閣下で野党としての自覚を育み、外交においても戦後外交に適応していったが、非政党内閣の連続で党内は再び揺らいだ。対華二一カ条要求の失敗と男子普通選挙制の主張によって、元老内には憲政会を危険視する向きもあった。しかし、関東大震災後になおも非政党内閣が連続すると、政友会の高橋は同様の党内の困難を抱えて決断する。自ら貴族院を去り、衆議院議員総選挙に打って出るとともに、政党内閣制の確立を求めて憲政会、革新倶楽部と第二次憲政擁護運動に進んだのであった。これは加藤憲政会にとって大きな機会となった。政友会は大分裂し、選挙で憲政会は第一党となった。二〇二四年は第二次憲政擁護運動一〇〇年である。そして西園寺はさらなる混乱を避けるため、次善の策として加藤高明を首相に指名せざるを得なかった（第二章）。

加藤は、政友会から分裂した政友本党を野党に、憲政会、政友会、革新倶楽部からなる護憲三派内閣を組織した。二〇二四年は護憲三派内閣一〇〇年でもある。加藤はワシントン会議の全権を務めた幣原喜重郎に外交を任せ、内政でも男子普通選挙制の導入や貴族院改革、陸軍軍縮を実現していった。三派連立内閣は衆議院で安定した多数を持ち、貴族院、枢密院との交渉は簡単ではなかったが、第二次憲政擁護運動と選挙で政府の正統性は高かった。男子普選の実現は無産政党の進出につながり、女性参政権獲得運動を本格化させるなど、日本の立憲政治の幅を広げていく。二〇二五年は男子普通選挙一〇〇年である。男子普選は制度的にまず国政で導入され、地方政治に広げられた。実施は地方政治が先であった。護憲三派内閣の改革課題が果たされ、革新倶楽部が政友会に合流すると新たな政党間の競争が始まり、内閣は閣内不統一で倒れた。西園寺は再び加藤を指名し、憲政会単独の第二次内閣が成立した。これは重要で、最後の元老となる意思を固めていた西園寺が複数の統治政党を得たことを意味した。

政党が権力を握るほどにスキャンダルも相次ぎ、三党の競合は相互批判につながる。政治が混乱する中でも、政党による新たな帝国運営という西園寺の確信はかえって強まった。従来の通説では、政党間での政権交代は西園寺の「人格化されたルール」であり、その西園寺は政党内閣を時に応じて成立させていただけであったというものであった。しかし、昭和天皇崩御後の新しい資料状況では、西園寺の政党政治確立への意欲は強く、他方で影響力は限定的である。西園寺は政治体制の脱個人化を進めたが、加藤病歿後を引き継いだ若槻礼次郎首相が西園寺の期待に反して解散総選挙を避けたことは惜しまれる。内閣が倒れると西園寺は第二党の総裁田中義一を首相に選んだ。なお若槻内閣で昭和に改元されたが、「大正デモクラシー」は男子普選法の実現と治安維持法の制定で終わったわけではない（第三章）。

従来、「憲政常道」は野党の論理であるとも言われた。しかし、首相選定者からも元老以後の政治像として、ルールに基づく首相選定の自動化が目指されていたのであった。それは首相選定にかかる日数の顕著な変化にも現れている。加藤高明内閣から犬養内閣にかけて、日数は明らかに短くなっていた（村井㊦410）。こうして一九二七年には政党内閣制の成立が確認できる。一九二四年から一九三二年まで政党内閣が連続し、政党内閣期と呼ばれてきたが、政党内閣の連続は結果論や政治的小春日和の出来事ではなく、新たな国家像として政党内閣制が成立していたのであった。それは明治以来の政治的民主化（立憲政治の導入に始まる政治参加の拡大と深化）と政治的制度化（秩序ある政権交代と機能性の高い政治運営の実現）の到達点であった。

戦前日本で、すなわち大日本帝国憲法下で民主政がありえたかが問われがちだが、明治憲法下で民主的政治慣行が実現していただけでなく、もっと早く実現していてもおかしくなかった。それは遅れてきた改革ですらあって、すでにロシア革命は成り、強い警戒も生まれていた。この時間差によって、帝国日本での自由民主主義体制は先鋭的な左右からの批判を受けつつ出発し、さらなる制度化、高度化を目指すことになったのであった。

民主化改革の継承――平和の管理と政党中心政治への展開

第一次世界大戦後の民主化は世界的な出来事であった。日本政治の民主化の過程は西洋化の優等生としての日本という話であろうか。そうではない。伝統的社会からの発展を論じる上で、マルクス主義歴史観とは異なる経路として近代化論が議論された。それはマルクス主義歴史観と同じくヨーロッパ中心主義的理解ではないかとの疑念も呼びつつ、明治維新後の日本はその好例として盛んに論じられた。その近代化論も第一次世界大戦後まではそもそも射程が及ばないのではないか。相互学習ではあっても移植ではない。立憲政治は自ら学び移植したが、日本にとって民主主義は第二次世界大戦後に移植されたものでも、第一次世界大戦後に移植されたものでもなく、明治期に移植した立憲政治の中で育まれたもの、自生したものである。学問も冷戦の影響を強く受けた。冷戦終結から三〇年が過ぎ、見つめ直す時期が来ているように思われる。

政党内閣制の成立で改革過程が終わるわけではない。政党内閣を中心とした明治立憲制の再編が進む。本書はそれを政党中心政治と呼んだ。田中政友会内閣の誕生は政党内閣制の確立を印象づけるとともに、政界を二大政党化した。立憲民政党の誕生である。当時は英国をモデルに二大政党制こそが望まれる強い政治体制であると考えられていた。このように二大政党が男子普通選挙制を前提に政党内閣制の下で政権を争う政治体制が「憲政常道」として理解される。そして田中内閣で初の男子普選総選挙が実施された。ところが二大政党化にもかかわらず再び選挙で多数派が生まれない未決定の議会となってしまったことは混乱を生む。政友会は多数派工作に奔走し、民政党からは幹部の床次竹二郎が離脱して彷徨《さまよ》った。

田中内閣は衆議院で多数獲得後は確かに強かった。出先軍人が引き起こした張作霖爆殺事件を収拾し、不戦条約も成立させた。なりふり構わぬ多数派工作や中国外交には批判も強かったが、貴族院も枢密院も内閣を倒せない。元老は内閣の主体性を尊重する。昭和天皇はそのような現状に批判的で、勘違いもあって引導を渡すことになった。西園寺が全権委任型の立憲君主像を望んだのに対して、昭和天皇と宮中官僚は英国政治にならって政党政治を補完する立憲君主像を望み、国民からの称賛を疑わなかった。

政権交代はルールに基づく。野党民政党の浜口雄幸内閣が成立し、金解禁とロンドン海軍軍縮条約の締結を断行した。二度目の男子普選総選挙で今度は明確な多数の支持を得た。他方で、世界大恐慌が起こり、政治的、社会的摩擦を著しく高めた。昭和天皇も強く支持していたロンドン海軍軍縮条約を、海軍内の強い不満を抑えて何とか成立させた浜口首相はテロに遭う。政治的暴力は民主政治の大いなる脅威である。しかも、幣原外相を臨時首相代理に迎えた議会は混乱し、三月事件という、今度は陸軍を巻き込んだクーデタ未遂事件が起こった。それでも「憲政常道」は揺るがない。民政党の次期総裁若槻礼次郎が次期首相となる。また、政府は地方政治から女性の参加を認める案を提出し、衆議院を通過した。貴族院で阻止されたが実現は時間の問題と見られた（第四章）。

世界大恐慌の影響はますます深刻化し、行政改革の必要性を高めたが、政軍関係の摩擦を昂じることになった。三月事件の情報も伝わり始める中で満州事変が起こされる。それは政友会と民政党を問わず、政党内閣の穏健で柔軟な大陸政策および国際軍縮への積極姿勢に対する、弱者の反動であった。関東軍は確信犯であるため、首相と協力する陸軍中央の指示も聞かない。民政党と政友会の協力内閣が構想されるが、経済政策の違いが大きく、最終的には破綻して内閣は倒れた。大命再降下を期待していた節があったが検討もされず、宮中官僚は二大政党の協力内閣に期待したが実現しないまま、西園寺の考えで犬養毅政友会内閣への政権交代が起こる。満州事変の結果、政府の意思とは別に満州国が建国されたが、中国の主権の枠を守ろうとする犬養首相は承認に消極的であった。内政では総選挙で大勝したが政治的暴力が続き、五・一五事件では海軍軍人らによって首相が暗殺された。政友会は「憲政常道」に則ってすぐに次の総裁を決めて大命降下を待ったが、宮中官僚の積極的関与によって普段とは異なる決め方がされ、海軍出身で朝鮮総督を務めた斎藤実が選ばれた。危機の沈静化が最優先されることで政党内閣による解決は一時棚上げされた。こうして政党内閣の連続は途絶え、再開を期すことになった（第五章）。

続く弱者の反動と民主政改善論の陥穽——政党内閣制の中断下で

第一次世界大戦後の日本での民主主義の後退は、一〇〇年に一度の世界的な経済危機下での政治暴力によるものであり、満州事変という陸軍出先が陰謀で起こした対外危機が背景となっていた。また、民主的な慣行からの逸脱は非常時の一時的避難として始まり、改善の上での再開を前提としていた。しかし、非常時下であったとはいえ首相選定はルールを逸脱し、再び元老の判断に委ねられた。首相選定もそうであるが、何らかの制度は複数のアクターによる政治的ゲームの結果であるとともに、ゲームのルールとして他のアクターの行動に影響を与える。非常時暫定政権はいつ政党内閣に戻すことができるのか。内閣さえ倒せば戻るのか、倒しても戻らないのか。政党は戦略的見通しを失っていく。

五・一五事件後の内閣交代で斎藤実内閣が成立すると、政府は満州国を承認することで危機の緩和を図った。五・一五事件からの一年間はいつ政党内閣に復帰するかを模索した一年間であり、満州国承認、国際連盟脱退と、常道復帰の前提となる危機緩和のために譲歩が重ねられた。政治的弱者は暴力を背景にますます反抗を強めていく。二年目に入って五・一五事件の全貌が明らかになっても責任転嫁と軍民離間論で押し切り、三年目には首相選定の間隙を縫って予想外の第二暫定内閣が誕生した。歴史のイフであるが、年末の議会前まで斎藤内閣が続き、宇垣一成が民政党に入って大命降下を受けていたら、軍の中からさらなるクーデタは起こせていただろうか。

こうして暫定内閣の暫定性が次第に失われていく中で、現状を新たな均衡、ニューノーマルとしてとらえるのか、それともかつての常道に戻すのかが問われることになる。第二暫定政権として、海軍大臣を務めた岡田啓介に白羽の矢が立ったのは海軍軍縮の維持のためであったが、早々に軍縮離脱の流れが決まった。軍紀再建は政党内閣下からの国家的課題として昭和天皇も意識するところであったが、陸海軍ともにますます統制を失い、その責任を政党や重臣になすりつけ、対外活動は放埒《ほうらつ》で、憲法論までが常軌を逸していく。

それでも最後の常道回復の機会として一九三六年初頭に総選挙が実施され、政府に反対していた政友会が敗れ、与党の民政党が勝利した。その結果はいずれ政党内閣の復帰に結びつくと予想された。しかし、二・二六事件という再びの暴力の勃発でその見通しも失われた。次の首相には対ソ外交を念頭に広田弘毅外相が選ばれ、組閣に際しては政党の支持ではなく軍の支持が重要となった。それは拒否権プレーヤーが政党から軍へと移ったことを意味している。以後、政党内閣制以外の方法で内外路線の改善を模索するその場しのぎの試みが続く。本書はこれを政党内閣制の崩壊と位置づける。その後も議会は閉鎖されたわけでもなければ、議会としての権能を失ったわけでもない。しかし、国民と結びつき、政策の転換を仕組みに内在させる近代的統治は、ひとたび失われた(第六章)。

二・二六事件後の物語——平和と民主主義の喪失と再建のデッサン

本書の対象はここまでであるが、その先についても少し概観しておきたい。広田内閣では庶政一新が掲げられた。それは政府が一九二〇年代政治からの脱却を目指すことを意味した。そして、軍部大臣現役武官制が復活した。第一次憲政擁護運動後の第一次山本権兵衛内閣で現役の二文字が削られたが、その後も現役以外の軍部大臣は生まれていない。しかし、治安警察法で現役軍人の結社加入が禁止されている中で予備役後備役軍人は政党に加入できる。つまり、いざとなれば政党人としての元軍人が軍部大臣に就任しうるというそれまでの状況が変わり、今般、現役の二文字が復活したことで、将来、政党内閣が復活しても軍の現役組織にとっては安心である。一九三六年九月には陸軍内の改革意見が新聞紙上を賑わした。内容は「議会に多数を占むる政党が政府を組織するが如きことを禁止し、政党内閣制を完全に否定する」こと、政党法を制定して政党の活動範囲を限定すること、議会に政府弾劾決議をする権限を持たせないことであった(村井㊦373)。話題提供に止まったが、彼らが何を危惧していたのかを窺わせる。また、英米との関係回復を望まない中で後の三国同盟の発端となる日独防共協定が結ばれたのも広田内閣下、一九三六年一一月であった。

軍民の対立を象徴する出来事として、広田内閣では政友会の浜田国松と陸軍大臣の「腹切り」問答が行われ（＝軍部の政治干渉を批判した浜田に「侮蔑されるよう」に感じたと応じた陸相に対し浜田が、そんな言葉が速記録にあったら自分が割腹するが、なければ陸相が割腹せよと迫った）、解散に踏み切れない広田内閣は倒れた。西園寺はここで最後の切り札とも言うべき宇垣一成に大命を降下させた。しかし、陸軍の現役組織は軍部大臣現役武官制を楯に彼を拒否し、大命を降下した宮中も手を差し伸べなかった。「激流を遡る船に陛下を御乗せ申すことは余程考へねばならぬ」という湯浅倉平内大臣の判断であった（村井㊦375）。成立したのは満州事変時の越境将軍で陸軍大臣を務めてきた林銑十郎内閣であった。林内閣は国体明徴・祭政一致、日本独特の立憲政治を政綱に掲げた。さらに、「食い逃げ」解散と呼ばれた第二〇回総選挙の結果、議会との対立で林内閣が倒れたにもかかわらず、成立したのは政党

政党内閣制崩壊後、帝国憲法改正までの内閣

首相（回数）	成立年月	出身
広田弘毅	1936（昭和 11）年 3 月	外交官
林銑十郎	1937（昭和 12）年 2 月	陸軍大将
近衛文麿	1937（昭和 12）年 6 月	華族・貴族院議員
平沼騏一郎	1939（昭和 14）年 1 月	枢密院議長
阿部信行	1939（昭和 14）年 8 月	陸軍大将
米内光政	1940（昭和 15）年 1 月	海軍大将
近衛文麿（2）（3）	1940（昭和 15）年 7 月	華族・貴族院議員
東条英機	1941（昭和 16）年 10 月	陸軍大将
小磯国昭	1944（昭和 19）年 7 月	陸軍大将
鈴木貫太郎	1945（昭和 20）年 4 月	海軍大将
東久邇宮稔彦王	1945（昭和 20）年 8 月	皇族・陸軍大将
幣原喜重郎	1945（昭和 20）年 10 月	外交官・貴族院議員

内閣ではない近衛文麿内閣であった。

政党内閣制を否定したからといって、政治と国民との結びつきが必要ないわけではない。そこで、政党政治以外での国民の再組織化が模索される。そのタイミングで起こったのが一九三七年七月七日の盧溝橋事件であり、日中の事実上の全面戦争へと突入、解決がつかないまま第二次世界大戦につながっていく。これは内政上の画期となるだろうか。しかし、当初は日華事変と呼ぶべき、双方ともに宣戦布告なき戦争であり、満州事変、上海事変と位置づけは異ならない。異なるのは中国側の決意と国際情勢であった。七月一七日、蔣介石はいわゆる「最後の関頭」演説を行った。蔣介石は満州事変では日本との対立を回避し、日本の自浄作用に期待したが、日本政治に復元力は働かなかったのである。

一九六〇年代の駐日大使エドウィン・O・ライシャワーは、一九八六年に記した自伝の中で一九六七年時点を回顧して、「当時の私は長い大使時代の知識が鮮明すぎ、ヴェトナム戦争はいかに誤れる戦争であっても最後は勝つものと思い込んでいた――まもなく完全に認識を改めたが」と書いている。[*3] これを読んで市川房枝が思い出される。市川は満州事変に反対で盧溝橋事件にもますます憂慮を深めていたが、一九三九年秋までは日中戦争で日本が負けるとは考えていなかったようである。[*4] 市川にしてそうであれば、日中戦争開戦時にどれだけの危機感があり得るだろうか。政党内閣制は日中戦争の勃発で失われたのではなく、岡田内閣の後期にはニューノーマルへの移行が進み、二・二六事件が止めを刺したと結論づけておきたい。

西園寺公望は一九四〇年に亡くなる直前、原田熊雄に「やはり尊氏が勝ったね」と述べた（村井㊦378）。鎌倉幕府を倒して天皇親政を回復した建武の新政は二年余りで潰《つい》え、再び武家政権である室町幕府へと転じていった。江戸幕府を倒して打ち立てた復古王政は、政党内閣制崩壊後の軍国化、一九三〇年代半ばのニューノーマルによって再び武家政治に転じたことを、西園寺は暗に述べたのだろう。一九四五年の敗戦は明治帝国の解体ではあったが、明治日本の再建でもあった。西園寺の国葬は首相である近衛文麿が葬儀委員長を務めた。近衛は日中戦争と日米戦争双方に大きな責任を負っているが、主観的に戦争を望んでいたわけではない。近衛の次の東条英機内閣で日米が開戦すると周囲には近衛が初期の戦果の功績を逃したことを惜しむ政客が多かったが、近衛は冷ややかに見ていた。近衛は側近に「やはり西園寺公は偉かったと思いますね、終始一貫、自由主義者であり、政党論者であった。僕は大政翼賛会なんて、わけの分からぬものを作ったけれど、やはり政党がよかったんだ。欠点はあるにしてもこれを存置して是正するより他なかったのですね」とこぼした（村井㊦382）。

　日本の民主政の後退はあまりに大きな犠牲を国内外に与え、多くの血を流した。それでも戦前期日本の民主政は夢幻であったとまでは言えない。戦前期民主政が戦後期民主政に与えた影響については三つの点で直接の影響が確認できる。第一に、戦後日本政治の出発点を担った人材群の育成である。戦後の幣原喜重郎内閣を支えたのはかつての民政党人脈であった[*5]。つまり、戦後民主主義の指導者を米国など外国から送り込む必要はなかったのである。第二に、米国において対日占領政策の立案にあたっていた知日派に対する影響である。彼らは、「民主主義的傾向」が発展した日本の一九二〇年代の「現状」を肯定しており、その回復を対日政策の目標として考えた[*6]。

そして第三に、スティムソン陸軍長官もまた、日本に対する戦後の「寛大な平和」を主張するグルー国務長官代理に同調し、「日本が幣原、若槻、浜口といった西洋世界の指導的政治家と同等にランクされうる進歩的指導者を生み出す能力を持っていること」に言及したのである。[*7] スティムソンはロンドン海軍軍縮会議での米国の首席全権であったことを思い出したい。

昭和天皇は一九四六年正月のいわゆる人間宣言の中で、五箇条の御誓文に言及することにこだわった。『五箇条御誓文』を発して、それがもととなって明治憲法ができたんで、民主主義というものは決して輸入のものではないということを示す必要が大いにあった」という考えからである。[*8] 民主主義が輸入品ではないというのはその通りである。しかし、明治立憲政治の中に民主政治を育んだのはその時々の政府、政党、国民の判断や相互作用であり、いわば社会も含めた大正日本の変革力を評価するべきであろう。五箇条の御誓文は立憲主義の起源ではあっても民主主義の直接の起源とは簡単には言えない。時の幣原喜重郎首相も首相談話で「国民の総意を尊重する政治体制の基本理念」が「五箇条の御誓文」に示されていたと「民主主義政治の確立」を説く一方で、マッカーサー連合国総司令部総司令官との会話では、米国のデモクラシーと英国のデモクラシー、ソ連の主張するデモクラシーがそれぞれ異なることを指摘して、「一般大衆の意思を尊重し、之を反映する政治上の主義を意味せらるるならば、之は既に十数年前に萌芽を見せたることあるものにして、之が実現を見るは敢て遠き将来にも非ずと考ふ」と、一九二〇年代の日本政治に寄る辺を求めた。[*9] こちらの方が事実としては正しいと言えよう。明治憲法の立憲思想が自動的に「憲政常道」を生み出したわけではないからである。

戦後日本の民主政には三つの起源がある。第一に、占領改革でつくられた民主主義である。デ・ファクトに（＝事実上）成立していた民主政治がデ・ジュール（＝法的）に確認され、かつての民主主義的傾向が復活強化された。占領改革には米国型の民主主義が中心だが、ソ連型の民主主義も否定されない。改革はニューディーラー（＝米国でニューディール政策に関わった社会民主主義的傾向を持つ者）の手で事前の想定を超えて加速していった。それは外圧的民主化論と言えよう。

第二に、第一次世界大戦後の「憲政常道」の経験である。GHQ案に置き換えられる前の帝国憲法改正案にはすでに議会の強化と首相選定の制度化が検討されていた。首相となった幣原が説いたのは「日本型デモクラシー」であった。戦後のデモクラシーは新しいものではなく帰るべき政治像があった。内発的回復論と言えよう。

そして第三に、「憲政常道」には一見逆潮の時代に見える、一九三〇年代の政党政治批判も戦後民主主義の土台となっている。戦後のデモクラシーは占領軍の押しつけを超えた新しいものでなければならなかった。多様なエリートを糾合して成り立っていた幹部政党は広く国民の支持を受けた大衆政党へと脱皮していくことが求められた。労働者の利益を広く代表する政党も必要であった。近衛新党論や国民再組織論、女性組織化の問題も戦時の必要を超えた現代の課題であった。これは内発的改善論と言えるだろう。これら三者は、対立し合うよりも融合し合っていた。

こうして、敗戦直後には国際社会との絆を結び直す必要だけでなく、国民と政治との絆を再建する必要もあった。いずれも長い時間を要するが、対日平和条約が発効すると日本は民主政治を自ら管理することになった。その後も困難は続いたが、現在まで民主主義下で私たちは政治生活を行っている。ひとたび民主政治を手にして失った後悔は、その後の活動を変えている。政党政治を使った女性参政権実現の試みを失った市川房枝は、戦後、女性の地位の問題に尽力し続けるとともに、政党政治の健全化の問題と関わり続けた。また、一九六四年から一九七二年まで首相を務めた佐藤栄作は議会の混乱を目にすると再び民主政治が失われることを危惧し、また長きにわたって一九三〇年代が脳裏によみがえった。ジャーナリスト馬場恒吾も、反省に立った戦う民主主義者として戦後を生きた。[*10]

このような「憲政常道」と戦後民主主義を結びつける議論は、戦前戦後断絶論や貫戦史的な理解に対する第三の見方で、日本政治の「暗い谷間」理解と言われるいわば伝統的な見方である。[*11]しかし、古い理解が新しい方法や根拠によって確認されるのは意義深いことである。戦時期の反動として戦後があるのではなく、一九二〇年代の反動として戦時期がある。戦時日本は戦後の視点から見て批判されるだけでなく、一九二〇年代の帝国日本の視点から見ても批判されるべき愚行に満ちていた。

二 「憲政常道」の近代日本と私たちの日本政治――教訓を考える

「憲政常道」の近代日本――いくつかの残された論点

こうして戦前日本の民主化について論じてきた本書は、戦後改革の前提となる日本の政治的来歴に対する二重の誤解への反論となっている。一つは、デモクラシーが日本の伝統とは無関係に占領軍によって移植されたという誤解であり、もう一つは、日本のデモクラシーが第二次世界大戦後に始まったという誤解である。それはアジア太平洋戦争での敗戦を軽視するからではなく、事実の問題であることはいうまでもない。

では、戦前日本の政党政治への低い評価についてはどうだろうか。二・二六事件の後、マルクス主義憲法学者の鈴木安蔵は、自由主義者を厳しく批判し続け、戦後には「民政党内閣や政友会内閣やが民主主義的政府であつたとは、観念の錯誤もはなはだしい驚き入つた見解」と述べた。[*12]また国際派ジャーナリストの松本重治も後年、「敗戦を体験しなければ民主主義を得られなかったのだ。ここに日本の現代史の悲しさがある。いわば、自由や民主主義を勝ち取ったのでなく、負け取った、悲しい歴史なのだ。そのことを忘れたり、知らなかったりする人が出てきたのは困ったものだ」と語った。[*13]そして、戦後の認識に大きく影響を与えた政治学者の丸山真男は、後年の聞き取りの中で「とにかく政党政治の腐敗という現実は決定的なのです。汚職が続出でしょう。政党政治は、もう、どうにもならないのだな。その腐敗に対する怒りを軍が非常にうまく組織したわけでしょう。腐敗に対して青年将校は本当に怒っていたし」と述べ、「ブルジョア議会主義に対する理論的な批判ももちろんあります」と付け加えている。[*14]このような見方は長く一般的であった。

外交史家の入江昭は一九七一年の論考で、日本政治について一九二〇年代の平和的発展主義が十分な成果を上げられなかったことから一九三〇年代の軍事的発展主義へと転化していったという見通しを示し、「近代日本のジレンマは、近代世界のジレンマでもあったといえる」と結んだ。[*15]これは日本だけに視野を限定しない興味深い総括である。

対して、日本で生まれ、田中義一内閣期まで日本で生活し、日華事変で最愛の兄を失ったライシャワー大使は、日本政治について、「一九二〇年代には示した柔軟性を失なってしまったのである。そのような柔軟性は一九二〇年代の日本の利益に役立ったようにみえるし、もしそれが一九三〇年代になってなおも作用していたならば、やはり同じ結果をもたらしたであろう」と異なる理解を示した。[*16]

政友会と民政党による近代日本の「憲政常道」について二つの大きな問いがある。第一に、「政党が強ければ戦争が避けられた」のかという問いである。[*17]そうではないというのはその通りであろう。済南事件を引き起こす山東出兵は政党内閣下で行われ、満州事変もまた政党内閣下で勃発した。しかし重要なのは、政党勢力が平和愛好的かどうかという問題ではなく、戦争が深刻な状態となってからも誤った選択をし続けたという問題である。政党が強くても戦争は避けられなかっただろうが、帝国の存亡がかかるような戦争になった段階でその悪循環から離脱する可能性があったのは、選挙と政権交代による政機転換を内在化したシステムである政党政治であったと言えよう。政党を評価する場合には個々の政治家だけではなく政党を、個々の政党だけではなくシステムを見なければならない。また、民主主義や政党が一般的に平和的であるとはいえないが、帝国期日本の二大政党は首相を出していた限りでは平和的であった。

第二に、「社会改良の漸次的実現が当時の二大政党制と政党内閣制のもとで可能であったのか」という問いである。[*18] 可能であったと考えられる。確かに貴族院や枢密院など衆議院を牽制する機関があり、軍の統制にも問題があった。しかし例えば婦人参政権は政友会と民政党の競争下で実現が近づいており、戦争に阻まれた。二大政党の中で問題を理解する議員が必ずしも多くなかったとしても、選挙制度と政党制に配慮した党指導によって課題の解決に向かう。それは選挙での勝利を意識するからである。このようなメカニズムは様々な問題を政治過程に投入していく。

昭和天皇は戦後、田島道治宮内庁長官に、「戦術は六《むつ》ケしい、政治はやさしい」という本庄繁侍従武官長の発言に「中途半端な、おせつかいな政治の半可通をやるとき政治はやさしく思はれるにすぎない。之程《これほど》六ケ敷《しき》ものはないのに」と語っている。[*19] かといって昭和天皇が政友会と民政党の政党政治の喪失を後悔したという話でもないようである。昭和天皇は一九五二年に、「日本が再建する為には此際は挙国一致であるべきだと思ふに、国の前途など少しも考えぬやうな風に、党利党略に専念しているやうな国会の有様は、民主化とか、憲法改正とかいふが、少しも戦前の議会のわるかつた処は改まつて居らない。これでは国会政治に失望する人が出るのは当然ともいへるので、それが昔は軍部の台頭の結果を生んだ」と語り、「国がこんな事では亡びるのではないかといふやうな仰せ」であったという。[*20]

一九四〇年春頃から体調を崩し、六月に辞任した湯浅倉平内大臣は、若槻礼次郎を後任に推したのだという。存命中の西園寺を意識したであろうことは想像に難くないが、湯浅はこの困難な時代の宮中を政党人に委ねたいと考えたのである。しかし、昭和天皇の一九五一年の回想では、「政党人では当時軍人連のおさまらぬのみならず、反対党派の事もあり、到底問題にならず」候補から外れたのだという。[*21] 昭和天皇は一九五三年に、「私など戦争を止めようと思ってもどうしても勢に引きづられて了った。近衛でもネーとの仰せ」であった。[*22] 政党政治という制度を使わずに個人の能力で対処できる問題だったのだろうか。昭和天皇は即位時から選挙に基づく政党政治を否定していないが、それ故にこそ眼差しは厳しい。そして敗戦後も政党政治を補完する立憲君主像を抱き続け、政治への熱意に溢れていた。しかし、戦後の宮中官僚は、共感しつつも日本国憲法を理由に全権委任型を強制した。それは皇室にとっても望ましい変化であり、現在にあって、政党政治家と国民の責任は重いと言えよう。

民主主義の国際的後退が論じられる中で——民主主義の人と制度と心を育む

二一世紀の現在、世界的に民主主義の後退が危惧されている。民主主義の崩壊は軍事クーデタのような、軍事力と圧力を用いた劇的で古典的な方法はまれになり、選挙から始まる民主主義の死に注目が集まっている。[*23] 選挙で選ばれた指導者がその制度自体を毀損し、独裁へと転化していく例である。また、東アジアでは社会主義体制と自由民主主義体制がなお併存し、国民を巻き込んだ静かな緊張と軋轢が続いている。

日本は一度民主主義の後退を経験している。それは暴力による古典的なタイプであり、民主主義指導者による独裁化ではない。以下、日本の例からも後退を避けるための視点を考えてみよう。「歴史は韻を踏む」という言葉があるものの、直面する危機は後ろからではなく前から訪れる。ここで扱う教訓は限定的であり、常に柔軟な思考が求められる。

第一に、民主主義の過剰か過小かという問題である。権威主義体制の中で民主主義が育まれるときに、過大評価がつきまとう。それは過小な状態を過大に理解して攻撃し、警戒することになる。それは自由民主主義と社会主義が出会う場面でも相互に起こるようである。戦前の政友会と民政党による政党政治は同時代人にとっては民主主義の過剰の問題であった。しかし事実としては貴族院、枢密院、軍の独立性の高さや帝国など、政党政治が貫徹できる領域はこれからますます広がるところであった。政友会と民政党について政党政治の行き過ぎが非難されることは多かったが、傾聴すべき内容を含むとしても処方箋としては誤りであった。

また、民主主義の行き過ぎの陥穽《かんせい》は民主的指導者によっても生じうる。自由民権運動から始まった日本の政党の歴史はポピュリズムの歴史でもあった。そこで統治政党としての資質を備えさせるような、政党への教化が課題となった。伊藤博文は政友会を創設する際に、総裁の指導下で真に国民を代表し、公平な統治を心がける模範的政党を説いた。政党は国民を背景としているだけに奔放であり、政治が道徳的であるべきだと考える者から見れば時に下品である。

政友会と民政党に対する同時代の批判は、早すぎる強い政党政治批判であったが、この課題は現代的課題でもあるだろう。一九九〇年代の日本では、より政党政治の論理を貫徹する改革が行われた。その中でも、できることとすべきことは分けて考えるべきではないだろうか。選挙で勝てば何をしてもよいという姿勢に堕してしまえば、民主主義は掘り崩されていく。その意味で政党政治擁護論と民主主義過剰論はセットで行われなければならないと言えよう。

第二に、民主主義は西洋文化なのかという論点である。これは日本にとっても、現在の世界にとっても重要である。ドナルド・キーンが一九六〇年に記したように、「日本人が西洋の民主主義に倣うのは難しいことだった」のだろうか。[*24] すでに戦後の再建から八〇年が経とうとしていること、そして本書で明らかにした事実に鑑みれば、そうではないのではないか。敗戦後の占領下で幣原喜重郎首相が「日本的民主主義」と言ったように、それぞれの社会が民主政治を育んでいく過程はそもそも異なる。政党政治を支えるものにはハードとソフトの両面があり、法律など改正に時間がかかるものはハードな基盤であるのに対して、民意などはソフトな基盤である。ソフトな基盤の方が強いが変化しやすく、ハードな基盤の構築には十分な時間とコンセンサスの成熟が必要である。政党政治が慣習によって確立されたという日本の経験は、ソフトな基盤が先行することを意味している。ソフトな基盤をハードな基盤に結晶化させ続ける必要がある。「憲政常道」についてはハードな基盤が十分でないにもかかわらず、過剰論によってソフトな基盤が傷つけられた。現在、ハードな基盤は十分に構築されている。であればこそ、ソフトな基盤を十分にメンテナンスしていく必要がある。

日本はひとたび成立させた政党内閣制を失った。では政党内閣制を失ったことで何を失ったのか、再確認しておきたい。第一に政友会と民政党による国政支配が失われた。この点だけであれば、先の丸山真男の理解のように、当然の報いといった見方もあるだろう。「驕《おご》れる平家久しからず」と溜飲を下げる向きもあった。しかし、第二に、政党内閣制の崩壊は二大政党の失墜に留まらず、選挙と結びついた政党間での政権交代という首相選定のあり方を失わせた。民政党は英国の自由党がそうであったように無産政党との協働と競争を意識していたが、踏むべきだった選挙による台頭という道筋は失われた。また、宇垣が述べていたように、おみくじを引くような首相選定になってしまい、予測可能性を失った。第三に、陸海軍がともに結託しながらそれぞれの組織利益や考えを主張し、抑える存在もいない中で内閣による国政統合力が失われた。日本は軍国主義といわれ、軍事優先の政治を意味するが、それは軍政ではなかった。全体の司令塔が存在しないからである。

第四に、婦人参政権獲得運動を例に述べたように、社会改良に向けた漸進的な仕組みが失われた。市川らが行っていたような、人を集めて運動をして、それによって法案を通していくといったルートは途切れた。もちろん一切の社会政策が失われるわけではないが、軍の必要性に合致するか否か、狭い政治空間の中での声の大きさが国策を左右することになる。それは政治と国民との主体的な結合の喪失であった。第五に、外交である。デモクラシーであれば賢明な外交ができるというわけではない。ただ戦前日本に限っていえば、国際協調と国際軍縮の担い手であった政党政治を倒すことで戦争の時代に入っていったのであった。つまり、対外膨張的な政策は民政党内閣下でも政友会内閣下でも進めることはできなかったのである。彼らは相手のある外交で柔軟であった。そして最後に、このような政治の仕組みは内外政策の特徴を超えて、社会の基本的価値や構成を左右した。政党内閣制は自由と多様性を許容する社会を支えていたのであった。

第一次世界大戦後の帝国日本には、国際社会と調和し、国民の問題解決に資する政党政治があった。それは明治以来、時間をかけて育んできたものであった。しかし、世界大恐慌と満州事変の後、日本政治は第一次世界大戦後に力を強めた左右の過激主義に宥和して、若々しく荒々しかった政党政治の手を離した。しかしそれは間違いであった。

本書に何度か登場した社会民主主義者の猪木正道は一九七〇年から約八年間防衛大学校長を務め、青年将校となる士官候補生の教育にあたった。猪木は日本の属する自由主義的民主主義の特徴の一つに「マッドル・スルー(muddle through)」をあげた。[*25] それは試行錯誤をともなう経験的知恵を重んじ、泥の中をもがきながら漸進するようになんとかやっていく姿勢である。私たちはそうして過ごしてきた。世界で民主主義の退潮が著しく感じられる現在、もし万が一、将来世界のすべての国が民主主義を捨ててしまっても、日本は民主主義の下で明日を求めていってほしい。それだけの歴史を背負っているからである。

普段意識されることは少ないが、このように私たちの暮らすデモクラシーは、敗戦によって新しく出発したデモクラシーではなく、再建され強化されたデモクラシーであり、その後の八〇年間、愛おしみ育まれてきたデモクラシーである。職業政治家をどこから迎え、どのように成長を促し、組織化することができるか。政党と国民の役割は大きい。戦後、元老がいなくなった後で、元老が果たした中心的な役割、首相選定は国会での議決へと制度化され、有権者が集合的、間接的に担うことになっている。それは首相を選ぶことで日本政治の先行きを考えることである。デモクラシーは必ずしも善政を保障するものではない。だからこそデモクラシーで善政を、と述べたい。

註

序章

*1　猪木武徳『経済社会の学び方』（中公新書、二〇二一年）二三七頁。

*2　フリーダムハウス（https://freedomhouse.org/）。二〇二四年一二月八日閲覧。

*3　John W Dower, *Embracing Defeat: Japan in the Aftermath of World War II*, Penguin, 2000. 邦訳増補版は、ジョン・ダワー著／三浦陽一・高杉忠明訳『敗北を抱きしめて〔増補版〕』上下（岩波書店、二〇〇四年）。

*4　従来の研究の整理については、村井良太『政党内閣制の成立　一九一八～二七年』（有斐閣、二〇〇五年）、『政党内閣制の展開と崩壊　一九二七～三六年』（同、二〇一四年）を参照。

*5　河野勝『制度』（東京大学出版会、二〇〇二年）一三―一四頁。経済学的定義と社会学的定義、制度のもつ政治性、動学的なプロセスについても同書参照。他に建林正彦・曽我謙悟・待鳥聡史『比較政治制度論』（有斐閣、二〇〇八年）、久米郁男・川出良枝・古城佳子・田中愛治・真渕勝『補訂版　政治学』（有斐閣、二〇一一年）を参照。

*6　三谷太一郎『増補　日本政党政治の形成』（東京大学出版会、一九九五年）一四、一〇七頁。三谷太一郎「政党内閣期の条件」（中村隆英・伊藤隆編『近代日本研究入門〔増補版〕』東京大学出版会、一九八三年）では、政党内閣制が「習俗的規律」として成立したことが論じられている（六九頁）。

*7　河野『制度』六六頁。

*8　松本剛吉著／岡義武・林茂校訂『大正デモクラシー期の政治　松本剛吉政治日誌』（岩波書店、一九五九年）。以下、『松本剛吉政治日誌』と略す。河井弥八著／高橋紘・小田部雄次・粟屋憲太郎編『昭和初期の天皇と宮中　侍従次長河井弥八日記』六巻（岩波書店、一九九四年）。以下、『河井弥八日記』と略す。

*9　Andrew Gordon, *A Modern History of Japan: From Tokugawa Times to the Present*, New York, Oxford University Press, 2003. 邦

訳はアンドルー・ゴードン著／森谷文昭訳『日本の200年』上下（みすず書房、二〇〇六年）。
＊10　日本国際政治学会太平洋戦争原因研究部『太平洋戦争への道』新装版、全七巻＋別巻、朝日新聞社、一九八七―八八年、入江昭著／篠原初枝訳『太平洋戦争の起源』（東京大学出版会、一九九一年）。
＊11　宮沢俊義『転回期の政治』（岩波文庫、二〇一七年）一六一―一六二頁。鳥海靖『日本近代史講義』（東京大学出版会、一九八八年）を参照。
＊12　三谷前掲「政党内閣期の条件」。
＊13　宮沢前掲『転回期の政治』一六五頁。伊藤博文については、瀧井一博『伊藤博文』（中公新書、二〇一〇年）を参照。
＊14　フレドリック・R・ディキンソン『大正天皇』（ミネルヴァ書房、二〇〇九年）。
＊15　広瀬順晧編『政治談話速記録』八巻（ゆまに書房、一九九九年）一一一―一一二頁。
＊16　田健治郎著／尚友倶楽部・季武嘉也編『田健治郎日記』五巻（芙蓉書房出版、二〇一五年）五五頁。
＊17　立憲民政党に至る政党史のデッサンは櫻田会編（井上寿一著者代表）『立憲民政党全史』（講談社、二〇二四年）第一章で行った。

第一章

＊1　近衛文麿『戦後欧米見聞録』（中公文庫、二〇〇六年）一九頁。
＊2　ジェームズ・ジョル『第一次世界大戦の起原〔改訂新版〕』（みすず書房、一九九七年）一四四―一四五頁。
＊3　川島真ほか『詳解歴史総合』（東京書籍、二〇二二年）一〇六頁。
＊4　吉野作造著／三谷太一郎編『吉野作造論集』（中央公論社、一九七五年）一三九頁。
＊5　佐々木惣一『立憲非立憲』（講談社学術文庫、二〇一六年）二六、三七、六二、七三―七四頁。
＊6　川崎克堂「東北遊説の二日」『憲政』一巻九号（一九一六年）一六四頁。『憲政』は、文献資料刊行会編『憲政』全九巻（柏書房、一九八

六年）を用いた。
＊7　『田健治郎日記』四巻（芙蓉書房出版、二〇一四年）一〇八頁。
＊8　八月二五日に発行された『大阪朝日新聞』一九一七年八月二六日夕刊号。
＊9　『田健治郎日記』四巻一〇九頁。伊東巳代治も田に「非政党内閣の維持」を述べていた（同一二二頁）。
＊10　奈良岡聰智『加藤高明と政党政治』（山川出版社、二〇〇六年）。
＊11　加藤高明『滞英偶感』（中公文庫、二〇一五年）九―一〇頁。連載は一九一二年二月から三月にかけて。奈良岡聰智の同書解説を参照。
＊12　清水唯一朗『原敬』（中公新書、二〇二一年）一九七頁。
＊13　高橋是清著／上塚司編『随想録』（中公文庫、二〇一八年）一九一―一九二頁。
＊14　『東京朝日新聞』一九一八年九月二九日付。
＊15　速水融『日本を襲ったスペイン・インフルエンザ』（藤原書店、二〇〇六年）。
＊16　横山勝太郎監修／樋口秀雄校訂『憲政会史』上巻（原書房、一九八五年）一五一頁。松尾尊兊『普通選挙制度成立史の研究』（岩波書店、一九八九年）一三七頁。
＊17　近衛文麿「英米本位の平和主義を排す」『日本及日本人』一九一八年一二月号。
＊18　五百旗頭真編『日米関係史』（有斐閣、二〇〇八年）第三章、筒井清輝『人権と国家』（岩波新書、二〇二二年）、廣部泉『人種差別撤廃提案とパリ講和会議』（筑摩書房、二〇二四年）を参照。
＊19　中野正剛「講和会議の真相」『憲政』二巻五号（一九一九年）二三―二四、五六頁。
＊20　関和知「外交失敗の原因」、望月小太郎「帝国の屈辱外交」『憲政』二巻五号（一九一九年）六―一五頁。対華二一カ条要求については、奈良岡聰智『対華二十一ヵ条要求とは何だったのか』（名古屋大学出版会、二〇一五年）を参照。
＊21　「加藤総裁の演説」『憲政』二巻六号（一九一九年）一―一四頁。
＊22　「*Letters from China and Japan*, byJohn

Dewey and Alice Chipman Dewey」（https://www.gutenberg.org/files/31043/31043-h/31043-h.htm。二〇二四年一二月八日閲覧）。女性の地位についても米国人の目から記している。

＊23　河崎吉紀『関和知の出世』（創元社、二〇二四年）二二六頁。

＊24　代議士の田川大吉郎は英国で安達に会ったという（広瀬編『政治談話速記録』六巻〔ゆまに書房、一九九九年〕二四六頁）。櫻田会編／立憲民政党史研究会著『総史　立憲民政党　資料編』（学陽書房、一九八九年）五〇四頁。奈良岡聰智「一九二五年中選挙区制導入の背景」『年報政治学』六〇巻一号（二〇〇九年）。

＊25　山川菊栄『山川菊栄集』八巻（岩波書店、一九八二年）九三頁。

＊26　米原謙『山川均』（ミネルヴァ書房、二〇一九年）一五一頁。

＊27　『田健治郎日記』四巻二四九頁。

＊28　『田健治郎日記』四巻三一一頁。

＊29　吉野作造『吉野作造選集』一〇巻（岩波書店、一九九五年）三九頁。

＊30　『田健治郎日記』四巻二五六頁。

＊31　『中橋徳五郎関係文書』八三、国立国会図書館憲政資料室蔵。

＊32　村井良太『市川房枝』（ミネルヴァ書房、二〇二一年）一六頁。

＊33　坂口二郎『野田大塊伝』（大空社、一九九五年）六九九頁。

＊34　ディキンソン前掲『大正天皇』一三四頁。一九一九年一〇月に西園寺は内大臣府御用掛として大正天皇の補導役となることを断っていた（永井和「解説」倉富勇三郎著／倉富勇三郎日記研究会編『倉富勇三郎日記』一巻〔国書刊行会、二〇一〇年〕八九二頁）。

＊35　中谷直司『強いアメリカと弱いアメリカの狭間で』（千倉書房、二〇一六年）一六二頁。

＊36　『東京朝日新聞』一九二〇年一月二八日付。

＊37　国立国会図書館編『議会開設百三十年記念議会政治展示会目録』二〇二〇年。

*38　奈良岡前掲『加藤高明と政党政治』二一六―二二一頁。
*39　『東京朝日新聞』一九二〇年九月四日付。
*40　『田健治郎日記』四巻三四二、三四四頁。
*41　『東京朝日新聞』一九二〇年六月二七日付。『官報号外』一九二〇年七月九日。帝国議会の議会議事録については、帝国議会議事検索システム(https://teikokugikai-i.ndl.go.jp/#/)を用いた。
*42　麻田雅文『シベリア出兵』(中公新書、二〇一六年)。
*43　原敬著/原奎一郎編『原敬日記』五巻(福村出版、一九六五年)二六九頁。
*44　『原敬日記』五巻二六九―二七〇頁。
*45　小川平吉文書研究会編『小川平吉関係文書』二巻(みすず書房、一九七三年)一三七―一四四頁。『中橋徳五郎関係文書』八五にもある。表紙には「秘」と記されている。
*46　『原敬日記』五巻二九七頁。
*47　小関素明『日本近代主権と立憲政体構想』(日本評論社、二〇一四年)一三七頁。
*48　『原敬日記』五巻三〇〇頁。
*49　『原敬日記』五巻三〇五頁。
*50　石上良平『政党史論　原敬歿後』(中央公論社、一九六〇年)三七四頁。
*51　君塚直隆『ジョージ五世』(日経プレミアシリーズ、二〇一一年)。
*52　波多野勝『裕仁皇太子ヨーロッパ外遊記』(草思社文庫、二〇一二年)一一六頁。村井良太「昭和天皇」佐道明広・小宮一夫・服部龍二編『人物で読む現代日本外交史』(吉川弘文館、二〇〇八年)も参照。
*53　中谷前掲『強いアメリカと弱いアメリカの狭間で』三七三頁。
*54　『田健治郎日記』五巻一一二頁。
*55　宮内庁編『昭和天皇実録』三巻(東京書籍、二〇一五年)四五四―四五五頁。『原敬日記』五巻四五二頁。
*56　御厨貴『馬場恒吾の面目』(中公文庫、二〇一三年)三四頁。
*57　『高橋是清関係文書(所蔵分)』一一八、国立

国会図書館憲政資料室蔵。

＊58　丸山福松編『長野県政史』下巻（長野県政党史刊行会、一九二八年）三一七頁。通牒の日付は一一月一〇日。

＊59　内田康哉著／小林道彦・高橋勝浩・奈良岡聰智・西田敏宏・森靖夫編『内田康哉関係資料集成』一巻（柏書房、二〇一二年）三七三—三七六頁。

＊60　『内田康哉関係資料集成』一巻二五頁。

＊61　日本国際政治学会編『太平洋戦争への道』別巻資料編（朝日新聞社、一九六三年）。

＊62　望月小太郎『華府会議の真相』（慶文堂、一九二二年）。

＊63　『田健治郎日記』五巻三三三頁。

＊64　西尾林太郎『貴族院議員水野直とその時代』（芙蓉書房出版、二〇二一年）一九三頁。

＊65　国立国会図書館「史料にみる日本の近代」(https://www.ndl.go.jp/modern/cha3/description10.html)〔首相就任演説稿〕。二〇二四年一二月一六日閲覧。高橋首相は、ワシントン会議で恒久平和の基礎が樹立されることを信じ、中国とは善隣の交誼を方針としていると述べた。

＊66　『田健治郎日記』五巻二一四頁。

＊67　菊池悟郎著／山本四郎校訂『立憲政友会史』五巻（日本図書センター、一九九〇年）二二頁。

＊68　西尾林太郎『大正デモクラシーの時代と貴族院』（成文堂、二〇〇五年）に詳しい。

＊69　渡部寛一郎文書研究会「翻刻　渡部寛一郎宛若槻礼次郎書簡」『山陰研究』八号（二〇一五年）八九頁。

＊70　『内田康哉関係資料集成』一巻三三—三四頁。

＊71　小野塚喜平次『現代政治の諸研究』（岩波書店、一九二六年）四四七—四五〇頁。

＊72　中野泰雄『政治家中野正剛』（新光閣書店、一九七一年）上巻三三五—三三六頁。

＊73　伊藤之雄『大正デモクラシーと政党政治』（山川出版社、一九八七年）七四—七五頁。

＊74　外務省 (https://www.mofa.go.jp/mofaj/annai/honsho/shiryo/qa/taisho_03.html)。二〇二四年一二月一〇日閲覧。

*75 来栖三郎『泡沫の三十五年』(中公文庫、二〇〇七年)二四二—二四三頁。この回想は次のように続く。「その後の事態の発展は、この英国新聞記者の観測の方が正当であったことを、完全に証拠立ててしまったのである」。

*76 『中橋徳五郎関係文書』等の新規寄贈公開、『内田康哉関係資料集成』、財部彪著/尚友倶楽部・季武嘉也・櫻井良樹編『財部彪日記 海軍大臣時代』(芙蓉書房出版、二〇二一年、以下『財部彪日記』と略す)、『倉富勇三郎日記』ほか、本書でも多く用いる。筆者がお誘いを受け参加したのは、河井弥八著/尚友倶楽部・中園裕・内藤一成・村井良太・奈良岡聰智・小宮京編『河井弥八日記 戦後篇』全五巻(信山社、二〇一五—二〇二〇年)。ご遺族含め資料公開にかかわる全ての人々に重ねて感謝したい。

*77 『田健治郎日記』五巻二二九頁。

*78 『田健治郎日記』五巻二三八頁。

*79 『田健治郎日記』五巻二四二頁。

*80 『東京朝日新聞』一九二二年四月二五日付、『中橋徳五郎関係文書』六一。

*81 『東京朝日新聞』一九二二年四月二六日付。

*82 牧野良三編『中橋徳五郎』上巻(大空社、一九九五年)四二七—四二九頁。

*83 『東京朝日新聞』一九二二年五月六日付。

*84 『田健治郎日記』五巻二四九頁。『田健治郎日記』七巻(芙蓉書房出版、二〇一八年)三三八頁。

*85 牧野前掲『中橋徳五郎』上巻四三四頁。

*86 『東京朝日新聞』一九二二年五月七日付。

*87 『内田康哉関係資料集成』一巻三七頁。

*88 『田健治郎日記』七巻三三二頁。

*89 『中橋徳五郎関係文書』四四、六二、牧野前掲『中橋徳五郎』上巻四三七—四三八頁。

*90 『中橋徳五郎関係文書』六二。

*91 『中橋徳五郎関係文書』四三。

*92 『内田康哉関係資料集成』一巻三七—三八頁。

*93 『憲政公論』二巻七号(一九二二年)三六頁。『憲政公論』第一巻から第四巻までは、奈良岡聰智監修『憲政/憲政公論』(柏書房、二〇一〇年)にて復刻。

＊94　『田健治郎日記』五巻二六二頁。

第二章

＊1　『憲政公論』二巻一〇号一八―二四頁。

＊2　平塚らいてう『元始、女性は太陽であった』完結篇（大月書店、一九七三年）一七七頁。

＊3　『憲政公論』二巻九号二一―二五頁。

＊4　渡部寛一郎文書研究会前掲「翻刻　渡部寛一郎宛若槻礼次郎書簡」八九―九〇頁。

＊5　『内田康哉関係資料集成』一巻四二頁。

＊6　『内田康哉関係資料集成』一巻四五頁。

＊7　『読売新聞』一九二二年一〇月一〇日付。

＊8　鷲尾義直・木堂先生伝記刊行会編『犬養木堂伝』中巻（原書房、一九六八年）五〇六―五〇七頁。

＊9　石田秀人『快男児横田千之助』（新気運社、一九三〇年）一五九頁。

＊10　『中橋徳五郎関係文書』七一。

＊11　牧野前掲『中橋徳五郎』上巻四六三頁。

＊12　「宣言」、加藤高明「時事に対する所見」『憲政』六巻二号（一九二三年）一―三頁。

＊13　『田健治郎日記』五巻三九八―三九九頁。

＊14　鹿島平和研究所編『外交随想』（鹿島研究所出版会、一九六七年）一一八―一一九頁。

＊15　『田健治郎日記』五巻二〇六―二〇七頁。

＊16　『内田康哉関係資料集成』一巻六四頁。

＊17　『倉富勇三郎日記』三巻五二五頁。

＊18　『倉富勇三郎日記』三巻五三五頁。

＊19　『東京朝日新聞』一九二三年八月二三日付。同日の『読売新聞』は斎藤実朝鮮総督に談話を求め、斎藤は政友会内閣でも憲政会内閣でも良いと述べつつ、いよいよ政局が紛糾するようなら挙国一致内閣でもと述べている。

＊20　五百旗頭真『大災害の時代』（岩波現代文庫、二〇二三年）二四頁。

＊21　御厨貴「『災後』をつくる」五百旗頭真監修／御厨貴編『大震災復興過程の政策比較分析』

（ミネルヴァ書房、二〇一六年）一五―一七頁。
＊22　田健治郎の言葉。『田健治郎日記』五巻五〇〇頁。
＊23　『田健治郎日記』五巻五〇四頁。
＊24　『田健治郎日記』五巻五一二頁。
＊25　『田健治郎日記』五巻五一四頁。
＊26　『田健治郎日記』五巻五二四頁。
＊27　『田健治郎日記』五巻五三一―五三三頁。
＊28　牧野前掲『中橋徳五郎』上巻四八四―四八五頁。
＊29　牧野前掲『中橋徳五郎』上巻四九〇―四九一頁。
＊30　東京市政調査会編『帝都復興秘録』（宝文館、一九三〇年）三〇六頁。
＊31　「党人動静」『憲政公論』四巻一号（一九二四年）七七頁。
＊32　『憲政公論』四巻一号一〇―一三頁、同二号四九―五一頁。同六号巻末には、婦人参政同盟の会員を募る広告が掲載されている。
＊33　村井前掲『市川房枝』二九頁。
＊34　石井妙子『魂を撮ろう』（文藝春秋、二〇二一年）二八頁。
＊35　『田健治郎日記』五巻五五七頁。
＊36　荒木貞夫編『元帥上原勇作伝』下巻（元帥上原勇作伝記刊行会、一九三七年）二〇八―二一二頁。
＊37　『田健治郎日記』六巻（芙蓉書房出版、二〇一六年）一三頁。
＊38　『田健治郎日記』六巻八頁。
＊39　『田健治郎日記』六巻八―一〇頁。
＊40　『倉富勇三郎日記』三巻七四六頁。
＊41　『憲政公論』四巻二号一頁。
＊42　『憲政公論』四巻二号六五頁。
＊43　渡辺茂雄編『加藤政之助回顧録』（加藤憲章、一九五五年）一五一頁。
＊44　『憲政公論』四巻三号五〇―五三頁。『憲政公論』一巻二・三号で「院外団の人々」を特集し、一巻九号・二巻一号では「桜田会の人々」を特集した（奈良岡聰智「解題　憲政会と機関紙『憲

政』『憲政公論』」同監修『憲政／憲政公論』柏書房、二〇一〇年を参照)。

＊45 エイコ・マルコ・シナワ『悪党・ヤクザ・ナショナリスト』(朝日選書、二〇二〇年)は、院外団にはインテリ組と暴力組の二種類があり、政友会＝明治大学、憲政会＝早稲田大学という対立構造があったと分析している。記者の観察に通じるものがあるが、一九二〇年代の日本の政党政治の中に乱暴行為が構造化されていたという主張は少なくとも憲政会・民政党について当てはまらないと言えよう。

＊46 『松本剛吉政治日誌』二〇一頁。

＊47 井上義和『降旗元太郎の理想』(創元社、二〇二三年)三三一頁。

＊48 牧野前掲『中橋徳五郎』上巻五二〇―五二五頁。

＊49 『内田康哉関係資料集成』一巻八三頁。

＊50 高橋彦博「院外団の形成」『社会労働研究』三〇巻三・四号(一九八四年)一〇八頁。

＊51 『中橋徳五郎関係文書』七一。

＊52 丸山前掲『長野県政党史』下巻三五〇頁。

＊53 石橋湛山著／石橋湛山全集編纂委員会編『石橋湛山全集』五巻(東洋経済新報社、二〇一〇年)七―一〇頁。

＊54 吉野作造『吉野作造選集』四巻(岩波書店、一九九六年)七八頁。

＊55 田澤晴子『吉野作造』(ミネルヴァ書房、二〇〇六年)二〇六―二一二頁。

＊56 「第二次護憲運動秘史」二七―三〇頁(横山前掲『憲政会史』下巻〔原書房、一九八五年〕所収)。この日の会合の写真と加藤、高橋の揮毫写真が掲載されている。

＊57 「第二次護憲運動秘史」二七―三〇頁。

＊58 斎藤肆郎『護憲に邁進して』(潮社、一九二五年)八九―九〇頁。

＊59 加藤高明「国民的自治主義の確立へ」、高橋是清「護憲運動の陣頭に立ちて」、犬養毅「憲政目前の敵を倒せ」『憲政公論』四巻三号。

＊60 石田前掲『快男児横田千之助』二三八―二三九頁。

＊61 麻生大作編『政友本党誌』(政友本党誌編纂所、

一九二七年）三一―三二頁。
＊62 『中橋徳五郎関係文書』八〇。
＊63 『田健治郎日記』六巻三七、四三頁。
＊64 「第十五回衆議院議員総選挙牛込選挙区資料」『戦前期政党・選挙・東京市等関係資料』三九、国立国会図書館憲政資料室蔵。東京市会での三木については、中邨章『東京市政と都市計画』（敬文堂、一九九三年）が詳しい。
＊65 『牛込新報』一九二四年四月二〇日付（『戦前期政党・選挙・東京市等関係資料』三九）。
＊66 『田健治郎日記』六巻五一頁。
＊67 『田健治郎日記』六巻五四頁。
＊68 『田健治郎日記』六巻五四頁。
＊69 『倉富勇三郎日記』三巻一〇〇六頁。
＊70 出淵勝次著／高橋勝浩編『出淵勝次日記』（国書刊行会、二〇二二年）一〇九頁。
＊71 『田健治郎日記』六巻四四頁。
＊72 『田健治郎日記』六巻五七頁。
＊73 「大正十三年六月四日付松本剛吉宛西園寺公望書簡」『松本剛吉関係文書』九―五、国立国会図書館憲政資料室蔵。
＊74 宮内庁編『昭和天皇実録』四巻（東京書籍、二〇一五年）八七―八八頁。
＊75 尾崎行雄『民権闘争七十年』（講談社学術文庫、二〇一六年）二七一頁。
＊76 清水唯一朗「立憲政友会の分裂と政党支持構造の変化」坂本一登・五百旗頭薫編『日本政治史の新地平』（吉田書店、二〇一三年）二六五頁。
＊77 三谷太一郎『新版　大正デモクラシー論』（東京大学出版会、一九九五年）。
＊78 清水前掲『原敬』も参照。
＊79 石上前掲『政党史論　原敬歿後』第三章扉。

第三章

＊1 『田健治郎日記』六巻六〇頁。
＊2 斎藤前掲『護憲に邁進して』一二九頁。
＊3 伊藤隆・広瀬順晧編『牧野伸顕日記』（中央公論社、一九九〇年）一三九頁。

＊4　リチャード・スメサースト『高橋是清』（東洋経済新報社、二〇一〇年）二九〇―二九一頁。
＊5　『牧野伸顕日記』一四〇頁。
＊6　『中央公論』一九二四年七月号。
＊7　吉野作造講義録研究会編『吉野作造政治史講義』（岩波書店、二〇一六年）四〇三頁。
＊8　御厨前掲『馬場恒吾の面目』三七頁。
＊9　『立憲政友会史』五巻三三〇頁。
＊10　平生釟三郎著／甲南学園平生釟三郎日記編集委員会編『平生釟三郎日記』六巻（甲南学園、二〇一二年）二四五―二四七頁。
＊11　奈良岡前掲「一九二五年中選挙区制導入の背景」。
＊12　『田健治郎日記』六巻一四〇頁。
＊13　奈良岡前掲「一九二五年中選挙区制導入の背景」。
＊14　若月剛史『戦前日本の政党内閣と官僚制』（東京大学出版会、二〇一四年）六八―七二、一三四―一四〇頁。
＊15　内藤一成『貴族院』（同成社、二〇〇八年）一四七―一五五頁。
＊16　中澤俊輔『治安維持法』（中公新書、二〇一二年）。
＊17　総動員準備は、森靖夫『「国家総動員」の時代』（名古屋大学出版会、二〇二〇年）を参照。
＊18　『財部彪日記』一六五頁。
＊19　河野恒吉『陸海軍は党せず』（更新社出版部、一九二五年）二三―二四頁。
＊20　『朝日新聞』一九二四年一月一三日付。
＊21　大田昌秀『近代沖縄の政治構造』（勁草書房、一九七二年）二四九頁。
＊22　『田健治郎日記』六巻一一四頁。
＊23　奈良岡前掲「解題　憲政会と機関紙『憲政』『憲政公論』」。
＊24　高橋前掲『随想録』五二頁。
＊25　『財部彪日記』一七八―一七九頁。
＊26　『牧野伸顕日記』二〇七頁。
＊27　『牧野伸顕日記』二〇八頁。

＊28　高橋前掲『随想録』五七頁。
＊29　『政友』二九一号（一九二五年）八―九頁。『政友』は、文献資料刊行委員会編『政友』（柏書房、一九八〇―八一年）を用いた。
＊30　玉井清『第一回普選と選挙ポスター』（慶應義塾大学出版会、二〇一三年）第七章。
＊31　『政友』二九一号一〇―一一頁。
＊32　『田健治郎日記』六巻一九二頁。
＊33　『財部彪日記』二〇一頁。
＊34　石上前掲『政党史論　原敬歿後』二二四頁。
＊35　『松本剛吉政治日誌』四三一―四三二頁。
＊36　『牧野伸顕日記』二二二頁。
＊37　西尾『貴族院議員水野直とその時代』三二八頁。
＊38　斎藤前掲『護憲に邁進して』。
＊39　斎藤前掲『護憲に邁進して』二頁。
＊40　『田健治郎日記』六巻二二五頁。
＊41　白戸健一郎『中野正剛の民権』（創元社、二〇二三年）二一二頁。
＊42　『財部彪日記』二三六頁。
＊43　『財部彪日記』三〇一頁。
＊44　『官報』一九二四年七月三日。
＊45　『財部彪日記』二四五頁。
＊46　『財部彪日記』四五四頁。財部が仙石から田中義一内閣下で聞かされた。
＊47　渡辺前掲『加藤政之助回顧録』一六二頁。
＊48　渡辺前掲『加藤政之助回顧録』一六四頁。
＊49　『東京朝日新聞』一九二六年四月一日付。
＊50　鶴見祐輔『正伝　後藤新平』八巻（藤原書店、二〇〇六年）四五二頁。
＊51　吉野作造「西園寺公の元老無用論」『中央公論』一九二六年九月号。これと重なる話であろうか、内田元外相は七月一六日、牧野と会って「元老後継ノ件」を話したという（『内田康哉関係資料集成』一巻一一四頁）。
＊52　横山前掲『憲政会史』下巻。
＊53　『田健治郎日記』六巻二七一頁。
＊54　『河井弥八日記』六巻二三三―二三四頁。

＊55 『財部彪日記』三〇一頁。
＊56 ディキンソン前掲『大正天皇』一五八頁。
＊57 『憲政公論』七巻二号六―七頁。「昭和ト云ウ年号ハ堯典ニアル『百姓昭明協和万邦』カラ出タモノデ、内ハ君臣一致ノ親睦ヲ極メ、外ハ列国協同ノ平和ヲ致サウト云フ意味デアリマス。」一九二七年一月一六日、憲政会大会における若槻総裁演説（『本邦政党関係雑件　民政党関係』外務省外交史料館蔵）。
＊58 安達謙蔵『安達謙蔵自叙伝』（新樹社、一九六〇年）二二七―二二八頁。
＊59 『財部彪日記』三〇五頁。
＊60 『憲政公論』七巻二号五八頁。
＊61 『財部彪日記』三一〇頁。
＊62 『田健治郎日記』六巻三一五頁。
＊63 『田健治郎日記』六巻三一八頁。
＊64 伊香俊哉・倉敷伸子編『昭和初期政党政治関係資料』（不二出版、一九八八年）「解説」五頁。
＊65 尚友倶楽部原田熊雄関係文書編纂委員会編『原田熊雄関係文書』（同成社、二〇二〇年）三九八頁。
＊66 若槻礼次郎「憲本連盟訂結の真意義」『憲政公論』七巻四号五―六頁。
＊67 『松本剛吉政治日誌』五六七頁。

第四章

＊1 升味準之輔は、党籍所有者、衆議院議員、高級官僚歴を持たない衆議院議員の比率を合計して「政党内閣度」を提唱しているが、田中政友会内閣は、政党内閣期の七つの内閣のなかで犬養政友会内閣に続いて二番目に高い（升味準之輔『新装版　日本政党史論』五巻〔東京大学出版会、二〇一一年〕二四四頁）。この指標は、衆議院議員で官僚出身でないものほど政党員として純度が高いとみなす点で問題が残るものの、政友会内閣に共通する特徴をよく表している。
＊2 『政友』三二六号三四頁。
＊3 新正倶楽部は革新倶楽部、中正倶楽部の中で政友会に合同しなかった代議士の院内交渉団体

で、一時二五人を数えた。

＊4　『憲政公論』七巻五号九―一三頁。

＊5　『憲政公論』七巻五号二―四頁。

＊6　山本四郎「解題　立憲民政党と党報『民政』」文献資料刊行会編『民政』一巻（柏書房、一九八六年）、奈良岡聰智「立憲民政党の創立」『法学論叢』一六〇巻五・六号（二〇〇七年）を参照。

＊7　『読売新聞』一九二七年五月一一日付。

＊8　『読売新聞』一九二七年五月一二日付。

＊9　櫻田会前掲『総史　立憲民政党　資料編』九頁。井上寿一『政友会と民政党』（中公新書、二〇一二年）。

＊10　猪俣敬太郎『中野正剛』（吉川弘文館、一九六〇年）八七頁。

＊11　猪俣前掲『中野正剛』九二頁。

＊12　『読売新聞』一九二七年五月一五日付。

＊13　『民政』一巻一号（一九二七年）八〇頁。

＊14　若槻礼次郎『明治・大正・昭和政界秘史』（講談社学術文庫、一九八三年）二九七頁。

＊15　幣原喜重郎『外交五十年』（中公文庫、二〇一五年）。『読売新聞』一九二七年五月二三日付。

＊16　『読売新聞』一九二七年五月二九日付。

＊17　斎藤隆夫著／伊藤隆編『斎藤隆夫日記』上巻（中央公論新社、二〇〇九年）五三〇頁。

＊18　麻生前掲『政友本党誌』二六二頁。

＊19　『民政』一巻一号六六―六七頁。中野が起草した創立趣意書と実際に結党大会で発表された宣言は内容的にはほぼ変わらない。句読点が多く用いられているほか、立憲君主という文言が天皇に変えられるなど、より政綱とのつながりが重視されているようである。そして五大政綱は簡潔さからも以後、中心的な文書として用いられていく。

＊20　併せて民政党に関する最新の総合的研究、櫻田会前掲(井上寿一著者代表)『立憲民政党全史』を参照。

＊21　浜口雄幸「立憲民政党総裁就任の辞」『民政』一巻一号二一―三三頁。ここまでが結党式で、続いて総務の選挙が行われ、人事が決定された。顧問に若槻礼次郎前憲政会総裁、床次竹二郎前

政友本党総裁、山本達雄（元・政友本党）、武富時敏（元・憲政会）が就任、総務には安達謙蔵、町田忠治、原脩次郎、富田幸次郎、斎藤隆夫、小泉又次郎（以上、憲政会。以下「憲」）、榊田清兵衛、松田源治、小橋一太、八木逸郎（以上、政友本党。以下「本」）が選ばれ、役員として幹事長桜内幸雄（本）、党務部長田中善立（憲）、政務調査会長小川郷太郎（本）、遊説部長中野正剛（憲）、会計監督池田泰親（憲）・一柳仲次郎（本）が名を連ねた。

＊22　百々吾郎編『立憲民政党の本領』（立憲民政党遊説部、一九二七年）一頁。中野は一冊を注釈書でまとめたかったのかもしれない。演説以外の政綱の解説は中野の演説集にも所収されている（中野正剛『国民に訴ふ』平凡社、一九二九年）。

＊23　安部磯雄「立憲民政党の政綱を評す」『中央公論』一九二七年七月号。

＊24　ヘレン・M・ホッパー『加藤シヅエ　百年を生きる』（ネスコ、一九九七年）八四頁。

＊25　ジョン・W・ダワー『昭和』（みすず書房、二〇一〇年）一六四頁。

＊26　三谷太一郎『近代日本の戦争と政治』（岩波書店、二〇一〇年）二〇七頁。

＊27　『婦人新報』一九二七年七月号一六頁（『日本基督教婦人矯風会関係資料（小野すみ氏旧蔵）』二六六、国立国会図書館憲政資料室蔵）。

＊28　『田健治郎日記』六巻三七九頁。

＊29　田中義一「わが党努力の効果」『政友』三三三号（一九二七年）四―五頁。

＊30　美濃部達吉の言。「帝国大学新聞（昭和三年一月三〇日）」『民政』二巻二号（一九二八年）三〇頁。

＊31　『田健治郎日記』六巻四二九頁。

＊32　『田健治郎日記』六巻四三七頁。

＊33　宮内庁ホームページ（https://www.kunaicho.go.jp/culture/utakai/utakai.html）。二〇二四年一二月二一日閲覧。

＊34　『昭和天皇実録』五巻（東京書籍、二〇一六年）一八―一九頁。

＊35　茶谷誠一編『関屋貞三郎日記』一巻（国書刊行会、二〇一八年）一九〇頁。

＊36　遠山茂樹・安達淑子『近代日本政治史必携』（岩波書店、一九六一年）二〇七、二一〇頁。

＊37　玉井清『第一回普選と選挙ポスター』（慶應義塾大学出版会、二〇一三年）五五頁。

＊38　玉井前掲『第一回普選と選挙ポスター』五九—六〇頁と季武嘉也『選挙違反の歴史』（吉川弘文館、二〇〇七年）を参照。

＊39　玉井前掲『第一回普選と選挙ポスター』一二八頁。

＊40　『朝日新聞』一九三二年六月一六日付。

＊41　村井前掲『市川房枝』四五頁。

＊42　『民政』二巻三号（一九二八年）三六頁。声明全文が転載されている。

＊43　一例として、宇垣は一九二七年一〇月三日に「政党政治の世の中では国民は宰相を選択し宰相は国民を指導すると云ふ様な形になる。勿論宰相の任命は大権に属すれども其大権の発動は国民多数を代表する政党の中の人物に対して行はるるを常とする。故に此の人物が其人にあらざるときは国民は之を排斥すべく個人の攻撃を行ふも差支ない」と記している。宇垣一成著／角田順校訂『宇垣一成日記』一巻（みすず書房、一九六八年）六一三頁。この点に関し、三谷太一郎『政治制度としての陪審制』（東京大学出版会、二〇〇一年）二五二頁を参照。

＊44　原田熊雄『西園寺公と政局』二巻（岩波書店、一九五〇年）一七〇頁。

＊45　このような政党内閣制の出現に対する諸機関の対応に関して、外務省については、村井良太「第一次大戦後世界と憲政会の興隆」『神戸法学年報』一七号（二〇〇一年）で、天皇・宮中については、村井良太「昭和天皇と政党内閣制」日本政治学会編『年報政治学二〇〇四』（岩波書店、二〇〇五年）でそれぞれ論じた。

＊46　『牧野伸顕日記』三〇〇頁。昭和天皇ものちに、田中義一内閣時に英国大使館からの苦情で久原房之助を外相から外したと回想している。『昭和天皇拝謁記』三巻（岩波書店、二〇二二年）二六頁。

*47　原田熊雄述『西園寺公と政局』一巻（岩波書店、一九五〇年）四頁。以下、『原田熊雄口述記録』と略す。同資料の性格については、村井良太「原田熊雄文書」御厨貴編『近現代日本を史料で読む』（中公新書、二〇一一年）で整理した。
*48　加藤正造『政党の表裏』（批評社、一九二八年）序一頁。
*49　加藤前掲『政党の表裏』一九五頁。
*50　加藤前掲『政党の表裏』二三三頁。
*51　松本の波瀾の生涯、政友会との関わりについて、季武嘉也「解説『夢の跡』」尚友倶楽部史料調査室・季武嘉也編『松本剛吉自伝『夢の跡』』（芙蓉書房出版、二〇一二年）を参照。
*52　『内田康哉関係資料集成』一巻三二二頁。
*53　『内田康哉関係資料集成』一巻三三三頁。
*54　『財部彪日記』四九九頁。
*55　浜口雄幸「経済難局の使命」『民政』三巻一〇号（一九二九年）六頁。
*56　馬場恒吾『現代人物評論』（中央公論社、一九三〇年）二六四頁。
*57　安藤徳器『陶庵公影譜』（審美書院、一九三七年）八四頁。西田毅『竹越与三郎』（ミネルヴァ書房、二〇一五年）三四〇―三四一頁。
*58　西田前掲『竹越与三郎』三四〇頁。
*59　『倉富勇三郎日記』一九二九年七月二〇日条『倉富勇三郎関係文書』国立国会図書館憲政資料室蔵。『小川平吉関係文書』一巻六三六頁。
*60　『田健治郎日記』七巻七四、七六、七七頁。
*61　『内田康哉関係資料集成』一巻三六七頁。
*62　『財部彪日記』五〇九頁。
*63　丸山鶴吉『七十年ところどころ』（七十年ところどころ刊行会、一九五五年）一二七―一三一頁。
*64　馬場前掲『現代人物評論』七九―八〇頁。
*65　一九二九年一一月に、浜口内閣編纂所編『浜口内閣』（浜口内閣編纂所、一九二九年）が出版されている。円本など出版文化の大衆化が一層進む中で政党も多くの出版物を刊行する。民政党では英国労働党からも学ぼうとしている（田中武雄「英国労働党の宣伝振り」『民政』一

巻三号（一九二七年）三〇―三四頁）。
＊66　神田豊穂編『強く正しく明るき政治』春秋社、一九三〇年。
＊67　『読売新聞』一九三〇年一月二二日付。
＊68　『読売新聞』一九三〇年二月二日・一〇日付。
＊69　伊藤孝夫『佐々木惣一』（ミネルヴァ書房、二〇二四年）二〇〇頁。
＊70　伊東かおり『議員外交の世紀』（吉田書店、二〇二二年）一四四頁。
＊71　『昭和天皇実録』五巻五三九―五四〇頁。
＊72　市川房枝記念会女性と政治センター所蔵『オンライン版市川房枝資料　1905―1946』（丸善雄松堂、二〇二二年）八〇〇一。
＊73　『昭和天皇拝謁記』一巻（岩波書店、二〇二一年）一七六頁。
＊74　ロナルド・スティール著／浅野輔訳『現代史の目撃者』下巻（TBSブリタニカ、一九八二年）五七頁。
＊75　『田健治郎日記』七巻二三七頁。
＊76　『第一回衆議院議員選挙革正審議会総会議事速記録』（一九三〇年）一頁。
＊77　『第一回衆議院議員選挙革正審議会総会議事速記録』一四頁。
＊78　『衆議院議員選挙革正審議会総会議事速記録』が一―六号（一九三〇年四月から一二月）まで作成されている。浜口遭難後の一二月三日、幣原臨時首相代理に答申された。
＊79　『第三回衆議院議員選挙革正審議会総会議事速記録』一五頁。
＊80　『民政』四巻四号七〇頁。
＊81　『民政』四巻五号一二一頁。
＊82　久布白落実「矢嶋先生を憶ふ」『婦人新報』三八七号七頁（『日本基督教婦人矯風会関係資料（小野すみ氏旧蔵）』二六五）。
＊83　『民政』四巻一一号一二五頁。
＊84　第一審判決理由より。松尾浩也「浜口雄幸狙撃事件」我妻栄編『日本政治裁判史録　昭和・前』（第一法規出版、一九七〇年）三七九―三八〇頁。
＊85　浜口雄幸著／池井優ら編『濱口雄幸　日記・

随感録』（みすず書房、一九九一年）四三〇頁。以下、『浜口雄幸日記』と略す。
＊86 塩原しづか編『清和会四十五年誌』（大川印刷、一九七九年）。
＊87 櫻田会前掲『総史　立憲民政党　資料編』四八四頁。
＊88 渡邉公太『石井菊次郎』（吉田書店、二〇二三年）二三三―二三五頁。
＊89 「第二回全日本婦選大会開催について（一九三一年一月三一日）」（『日本基督教婦人矯風会関係資料（小野すみ氏旧蔵）』七）。
＊90 市川房枝『市川房枝自伝　戦前篇』（新宿書房、一九七四年）二五〇頁。
＊91 依田清一「戦後家族制度改革と新家族観の成立」『戦後改革　1　課題と視角』（東京大学出版会、一九七四年）二八一頁。
＊92 天川晃『戦後自治制度の形成』（左右社、二〇一七年）一二頁。昭和天皇は一九五三年に「官吏の知事は政党政治で政府の変る度に変つたりしてわるい点もあるが選挙よりは弊は少からう」と述べている（『昭和天皇拝謁記』五巻〔岩波書店、二〇二二年〕一〇九―一一〇頁）。『昭和天皇拝謁記』を読むと、日本国憲法が大日本帝国憲法と比べて昭和天皇の抑制という点で優れていたことが分かる。一見自由度が高いから牧野内大臣ら宮中官僚にとって悩ましかったのである。
＊93 秦郁彦『軍ファシズム運動史（復刻新版）』（河出書房新社、二〇一二年）二九二頁。
＊94 『浜口雄幸日記』四三八頁。
＊95 木戸幸一著／木戸日記研究会校訂『木戸幸一日記』上巻（東京大学出版会、一九六六年）七〇―七一頁。
＊96 『牧野伸顕日記』四四一頁。
＊97 若槻内閣編纂所編『若槻内閣』（若槻内閣編纂所、一九三一年）一二頁。
＊98 『木戸幸一日記』上巻七二頁。
＊99 升味前掲『日本政党史論』五巻一八頁。
＊100 『木戸幸一日記』上巻七二頁。
＊101 『河井弥八日記』五巻（一九九四年）六〇頁。

＊102　『木戸幸一日記』上巻七二二頁。
＊103　馬場恒吾「現代の政治問題」神田豊穂『大思想エンサイクロペヂア一七』（春秋社、一九二八年）三七三頁。
＊104　福元健太郎・村井良太「戦前日本の内閣は存続するために誰の支持を必要としたか」『学習院大学法学会雑誌』四七巻一号（二〇一一年）。
＊105　Marius B. Jansen, *Japan and the World: Two Centuries of Change*, p. 75.

第五章

＊1　河原彌三郎『民政党総覧』（民政党総覧編纂所、一九三一年）、若槻内閣編纂所前掲『若槻内閣』。
＊2　『『外国の新聞と雑誌』に見る海外論調』三巻一七九頁。六月一四日のインタビュー。記者ヒュー・バイアス。
＊3　立憲民政党本部編『民政党政策講演集』（立憲民政党本部、一九三一年）。
＊4　大川周明関係文書刊行会編『大川周明関係文書』（芙蓉書房出版、一九九八年）二一七頁。
＊5　『宇垣一成日記』一巻七九五―七九六頁。
＊6　『牧野伸顕日記』四六一頁。
＊7　『読売新聞』一九三一年七月一二日付、一五日付。
＊8　『牧野伸顕日記』四六一頁。
＊9　君塚直隆『イギリス二大政党制への道』（有斐閣、一九九八年）一九六―一九七頁。
＊10　「政友特報」一六四九号、立憲政友会『政友特報』七巻（芙蓉書房、一九九七年）一一〇頁。「政友特報」一七〇一号、『政友特報』七巻一五五―一五六頁。
＊11　今井清一『濱口雄幸伝』下巻（朔北社、二〇一三年）三五〇―三五一頁。なお田中義一前首相は政友会の党葬で送られている。
＊12　五百旗頭真「満州事変」『アステイオン』三四号（ティビーエス・ブリタニカ、一九九四年）。
＊13　小林道彦『政党内閣の崩壊と満州事変』（ミネルヴァ書房、二〇一〇年）。
＊14　若槻前掲『明治・大正・昭和政界秘史』三四一―三四二頁。

＊15　一一月二四日、昭和天皇は政界の動揺と人心の不安を憂慮し、「西園寺若しくは内大臣より何とか落附く様に注意する手段なきや」と牧野内大臣に下問している。しかし牧野は、政府の方針とそれを支持する西園寺の意向をふまえて、「仮令〔たとい〕禍根は除かれずとするも外より手の附け様あるまじく」と、現内閣への支持を伝えていた（『牧野伸顕日記』四八六—四八七頁）。他方一〇月一六日には、二宮参謀次長は奈良武次侍従武官に対して、「今后情報を陸軍省より内大臣に送る」と述べている（奈良武次著／波多野澄雄ら編『侍従武官長奈良武次日記・回顧録』〔柏書房、二〇〇〇年〕三巻三六九頁）。

＊16　この局面で、西園寺が「協力内閣」の実現を期待していたかどうかについて論争がある。坂野潤治「『憲政常道』と『協力内閣』」『近代日本の外交と政治』（研文出版、一九八五年）、倉山満「関東軍統制と『協力内閣』運動の挫折」『中央史学』二二号（一九九九年）、小山俊樹「『協力内閣』構想と元老西園寺公望」『史林』八四巻六号（二〇〇一年）などを参照。ここでは紙幅の関係から、西園寺は、①責任内閣を最も重視していること、②個人的には「協力内閣」が強力な政治を行えるとは考えていないこと、③したがって政党指導者が主導しない「協力内閣」を、憲法外機関である元老や、あまつさえ宮中の関与のもとに作るという発想には全く反対であること、を確認するに止めたい。

＊17　坂野前掲『近代日本の外交と政治』二〇一—二一一頁。服部龍二『増補版　幣原喜重郎』（吉田書店、二〇一七年）二〇六—二一一頁。

＊18　柳原正治『帝国日本と不戦条約』（ＮＨＫブックス、二〇二二年）一七四頁。

＊19　蠟山政道『日本政治動向論』（高陽書院、一九三三年）四七一—四七五頁。

＊20　『民政』六巻一号（一九三二年）四五頁。

＊21　馬場恒吾「政局を動かす人々（一）」『朝日新聞』一九三二年一月四日付。『原田熊雄口述記録』二巻（岩波書店、一九五〇年）一六四—一六七頁も参照。

＊22　『昭和天皇拝謁記』四巻（岩波書店、二〇二二年）一二三頁。同五巻四頁で結果報告を受け

ている。

＊23　『社会民衆新聞』一九三二年一二月二五日付。『社会民衆新聞』『社会大衆新聞』は、復刻版（三人社、二〇二〇―二〇二一年）を用いた。

＊24　伊藤前掲『佐々木惣一』二一二頁。

＊25　『吉野作造選集』一〇巻二八二―二八九頁。

＊26　村井前掲『市川房枝』七二頁。

＊27　鷲尾前掲『犬養木堂伝』下巻四一五頁。

＊28　有馬学『帝国の昭和』（講談社学術文庫、二〇一〇年）二五頁。

＊29　村井『市川房枝』七五頁。

＊30　猪木正道『評伝吉田茂』二巻（ちくま学芸文庫、一九九五年）三三九頁。

＊31　西園寺は、約半年後に、「連立内閣とか、やあ何だとか言ふが、〔中略〕責任ある総理大臣が反対であり、野党の総裁がやはり反対である、といふことが明かである以上、いかに安達や久原がもがいても、事が出来ないのが当然ではないか。〔中略〕で、今日やはり自分は、犬養の単独内閣を奏請したことは事情已むを得なかったし、また当然なことだったとも思ってゐる」と語っている（『原田熊雄口述記録』二巻一六九―一七一頁。昭和七年一月一二日口述）。

＊32　『民政』六巻六号（一九三二年）二―三頁。民政党は、宣言の精神に立って、四月二日以来、以下の具体策を検討していた。①選挙の粛清（干渉選挙の排斥、選挙費用の軽減、比例代表制の導入など）、②議会の機能発揮（議会の会期延長、継続委員会の設置、議員提出法案の強化など）、③議会の浄化（議会内での不穏当な言動に対する制裁強化など）、④政党の改善（党勢拡張の手段としての地方利益誘導の取締、政策の慎重な決定と確実な実行、政党員の自省、党費の募集と収支の公開など）。同、五六―五八頁。

＊33　小山俊樹『五・一五事件』（中公新書、二〇二〇年）五頁。

＊34　奥健太郎『昭和戦前期立憲政友会の研究』（慶應義塾大学出版会、二〇〇四年）五六―六一頁。長期的な政策対応と支持基盤について手塚雄太『近現代日本における政党支持基盤の形成と変容』（ミネルヴァ書房、二〇一七年）を参照。

＊35　『大阪朝日新聞』一九三二年五月一六日、二〇日付。また世論の動向として「後継内閣組織ノ大命ハ政友会ニ降下スト観察スル者益々多キヲ加ヘタリ」と報告されている（『斎藤実関係文書』四〇―四、国立国会図書館憲政資料室蔵）。

第六章

＊1　『官報号外』一九三二年六月四日。
＊2　『読売新聞』一九三二年六月五日付、一四日付。
＊3　『官報号外』一九三二年六月一五日。井上寿一「国際連盟脱退と国際協調外交」（『一橋論叢』九四巻三号）は、二大政党がこの後も連盟脱退をまったく考えていなかったことを指摘している。
＊4　御厨前掲『馬場恒吾の面目』五〇―五四頁。『読売新聞』一九三二年七月二六日―八月二日付。
＊5　『官報号外』一九三二年八月二六日。田崎宣義「『救農議会』と非常時」内田健三・金原左門・古屋哲夫編『日本議会史録』三巻（第一法規出版、一九九〇年）一六六頁。小山俊樹『評伝森恪』（ウェッジ、二〇一七年）三八七―三九一頁。
＊6　小山完吾『小山完吾日記』（慶應通信、一九五五年）。
＊7　政友会の小泉策太郎との会話。『小泉策太郎文書』一〇二九、国立国会図書館憲政資料室蔵。
＊8　『木戸幸一日記』上巻一九〇―一九一頁。
＊9　木戸幸一日記研究会編『木戸幸一関係文書』（東京大学出版会、一九六六年）一四三―一四四頁。
＊10　『木戸幸一日記』上巻二〇七頁。
＊11　日本における第一次世界大戦後体制のアンチテーゼとしての満州国構想について、三谷太一郎『近代日本の戦争と政治』（岩波書店、二〇一〇年）一一七頁を参照。
＊12　猪木正道『評伝吉田茂』二巻三三九―三四〇頁。
＊13　『東京朝日新聞』一九三二年一二月二三日付。
＊14　『吉野作造選集』四巻。吉野作造「政界の回顧と展望」『経済往来』一九三二年一二月号。
＊15　御厨前掲『馬場恒吾の面目』八三―八五頁。

＊16 『読売新聞』一九三三年三月二八日付。

＊17 「政友特報」二二〇一号、『政友特報　昭和八年版』一巻三〇頁。

＊18 与謝野はまた、吉野がヨーロッパ留学から帰国後の一九一三年頃から「デモクラシィ」という語を多く用い、「世間に盛行するに到つた」と述べている（村井㊦308注137）。

＊19 『昭和天皇拝謁記』四巻一三〇頁。一九五三年一月一四日の会話。

＊20 『東京朝日新聞』一九三三年二月一七日付。市川前掲『市川房枝自伝　戦前編』三〇四―三〇五頁。村井前掲『市川房枝』九四―九五頁も参照。

＊21 『木戸幸一日記』上巻三〇三頁。

＊22 『木戸幸一日記』上巻三〇三―三〇四頁。

＊23 『原田熊雄口述記録』三巻（岩波書店、一九五一年）三二五―三二六頁、三二八頁。

＊24 『原田熊雄口述記録』三巻三二五―三二八頁。

＊25 『原田熊雄口述記録』三巻三三五頁。

＊26 『牧野伸顕日記』五九二頁。

＊27 『牧野伸顕日記』六三八頁。

＊28 『東京朝日新聞』一九三三年五月一七日付。

＊29 河野恒吉『国史の最黒点』前編（時事通信社、一九六三年）二一九頁。

＊30 ロナルド・P・ドーア「日本ファシズムの農村的起源」ジェームズ・W・モーリ編『日本近代化のジレンマ』（ミネルヴァ書房、一九七四年）一五六―一五七頁。

＊31 『社会大衆新聞』一九三三年九月一〇日。

＊32 村井前掲『市川房枝』八九頁。

＊33 『朝日新聞』一九三三年一二月一〇日付。

＊34 デービット・J・ルー『松岡洋右とその時代』（TBSブリタニカ、一九八一年）。国体明徴運動については、官田光史『戦時期日本の翼賛政治』（吉川弘文館、二〇一六年）、久原房之助の一国一党論については、奥前掲『昭和戦前期立憲政友会の研究』を参照。

＊35 村井『市川房枝』九〇頁。

*36　『読売新聞』一九三四年一月一六日付、一八日付夕刊、二三日付。
*37　御厨前掲『馬場恒吾の面目』八五頁。
*38　高橋前掲『随想録』三六六—三六七頁。
*39　『読売新聞』一九三四年四月二日付、同日付夕刊。
*40　宮沢前掲『転回期の政治』一二六頁。
*41　宮沢前掲『転回期の政治』一二五頁。帝人事件について、菅谷幸浩『昭和戦前期の政治と国家像』(木鐸社、二〇一九年)を参照。
*42　大麻唯男伝記研究会編『大麻唯男　伝記編』(櫻田会、一九九六年)一〇二頁。
*43　高橋前掲『随想録』四〇頁。
*44　猪木前掲『評伝吉田茂』二巻三七九頁。
*45　吉田茂『回想十年』一巻(中公文庫、一九九八年)二二頁。
*46　御厨前掲『馬場恒吾の面目』一一二頁。
*47　宮沢前掲『転回期の政治』一五三—二〇二頁。傍点は原文。
*48　宮沢俊義『日本憲政史の研究』(岩波書店、一九六八年)六四頁。
*49　村井前掲「昭和天皇と政党内閣制」一六七頁。
*50　岡田啓介著/岡田貞寛編『岡田啓介回顧録』(中公文庫、一九八七年)一五二頁。
*51　岡崎邦輔『憲政回顧録』(福岡日日新聞社東京連絡部、一九三五年)一七七頁。
*52　『中央公論』一九三六年二月号(宮沢前掲『転回期の政治』一〇五頁)。
*53　村井前掲『市川房枝』一〇四頁。
*54　市川房枝葬儀委員会残務処理委員会編『市川房枝葬送記』(婦選会館、一九八一年)二二頁。
*55　猪木正道『軍国日本の興亡』(中公文庫、二〇二一年)三二六—三二八頁。
*56　御厨前掲『馬場恒吾の面目』一三三頁。
*57　いくつか興味深い議論に触れておきたい。坂野潤治は一九三六年二月と一九三七年四月の総選挙の意義、特に社会大衆党の伸張に注目して、戦前日本の「民主化」の最終局面であると論じた(坂野潤治『日本政治「失敗」の研究』(講

談社学術文庫、二〇一〇年）第五章、同『昭和史の決定的瞬間』（ちくま新書、二〇〇四年）一七三頁）。そうであれば日本の戦前の「民主化」は一九三七年の盧溝橋事件を機に始まった日中間の戦争で失われたことになる。これが戦後の日本社会党躍進の歴史的基盤、すなわち日本における社会民主主義の伝統であるという指摘も傾聴に値する。しかし、選挙結果が政権と結びつくかどうかが重要であり、その後も単発的な政党内閣が成立した可能性があっても政党内閣制という政党政治の蓋然性が失われた意義が重要である。

次に小山俊樹は五・一五事件で政党政治が失われたと論じている（小山前掲『五・一五事件』）。これは本書と理解が対立するかのようだが、内閣制度下で首相の意義は大きく、本書も斎藤内閣と岡田内閣を政党内閣制下の非政党政治として説明している。いずれも新しい資料状況の中で政党間での政権交代を政党政治と理解した上で、本書は政権交代上の政党内閣制が失われた一九三六年を、小山は政党政治が失われ結果的に回復しなかった一九三二年を重視している。

また米山忠寛は危機の中の崩壊の時代として描かれる一九三二年から一九四五年の日本政治が、危機を超えて昭和立憲制という日本らしい立憲政治が再建された過程であると論じている（米山忠寛『昭和立憲制の再建』千倉書房、二〇一五年）。有意義で興味深い議論だが、第二次世界大戦後も視野に入れた上で、政党が政権から排除された後の適応という以上の意味があるのかは疑問である。

最後に竹中治堅は政党内閣期を民主化途上体制として描いて興味深い（竹中治堅『戦前日本における民主化の挫折』木鐸社、二〇〇二年）。それは途上であったが、当時すでに過剰であったと理解されたことが問題であったと考えられる。

＊58　グエン・テラサキ『太陽にかける橋』（中公文庫、一九九一年）七二―七四頁。

＊59　テラサキ前掲『太陽にかける橋』一四六頁。

結論

＊1　マーガレット・マクミラン『誘惑する歴史』（えにし書房、二〇一四年）四〇頁。

＊2　高坂正堯『国際政治』（中公新書、一九六六年）一九頁。
＊3　エドウィン・O・ライシャワー『ライシャワー自伝』（文藝春秋、一九八七年）四七五頁。
＊4　村井前掲『市川房枝』一二四頁。
＊5　五百旗頭真『占領期』（講談社学術文庫、二〇〇七年）一五五―一六七頁。
＊6　三谷太一郎「米国東アジア外交における『中国派』と『日本派』」『環』八号（二〇〇二年）一七六―一八〇頁。五百旗頭真『米国の日本占領政策』上巻（中央公論社、一九八五年）。
＊7　五百旗頭真『米国の日本占領政策』下巻（中央公論社、一九八五年）一七一頁。
＊8　中尾裕次編『昭和天皇発言記録集成』（芙蓉書房出版、二〇〇三年）下巻四九六頁。
＊9　五百旗頭前掲『占領期』一六七―一七五頁。
＊10　御厨前掲『馬場恒吾の面目』第七章。
＊11　シェル・デイビッド・エリクソン「アメリカにおける日本史研究」『論点・日本史学』（ミネルヴァ書房、二〇二二年）。
＊12　竹中佳彦『日本政治史の中の知識人』（木鐸社、一九九五年）上巻二四五頁、下巻四三二頁。
＊13　松本重治著／松山幸雄聞き手・小池民男構成『国際日本の将来を考えて』（朝日新聞社、一九八八年）二二頁。
＊14　松沢弘陽・植手通有編『丸山眞男回顧談』上巻（岩波書店、二〇〇六年）二六六―二六八頁。
＊15　ジェームズ・W・モーリ編『日本近代化のジレンマ』（ミネルヴァ書房、一九七四年）七八頁。
＊16　モーリ前掲『日本近代化のジレンマ』二六九頁。ライシャワーは「一九二〇年代と三〇年代の日本人は、正当な政治的質問を発したり、対立する利害を均衡させる手段として議会主義擁護の力強い議論を展開することをしなかったのであろうか。それとも、こういった印象を持つのは、急進論者の意見にわれわれの関心が向きすぎたため、当然とりあげるべきものを無視してきた結果なのであろうか」と述べている。なお同じ論文集で社会学者のロナルド・ドーアは「一九三〇年代の日本に起こったことは、近代化のではなく、政治的民主化の挫折として描

かれる方が適切である」と指摘し、社会的な意味での民主化の挫折ですらないと注記している（同一二三七頁）。

＊17　松沢裕作・高嶋修一編『日本近・現代史研究入門』（岩波書店、二〇二二年）一六四頁。

＊18　源川真希「近代日本政治史研究の現在地」『歴史評論』八一七号。

＊19『昭和天皇拝謁記』一巻一二六頁。

＊20『昭和天皇拝謁記』三巻二三五頁。

＊21『昭和天皇拝謁記』三巻四三頁。

＊22『昭和天皇拝謁記』五巻一六頁。

＊23　スティーブン・レビツキー、ダニエル・ジブラット／濱野大道訳『民主主義の死に方』（新潮社、二〇一八年）一七一二三頁。

＊24　ドナルド・キーン／角地幸男訳『「ニューヨーク・タイムズ」のドナルド・キーン』（中央公論新社、二〇二二年）六五頁。一九六〇年一一月に書かれたもの。「より民主的な性格も持つ公衆道徳に向かって、日本人は進化しつつある」とも記されている（同七三頁）。

＊25　村井良太「政治史から振り返る戦後」牧原出編著『「2030年日本」のストーリー』（東洋経済新報社、二〇二三年）一五〇頁。

あとがき

先の大戦とその敗北は日本人にとって心揺るがすテーマであり続けている。そのことが二つの極論を許すことになる。一方では軍も政党もみんな悪かったという極論である。もう一つは、政党政治は清廉であり平和的でなければいけなかったのに、そうではなかったという議論である。貴族院も枢密院も戦争の防波堤とはなり得なかった。政党政治に適応する再編が行われていれば、国家にとってもそれぞれの機関にとっても幸福であったろうと思う。それは特に軍において顕著である。先年、拙著『佐藤栄作』（中公新書、二〇一九年）が日本防衛学会猪木正道賞特別賞を受けたときに、極論や敵を想定したような議論ではなく、事実に基づく中庸な理解が大切だと思うと挨拶したが、その思いは変わらない。

今回、あらためて博士論文執筆以来のノート類を読み返した。いくつかの研究会で取り上げていただき、コメントをいただいた。それらのコメントは今でも導きとなっており、この本にも活きていると思う。最初の単著を出した後、二〇〇五年四月二四日に升味準之輔先生にお目にかかっている。五百旗頭薫先生が会いたいですかと仲介くださり、ぜひにと答えて国立の白十字だっただろうか、二人だけで二、三時間もお話をさせていただいた。「政治学をする人間がしっかりと史料を見て書くというのはこれまではなかなかなかった。一〇年で書いたにしてはよく書けていると思う。ただ成立したといってしまうと後が大変だぞという印象。成立したといってしまうと崩壊がどうだということをしないといけなくなる」と言葉をかけていただいたようだ。「今は三二歳だっけ。後まだ五〇年からあるのだから、比較政治をしっかりとやって欲しい」ともおっしゃっていただいている。「一〇年で書いたにしては」ということだが、その一〇年後には二冊目の単著で後半の展開・崩壊過程を描き、さらにその後の一〇年も新しく公開された資料や研究、ふと触れる文献で関心を持続してきた。とはいえ全体の枠組みを含め集中して調べたのは三〇年前であって、その後の新しい研究の進展に感謝しつつ、自身の枠組みを大きく変える必要がなかったことにささやかな自負を覚えている。現在五二歳で後三〇年あるのだとすれば、比較政治への関心、様々な政治史との協働に努めたいと思う。

日本政治史を学び始めて三〇年が経つといろいろと思うところもある。歴史は左右対立の主戦場の一つであったが、私の世代は、誠実な研究者であれば、すなわち極端に右や左ということがなく手作業を厭わない史料実証という方法が共有できれば、友人も広く多い。日本は植民地支配と侵略、そして敗戦による帝国の解体という揺るぎない事実があったことで、左翼が一度しっかりとした物語を作ってしまい、それに対抗して左翼の内外で物語を変える動きがあった。マルクス主義だけが正しい学問であると言われた時代であったらしい。今はそうではない。ここで言いたいのは、もうそういう時代の次を考えないといけないのではないかということである。それは時代遅れの通説があり、鬼の首を取ったかのような反説があり、手を変え品を変え舞台を変えての応酬が国境を越えて世界的に続く。その過程では刺激的な議論や新しい造語や輸入語が目を引き、中庸に注意は集まらない。

昭和が終わり、冷戦が終幕したのは私が高校生の時であった。それから三〇年以上が過ぎ、自国中心でもなければ欧米中心でもなく（もちろん自民族中心などではなく）、反共でも容共でもない歴史を書き、議論し、後世に残していくことのできる時期に来ているのではないだろうか。そのような実証研究こそが民族や国境や性別や人種を超えた調和、人間尊重と自然との調和に基づき、私たちの日常生活を長期的に支える努力の一つであるように思われる。

最後に謝辞を。二〇二四年三月に恩師である五百旗頭真先生が亡くなった。本書には五百旗頭先生の後ろ姿を強く感じる。また、五月には父村井武典が亡くなった。いずれも急なことでまだ実感はわかず、関西に帰れば、四国に帰れば、笑顔で迎えてくれそうな気がする。二人がいずれも私の学問的努力を喜び、励ましてくれたことに何より感謝したい。ありがとうございました。また、三〇年の研究生活の中で私の視野を広げてくれた全ての方々、なかでも在外研究時の受入教員であったハーバード大学のアンドルー・ゴードン先生、ペンシルバニア大学のフレドリック・ディキンソン先生にお礼を述べたい。編集を担当いただいた倉園哲氏にも特別な感謝を。氏がいなければ本書は世に出ていない。いつものように家族にも感謝したい。そして、甥の富田泰生のように、私の著作を楽しんでくれる読者にも心からお礼を。

二〇二五年一月

三〇年前の阪神・淡路大震災の朝に思いをはせて

村井良太

や行

ら行

わ行

た行

な行

は行

ま行

さ行

事項索引

数字

あ行

か行

や行

ら行

わ行

ま行

な行

は行

た行

さ行

か行

人名索引

あ行

©Kimura Teru

村井良太（むらい・りょうた）

駒澤大学法学部教授。1972年、香川県生まれ。新潟高校卒業、神戸大学法学部卒業、同大大学院法学研究科博士課程修了。博士（政治学）。

著書に『政党内閣制の成立　一九一八～二七年』（有斐閣、サントリー学芸賞受賞）、『政党内閣制の展開と崩壊　一九二七～三六年』（有斐閣）、『佐藤栄作――戦後日本の政治指導者』（中公新書）、『市川房枝――後退を阻止して前進』（ミネルヴァ書房）など。共著に『日本政治史――現代日本を形作るもの』（有斐閣ストゥディア）、『立憲民政党全史　1927-1940』（講談社）など。共編に『河井弥八日記　戦後篇』1-5（信山社）など。

NHK *BOOKS*　1292

「憲政常道」の近代日本
戦前の民主化を問う

2025年 1月25日　第1刷発行

著　者　村井良太　© 2025 Murai Ryota
発行者　江口貴之
発行所　NHK出版
東京都渋谷区宇田川町10-3　郵便番号150-0042
電話 0570-009-321（問い合わせ）0570-000-321（注文）
ホームページ　https://www.nhk-book.co.jp
装幀者　水戸部 功
印　刷　三秀舎・近代美術
製　本　三森製本所

Printed in Japan　ISBN978-4-14-091292-8 C1321

NHK BOOKS

＊歴史(I)

「明治」という国家［新装版］　司馬遼太郎
「昭和」という国家　司馬遼太郎
日本文明と近代西洋―「鎖国」再考―　川勝平太
戦場の精神史―武士道という幻影―　佐伯真一
古文書はいかに歴史を描くのか―フィールドワークがつなぐ過去と未来―　白水　智
関ヶ原前夜―西軍大名たちの戦い―　光成準治
天孫降臨の夢―藤原不比等のプロジェクト―　大山誠一
親鸞再考―僧にあらず、俗にあらず―　松尾剛次
山県有朋と明治国家　井上寿一
歴史をみる眼　堀米庸三
天皇のページェント―近代日本の歴史民族誌から―　T・フジタニ
江戸日本の転換点―水田の激増は何をもたらしたか―　武井弘一
外務官僚たちの太平洋戦争　佐藤元英
天智朝と東アジア―唐の支配から律令国家へ―　中村修也
英語と日本軍―知られざる外国語教育史―　江利川春雄
象徴天皇制の成立―昭和天皇と宮中の「葛藤」―　茶谷誠一
維新史再考―公議・王政から集権・脱身分化へ―　三谷　博
壱人両名―江戸日本の知られざる二重身分―　尾脇秀和
戦争をいかに語り継ぐか―「映像」と「証言」から考える戦後史―　水島久光
「修養」の日本近代―自分磨きの150年をたどる―　大澤絢子
語られざる占領下日本―公職追放から「保守本流」へ―　小宮　京
「幕府」とは何か―武家政権の正当性―　東島　誠

＊政治・法律

国家論―日本社会をどう強化するか―　佐藤　優
マルチチュード―〈帝国〉時代の戦争と民主主義―(上)(下)　アントニオ・ネグリ／マイケル・ハート
コモンウェルス―〈帝国〉を超える革命論―(上)(下)　アントニオ・ネグリ／マイケル・ハート
ポピュリズムを考える―民主主義への再入門―　吉田　徹
「デモ」とは何か―変貌する直接民主主義―　五野井郁夫
権力移行―何が政治を安定させるのか―　牧原　出
国家緊急権　橋爪大三郎
自民党政治の変容　中北浩爾
未承認国家と覇権なき世界　廣瀬陽子
アメリカ大統領制の現在―権限の弱さをどう乗り越えるか―　待鳥聡史
ミャンマー「民主化」を問い直す―ポピュリズムを越えて―　山口健介
帝国日本と不戦条約―外交官が見た国際法の限界と希望―　柳原正治

※在庫品切れの際はご容赦下さい。